| 요한복음 편 |

예배사역자, 예배인도자 그리고 예배자를 위한 예배시리즈 ❷

부끄러움 없는
경배

부끄러움 없는 경배

(Unshamed Adoration)

초 판 1쇄 발행 2018년 3월 25일

지 은 이 제임스 맥도널드(James MacDonald) 외

번 역 박상희 외
펴 낸 곳 가진수
발 행 처 ㈜글로벌워십미니스트리
편집디자인 김민혜

전 화 070) 4632-0660
팩 스 070) 4325-6181
등 록 일 2012년 5월 21일
등 록 번 호 제 387-2012-000036호
이 메 일 wlm@hanmail.net

값 15,000원

ISBN 979-11-88876-02-0 03230

"도서출판 워십리더는 교회와 예배의 회복과 부흥을 위해 세워졌습니다. 예배전문 출판사로서 세계의 다양한 예배의 컨텐츠를 담아 문서선교의 사명을 감당할 것입니다. 한국교회의 목회자, 워십리더, 예배세션뿐만 아니라 모든 크리스천들이 하나님의 임재를 경험할 수 있도록 열정을 다하고 있습니다."

| 차례 |

1장 / 예배큐티

2장 / 예배 매거진

매일 예배로 여는 하루

예배 큐티

예수 그리스도의 생애에 관한 사도 요한의 기술은 우리로 하여금 시간을 거슬러 태초로 이끈다. 하나님께서 태초로부터 갖고 계신 구원 계획과, 그분의 "한이 없는 넘치는 은혜(one gracious blessing after another"(1:16)를 보여준다. 요한복음은 인간의 형상으로 이 땅에 오셔서 파괴된 창조질서를 회복하고 우리를 구하시는 하나님을 역설한다. 요한복음은 구원신학으로 시작해 사도 베드로의 인생 가운데 그려진 구원신학으로 끝난다. 죄사함 받은 베드로의 놀라운 이야기는 우리와 다른 믿는 자들의 하나님과의 관계를 위한 초석이 된다.

창세기에서 하나님은 아담, 하와와 함께 거니셨지만, 아담, 하와의 죄로 인해 그러한 관계는 깨지고 말았다. 요한이 작성한 복음은 그렇게 깨진 관계가, 인간의 모습으로 사람들과 함께 걸으신 예수님을 통해 어떻게 회복되었는지를 보여준다. 예수님의 성육신은 화해를 위한 하나님 계획의 첫 단추였다. 하나님은 예수 그리스도의 모습으로 이 땅에 오셔서 위로와 생명의 말씀을 주셨다. 요한복음은 예수님의 사역과 생애를 풍성한 언어로 그려낸다. 예수님은 선한 목자이셨고, 길이고 진리이셨으며, 생명이시고 생명의 떡이시며, 문이자, 포도나무이시고, 세상의 죄를 지고 가는 하나님의 어린 양이셨다. 하나님의 사랑은 하나님의 아들인 예수 그리스도의 말과 행위를 통해 분명히 드러났다.

예수님의 생명과 죽음, 그리고 부활은 신약에서 예배의 본질을 그려낸다. 그리고 요한은 예수님의 오심을 메시아를 기다려 온 이스라엘 소망의 성취와 연관 짓는다. 요한은 또 예수님의 신성과 인성이 함께 일하고 있음을 반복적으로 표현하며, 예수님께서 행하신 기적을 보고 예수님의 가르침을 듣는 자들이 예배할 것을 강권한다. 이것은 단순히 흥미로운 인물의 전기가 아니다. 요한의 복음은 우리에게도 전해지고 있으며, 우리를 "예수님이 하나님의 아들 그리스도라는 것을 믿게 하고 또 믿음으로 그분의 이름으로 생명을 얻도록" (20:31) 하는 것으로 초대한다. 진실로 우리를 기쁘게 하는 소식이다.

| 요한복음으로부터 얻는 예배적 통찰

· 우리는 영적으로 다시 태어남으로 하나님의 자녀가 된다(1:12-13).

· 겸손한 제자는 하나님의 의가 드러나는 것을 기뻐한다(3:29-30).

· 예수 그리스도는 율법주의가 아닌 진정한 영적 예배를 원하신다(4:24).

· 진실된 예배에서는 하나님의 말씀이 진중히 다뤄진다(8:47).

· 진정한 예배란 예수 그리스도의 주인 되심을 인정하는 것이다(9:38).

· 우리는 예수님께서 그러하셨듯이 모든 일을 하나님 영광을 위해 해야 한다(11:4).

· 인정받으려는 인간의 욕망은 진정한 예배를 방해한다(12:43).

· 인간의 죄성과 하나님의 의로우심을 자각하는 것이야말로 성령께서 일하고 계심의 증거다(16:8).

| 요한복음을 읽으며 찬양해야 할 것들

· 그리스도를 통해 우리가 받는 하나님의 한없는 축복(1:16);

· 정죄하시기 위함이 아니라 구원을 위해 이 땅에 오신 주님(3:17);

· 하나님의 긍휼과 치유의 능력(4:43-54; 5:1-15; 9:1-7);
· 예수 그리스도를 통한 영원한 생명의 약속(5:24);
· 하나님의 양인 우리들을 다정히 부르심(10:14-16, 27);
· 우리에게 본이 되는 하나님의 사역 장면을 보여주심(13:15-17);
· 우리가 장래에 거할 천국의 집을 마련해주심(14:1-3);
· 위로하시고 인도하시는 성령님의 임재(14:15-17);
· 우리께 주시는 하나님의 평안(16:33);
· 의심하는 우리에 대한 하나님의 인내하심(20:27-29).

| 자세히 보기

사람들은 종종 예수님의 기적을 두려워했다. 무엇이 그들을 두려움으로 이끌었을까? 그들은 인간의 이해를 넘어서는 권능과 마주했다. 그러한 기적들은 예수님이 단지 한 명의 스승이 아닌, 하나님의 아들이라는 점을 분명히 보여줬다. 이러한 사실을 인지하는 것은 때때로 표현할 수 없는 하나님의 권능과 거룩함에 대한 의도치 않은 반응으로 나타난다. 하나님에 대한 깊은 경외감에 압도되어 무릎을 꿇거나 엎드려 경배하는 것으로, 하나님의 임재에 대한 자연스러운 육체적 반응인 것이다. 사도 바울은 모든 창조물이 그러한 경외함으로 예배드릴 것이라는 점을 밝힌 바 있다. "하늘과 땅과 땅 아래 있는 자들이 모두 예수님의 이름에 무릎을 꿇게 하시고"(빌립보서 2:10).

요한복음은 예배에 관한 분수령이 된 성경 구절을 담고 있다. 사마리아 여인이 예배드리기 적합한 장소에 관해 언급했을 때 예수님께서 대답하시길: "여자여 내 말을 믿으라 이 산에서도 말고 예루살렘에서도 말고 너희가 아버지께 예배할 때가 이르리라 … 아버지께 참되게 예배하는 자들은 영과 진리로 예배할 때가 오나니 곧 이 때라 아버지께서는 자기에게 이렇게 예배하는 자들을 찾으시는지라"(4:23, 23). 하나님께서 실제로 그분께 예배드릴 사람들을 찾으신다니, 이 얼마나 놀라운가! 이를 읽을 때, 하나님을 "영과 진리로" 경배하는 자들 가운데 우리의 마음이 불타오른다.

"진리로" 예배한다는 것은 하나님께서 스스로를 나타내신 그대로 우리가 그분을 예배한다는 것을 의미한다. 우리 마음대로 하나님의 형상을 만들어내고 이를 경배해서는 안된다. 진정한 예배는 하나님께서 그분의 말씀 가운데 진리로 게시해주신 것에 대해 반응하는 것이다. 요한은 이 말씀이 성경 안에 담겨져 있을 뿐 아니라 "은혜와 진리가 충만한" 살아있는 사람, 하나님의 말씀이 육신이 되신 분, 즉 예수님 안에 담겨있다고 말한다(1:14). 그분은 "길이요 진리요 생명"이며, 그분을 통해 우리는 하나님께 나아간다(14:6). 그러므로 오직 예수 그리스도를 통해서 우리는 하나님을 알고 그분을 경배한다. 그분은 우리에게 하나님의 성품과 영광을 나타내시며, 우리를 하나님의 영원한 생명으로 인도해주신다.

4장을 제외하고 요한은 우리가 주로 예배와 연관 짓는 행위들(찬양, 경배, 감사 등)에 대해 별로 언급하지 않는다. 오히려 요한은 우리에게 예수님을 "믿음"으로(3:16) 예수님을 통해 나타내시는 하나님의 행위에 응답하라고 촉구한다. 이는 우리가 예수님이 "그리스도시요 하나님의 아들"(20:31) 이심을 인정하고 우리자신을 전적으로 그분께 맡길 때 가능한 일이다.

우리가 성부 하나님 그리고 성자 예수님과 맺은 관계는 우리를 향한 하나님의 사랑으로부터 시작된다. "하나님이 세상을 무척 사랑하셔서..."(3:16). 요한복음에 예수님을 향한 우리의 사랑에 대해 언급되기는 하지만 (14:21-34), 하나님의 사랑에 대한 응답으로 그분을 사랑하라고 말하지는 않는다. 오히려, 예수님께서 우리를 사랑하신 것 같이 우리도 서로를 사랑하라고 말한다(15:12). 물론 우리가 드리는 예배는 하나님을 향한 사랑을 포함하지만(마가복음 12:30), 요한은 우리가 그리스도 안에서 받은 사랑으로 말미암아 서로를 사랑함을 통해서도 하나님께 경배하는 것임을 알려준다.

"영으로" 예배한다는 것은 우리가 하나님과 친밀한 교제를 통해 그분을 예배한다는 것을 의미한다. "하나님은 영"이시기 때문에(4:24), 그리고 하나님의 영이 우리 안에 거하시기 때문에(14:17) 우리는 하나님을 멀리서 예배하는 것이 아니라 삶 속에서, 삼위일체 하나님의 사랑을 통해 예배하는 것이다. 서로를 사랑하라는 예수님의 계명을 지킴을 통해 그분을 사랑할 때, 예수님과 성부 하나님께서는 우리를 사랑하시고 우리 안에 거하신다(14:23). 또한 성부 하나님께서 그 아들을 사랑하신 것과 같이 우리도 예수님의 사랑 안에 거한다(15:9). 그러므로 요한복음은, 우주 어딘가 저 멀리 계신 하나님께 경배 드리는 것이 아니라 성부, 성자, 성령이신 하나님과 사랑으로 연합해 하나님께 경배 드릴 수 있도록 우리를 인도해준다.

[요한복음 1:1-14]

01 태초에 말씀이 계시니라 이 말씀이 하나님과 함께 계셨으니 이 말씀은 곧 하
나님이시니라

In the beginning was the Word, and the Word was with God, and the Word was God.

02 그가 태초에 하나님과 함께 계셨고

He was with God in the beginning.

03 만물이 그로 말미암아 지은 바 되었으니 지은 것이 하나도 그가 없이는 된
것이 없느니라

Through him all things were made; without him nothing was made that has been made.

04 그 안에 생명이 있었으니 이 생명은 사람들의 빛이라

In him was life, and that life was the light of men.

05 빛이 어둠에 비치되 어둠이 깨닫지 못하더라

The light shines in the darkness, but the darkness has not understood it.

06 하나님께로부터 보내심을 받은 사람이 있으니 그의 이름은 요한이라

There came a man who was sent from God; his name was John.

07 그가 증언하러 왔으니 곧 빛에 대하여 증언하고 모든 사람이 자기로 말미암
아 믿게 하려 함이라

He came as a witness to testify concerning that light, so that through him all men might believe.

08 그는 이 빛이 아니요 이 빛에 대하여 증언하러 온 자라

He himself was not the light; he came only as a witness to the light.

09 참 빛 곧 세상에 와서 각 사람에게 비추는 빛이 있었나니

The true light that gives light to every man was coming into the world.

10 그가 세상에 계셨으며 세상은 그로 말미암아 지은 바 되었으되 세상이 그를
알지 못하였고

He was in the world, and though the world was made through him, the world did not recognize him.

11 자기 땅에 오매 자기 백성이 영접하지 아니하였으나

He came to that which was his own, but his own did not receive him.

12 영접하는 자 곧 그 이름을 믿는 자들에게는 하나님의 자녀가 되는 권세를 주셨으니

Yet to all who received him, to those who believed in his name, he gave the right to become children of God--

13 이는 혈통으로나 육정으로나 사람의 뜻으로 나지 아니하고 오직 하나님께로부터 난 자들이니라

children born not of natural descent, nor of human decision or a husband's will, but born of God.

14 말씀이 육신이 되어 우리 가운데 거하시매 우리가 그의 영광을 보니 아버지의 독생자의 영광이요 은혜와 진리가 충만하더라

The Word became flesh and made his dwelling among us. We have seen his glory, the glory of the One and Only, who came from the Father, full of grace and truth.

(1:1-18) 오 하나님의 말씀이신 예수님, 당신은 얼마나 영광스러운 분이신지요! 내 유한한 마음으로는 당신의 무한하신 솜씨를 조금밖에 이해하지 못합니다. 내 언어로는 절대 신성한 말씀이신 당신에 대해 적절히 표현할 수 없습니다. 당신은 모든 것보다 이전부터 계셨습니다. 모든 것들이 당신을 통해 창조되었습니다. 당신과 성부 하나님의 교제는 그 어떤 친밀한 관계도 뛰어넘는 것입니다. 진정 당신은 하나님이십니다! 그러나 당신은 인간이 되셨습니다. 당신은 나와 같이 되셨습니다. 불가해한 분이 우리가 이해할 수 있는 존재가 되셨습니다. 영원하신 분이 일시적인 존재가 되셨습니다. 창조주이신 분이 피조물과 한 무리가 되셨습니다. 빛이신 분이 어둠 속으로 들어오셨습니다. 그리고 당신은 이 모든 것들을 이루셔서 죽어질 우리가 당신의 영광을, 하나님의 영광을 볼 수 있게 하셨습니다. 그래서 우리가 성부 하나님을 알게 되었고, 그래서 우리가 은혜와 진리를 받게 되었습니다. 이 얼마나 놀라운 일인지요! 이 얼마나 신비로운 일인지요! 오 하나님의 말씀이신 당신은 얼마나 영광스러운 분이신지요!

다윗의 자손 예수여, 당신의 거룩하신 빛을 보내소서. 내 깊은 곳에 하늘의 따스함을 채워주소서. 내가 믿음 가운데 기도하며 엎드릴 때, 그리고 당신을 바라볼 때 당신의 영광이 내 눈 앞에 가득 보이게 하소서. 지금도 얼마나 내가 당신을 보길 원하는지요. 지금도 내 눈을 열어주소서.

"지금도(Even Now)"

릭 파운즈(Rick Founds), 빌 밧스턴(Bill Batstone, c. 1990)

우리는 한 분이신 성부 하나님을 믿습니다. 그분은 전능하셔서, 하늘과 땅과, 이 세상의 보이고 보이지 않는 모든 것을 지으셨습니다. 우리는 주 예수 그리스도 한 분만을 믿습니다. 그분은 모든 시간 이전에 성부에게서 나신, 하나님의 독생자이십니다. 그분은 하나님에게서 나신 참 하나님이시요, 빛에서 나신 빛이시요, 참 하나님에게서 나신 참 하나님이시며, 성부와 같은 분으로, 낳음과 지음 받은 분이 아닙니다. 오히려 그분을 통해서 만물이 지음 받았습니다. 그분은 우리와 우리의 구원을 위하여 하늘로부터 내려오시어, 성령의 능력으로 동정녀 마리아에게서 태어나, 참 인간이 되셨습니다.

니케아 신경 (The Nicene Creed, 325)

하나님께서는 인간이 되어 타락한 존재로부터 태어나셨다. 왜 이렇게 하신 걸까? 이 놀라운 신비는 어디서 비롯되는 것인가? 이를 통해 인간을 향한 끝없는 신성하신 사랑이 어떻게 나타나는가? 이는 다름 아니라 타락한 인간이 위로부터 다시 태어날 수 있도록, 그리고 신성하신 존재와 관계를 맺을 수 있도록 (천사들도 깜짝 놀란) 이 놀라운 성육신 사건이 길을 열어주었기 때문에, 다시 말해 이를 가능케 해주었기 때문이다.

윌리엄 로(William Law, 1686-1761)

말씀되시는 주님 (1:1) 인쇄물과 라디오, 텔레비전 그리고 여러 수단들을 통해 말들이 쏟아진다. 어떤 말들은 우리가 별로 가치를 기울일 수 없을 만큼 그저 허공에 떠다니는 것일 수 있다. 어떤 말들은 강력하여, 사람들이 생각하고 행동하는 양식을 심대하게 형성할 수 있다. 요한은 주님을 "말씀"으로 묘사함으로 그의 복음서를 연다. 하나님께서는 예수 그리스도를 통해 세상에 자신을 드러내시며 참으로 "말씀"하신다. 태초로부터 하나님과 함께 하시고 세상을 창조하신(1:3) 성자 하나님은 우리 가운데 들어와 거하셨다. 어떤 의미에서 하나님께서는 스스로를 말씀과 행동이라는, 우리가 이해할 수 있는 두 가지의 언어로 옮기신 셈이다. 우리에게 말씀되신 하나님을 찬양하고 우리의 눈과 귀를 열어주사 우리가 그 음성에 응답할 수 있도록 해 달라고 간구하자.

"살아계신 말씀이신 주님, 태초부터 존재하신 당신을 우리의 하나님으로 찬양합니다. 세상을 창조하시고 우리를 이 세상에 두셨음에도, 스스로를 낮게 하시고 우리 가운데 거하사 우리에게 하나님을 전하셨습니다. 감사합니다. 그리고 당신을 이해하고 당신의 음성에 응답할 수 있도록 해 달라고 간구합니다. 아멘."

예배의 상징들

CHI-RHO

"그리스도(XPICTOC)"를 의미하는 헬라어의 첫 두 글자로부터 나왔다. 이 글자들은 십자가 형상을 나타내기 위해 결합돼 있다. 콘스탄티누스가 그의 꿈에서 이 형상을 보았고, Chi-Rho가 새겨진 플래카드가 312년 막센티우스와의 전투에서 승리를 가져왔다는 설이 있다. Chi-Rho 모노그램은 초기 기독교 예술작품들과 무덤들, 성찬 용기, 램프 등에서 흔히 발견된다.

IC XC

이 모노그램은 헬라어 "예수 그리스도(IHCOUC XPICTOC)"에서 비롯됐다. IC는 "예수(Jesus)"를 뜻하는 IHCOUC의 첫째 그리고 마지막 대문자를, XC는 "그리스도(Christ)"를 뜻하는 XPICTOC의 첫째 및 마지막 문자를 따온 것이다. 때로 이 문장 위에 수평의 선이 그려진 것을 볼 수 있는데, 이는 신성한 이름의 약자임을 보여주는 것이다.

IHC (or IHS)

"예수(Jesus)"를 뜻하는 IHCOUC의 첫 세 글자에서 비롯됐다. 글자 위에 놓인 수평선은 신성한 이름의 약자임을 나타낸다. 이 모노그램은 동시에 라틴어 구절 In hog signo[vinces](이 표식으로 너는 정복하게 될 것이다)과 lesous Hominum Salvator (예수, 인류의 구원자)를 의미하는 것으로 여겨지기도 한다. IHC와 IHS는 312년 막센티우스에 대한 콘스탄티누스의 승리를 묘사하는 것으로 자주 등장한다. 오늘날 이 상징은 영어 구절인 "하나님의 사역(in his service)"을 묘사하는 것으로 잘못 이해되기도 한다.

INRI

십자가에 못박힌 예수님을 상징하는 작품에서 흔히 등장하는 INRI는 유대인의 왕 나사렛 예수를 뜻하는 라틴어 lesus Nazarenus Rex ludaeorum에서 나왔다. 빌라도가 예수님의 십자가에 붙이라고 했던 그 상징이다(요한복음 19:19).

[요한복음 1:15-28]

15 요한이 그에 대하여 증언하여 외쳐 이르되 내가 전에 말하기를 내 뒤에 오시는 이가 나보다 앞선 것은 나보다 먼저 계심이라 한 것이 이 사람을 가리킴이라 하니라

John testifies concerning him. He cries out, saying, "This was he of whom I said, 'He who comes after me has surpassed me because he was before me.' "

16 우리가 다 그의 충만한 데서 받으니 은혜 위에 은혜러라

From the fullness of his grace we have all received one blessing after another.

17 율법은 모세로 말미암아 주어진 것이요 은혜와 진리는 예수 그리스도로 말미암아 온 것이라

For the law was given through Moses; grace and truth came through Jesus Christ.

18 본래 하나님을 본 사람이 없으되 아버지 품 속에 있는 독생하신 하나님이 나타내셨느니라

No one has ever seen God, but God the One and Only,who is at the Father's side, has made him known.

19 유대인들이 예루살렘에서 제사장들과 레위인들을 요한에게 보내어 네가 누구냐 물을 때에 요한의 증언이 이러하니라

Now this was John's testimony when the Jews of Jerusalem sent priests and Levites to ask him who he was.

20 요한이 드러내어 말하고 숨기지 아니하니 드러내어 하는 말이 나는 그리스도가 아니라 한 대

He did not fail to confess, but confessed freely, "I am not the Christ."

21 또 묻되 그러면 누구냐 네가 엘리야냐 이르되 나는 아니라 또 묻되 네가 그 선지자냐 대답하되 아니라

They asked him, "Then who are you? Are you Elijah?" He said, "I am not." "Are you the Prophet?" He answered, "No."

22 또 말하되 누구냐 우리를 보낸 이들에게 대답하게 하라 너는 네게 대하여 무엇이라 하느냐

Finally they said, "Who are you? Give us an answer to take back to those who sent us. What do you say about yourself?"

23 이르되 나는 선지자 이사야의 말과 같이 주의 길을 곧게 하라고 광야에서 외치는 자의 소리로라 하니라

John replied in the words of Isaiah the prophet, "I am the voice of one calling in the desert, 'Make straight the way for the Lord.' "

24 그들은 바리새인들이 보낸 자라

Now some Pharisees who had been sent

25 또 물어 이르되 네가 만일 그리스도도 아니요 엘리야도 아니요 그 선지자도
아닐진대 어찌하여 세례를 베푸느냐

questioned him, "Why then do you baptize if you are not the Christ, nor Elijah, nor the Prophet?"

26 요한이 대답하되 나는 물로 세례를 베풀거니와 너희 가운데 너희가 알지 못
하는 한 사람이 섰으니

"I baptize with water," John replied, "but among you stands one you do not know.

27 곧 내 뒤에 오시는 그이라 나는 그의 신발끈을 풀기도 감당하지 못하겠노라
하더라

He is the one who comes after me, the thongs of whose sandals I am not worthy to untie."

28 이 일은 요한이 세례 베풀던 곳 요단 강 건너편 베다니에서 일어난 일이니라

This all happened at Bethany on the other side of the Jordan, where John was baptizing.

[요한복음 1:29-42]

29 이튿날 요한이 예수께서 자기에게 나아오심을 보고 이르되 보라 세상 죄를 지고 가는 하나님의 어린 양이로다

The next day John saw Jesus coming toward him and said, "Look, the Lamb of God, who takes away the sin of the world!

30 내가 전에 말하기를 내 뒤에 오는 사람이 있는데 나보다 앞선 것은 그가 나보다 먼저 계심이라 한 것이 이 사람을 가리킴이라

This is the one I meant when I said, 'A man who comes after me has surpassed me because he was before me.'

31 나도 그를 알지 못하였으나 내가 와서 물로 세례를 베푸는 것은 그를 이스라엘에 나타내려 함이라 하니라

I myself did not know him, but the reason I came baptizing with water was that he might be revealed to Israel."

32 요한이 또 증언하여 이르되 내가 보매 성령이 비둘기 같이 하늘로부터 내려와서 그의 위에 머물렀더라

Then John gave this testimony: "I saw the Spirit come down from heaven as a dove and remain on him.

33 나도 그를 알지 못하였으나 나를 보내어 물로 세례를 베풀라 하신 그이가 나에게 말씀하시되 성령이 내려서 누구 위에든지 머무는 것을 보거든 그가 곧 성령으로 세례를 베푸는 이인 줄 알라 하셨기에

I would not have known him, except that the one who sent me to baptize with water told me, 'The man on whom you see the Spirit come down and remain is he who will baptize with the Holy

34 내가 보고 그가 하나님의 아들이심을 증언하였노라 하니라

I have seen and I testify that this is the Son of God."

35 또 이튿날 요한이 자기 제자 중 두 사람과 함께 섰다가

The next day John was there again with two of his disciples.

36 예수께서 거니심을 보고 말하되 보라 하나님의 어린 양이로다

When he saw Jesus passing by, he said, "Look, the Lamb of God!"

37 두 제자가 그의 말을 듣고 예수를 따르거늘

When the two disciples heard him say this, they followed Jesus.

38 예수께서 돌이켜 그 따르는 것을 보시고 물어 이르시되 무엇을 구하느냐 이르되 랍비여 어디 계시오니이까 하니 (랍비는 번역하면 선생이라)

Turning around, Jesus saw them following and asked, "What do you want?" They said, "Rabbi" (which means Teacher), "where are you staying?"

39 예수께서 이르시되 와서 보라 그러므로 그들이 가서 계신 데를 보고 그 날 함께 거하니 때가 열 시쯤 되었더라

"Come," he replied, "and you will see." So they went and saw where he was staying, and spent that day with him. It was about the tenth hour.

40 요한의 말을 듣고 예수를 따르는 두 사람 중의 하나는 시몬 베드로의 형제 안드레라

Andrew, Simon Peter's brother, was one of the two who heard what John had said and who had followed Jesus.

41 그가 먼저 자기의 형제 시몬을 찾아 말하되 우리가 메시야를 만났다 하고 (메시야는 번역하면 그리스도라)

The first thing Andrew did was to find his brother Simon and tell him, "We have found the Messiah" (that is, the Christ).

42 데리고 예수께로 오니 예수께서 보시고 이르시되 네가 요한의 아들 시몬이니 장차 게바라 하리라 하시니라 (게바는 번역하면 베드로라)

And he brought him to Jesus. Jesus looked at him and said, "You are Simon son of John. You will be called Cephas" (which, when translated, is Peter).

(1:29) 오 예수님, 육신을 입으신 하나님의 말씀이여, 하나님의 영광과 함께 빛나시는 이여. 당신은 하나님의 어린 양이기도 하신 건가요? 당신의 죄 없는 어깨에 세상의 죄를 모두 지신 건가요? 생명을 지으신 당신이 죄악 된 인간의 세상에서 죽으신 건가요? 오 주 예수여, 당신이 육신을 입고 오심은 성부 하나님을 나타내시기 위함이며 또한 인간의 죄의 대가를 치르기 위함입니다. 이 얼마나 놀라운 일인지요! 이 얼마나 놀라운 희생인지요! 세상의 죄를 없애주시는 하나님의 어린 양이여, 죄인된 내게 자비를 베푸소서!

오 거룩하신 하나님의 어린 양! 십자가에 달려 고통 당하셨네, 조용하게 겸손하게 견디셨네, 멸시 당하셨네; 소망 없는 우리 위해 우리 죄를 지고 가셨네. 예수여, 우리에게 자비를 베푸소서!

"오 거룩하신 하나님의 어린 양(O Lamb of God Most Holy!)"

니콜라스 데키우스(Nikolaus Decius, 1541)

역자: 아서 토저 러셀(Arthur Tozer Russell, 1806-1874)

나의 사랑하는 자여

네가 나를 알 수 있게 하려고 내 아들이 치른 희생을 절대 잊지 말거라. 그의 피는 새로운 언약의 근본이란다. 내 뜻한 바와 같이, 그리고 내 은혜를 통해 너는 거룩하게 되었고, 이는 예수 그리스도의 몸이 단번에 드려짐을 통해서 이뤄진 것이란다.

내가 네게 요구하는 것은 네게 나를 알려준 내 아들을 믿는 것이란다. 그를 믿는 자는 누구든 멸망하지 않고 영원한 생명을 얻게 될 것이란다. 다른 이를 통해서는 구원을 받을 수 없단다. 이는 하늘 아래에 너희가 구원받을 수 있는 다른 이름이 인간에게 주어진 일이 없기 때문이란다. 이렇게 해서, 예수는 더 좋은 언약을 보증하는 자가 됐단다.

네가 내 아들 예수를 네 구주로 받아들이고 그의 이름을 믿었을 때, 너는 내 자녀가 되었단다. 그 순간, 내가 너에게 새로운 마음을 주었고, 나의 영을 네 안에 넣어 주어 네가 내 말을 따르고 내 길을 따를 수 있도록 했단다.

나의 사랑하는 자야, 이제 너는 나의 자녀란다. 장차 네가 어떻게 될지 아직 보이지 않지만 예수가 다시 나타나면 너도 그와 같이 되어 그의 참 모습을 보게 될 것이란다. 이 소망 가운데, 내 눈에 정결한 삶을 살도록 하거라.

에스겔 36:26-27; 요한복음 1:12; 3:16; 6:28-29; 사도행전 4:12; 히브리서 7:22; 10:9-10; 요한1서 3:2-

"하나님은 세상의 덤불 속을 지나가셨고,
그분의 시선이 머무르는 곳을 모두 아름답게 바꾸셨다."
십자가의 성 요한(Saint John of the Cross, 1542-1591)

[요한복음 1:43-2:5]

43 이튿날 예수께서 갈릴리로 나가려 하시다가 빌립을 만나 이르시되 나를 따르라 하시니

The next day Jesus decided to leave for Galilee. Finding Philip, he said to him, "Follow me."

44 빌립은 안드레와 베드로와 한 동네 벳새다 사람이라

Philip, like Andrew and Peter, was from the town of Bethsaida.

45 빌립이 나다나엘을 찾아 이르되 모세가 율법에 기록하였고 여러 선지자가 기록한 그이를 우리가 만났으니 요셉의 아들 나사렛 예수니라

Philip found Nathanael and told him, "We have found the one Moses wrote about in the Law, and about whom the prophets also wrote--Jesus of Nazareth, the son of Joseph."

46 나다나엘이 이르되 나사렛에서 무슨 선한 것이 날 수 있느냐 빌립이 이르되 와서 보라 하니라

"Nazareth! Can anything good come from there?" Nathanael asked. "Come and see," said Philip.

47 예수께서 나다나엘이 자기에게 오는 것을 보시고 그를 가리켜 이르시되 보라 이는 참으로 이스라엘 사람이라 그 속에 간사한 것이 없도다

When Jesus saw Nathanael approaching, he said of him, "Here is a true Israelite, in whom there is nothing false."

48 나다나엘이 이르되 어떻게 나를 아시나이까 예수께서 대답하여 이르시되 빌립이 너를 부르기 전에 네가 무화과나무 아래에 있을 때에 보았노라

"How do you know me?" Nathanael asked. Jesus answered, "I saw you while you were still under the fig tree before Philip called you."

49 나다나엘이 대답하되 랍비여 당신은 하나님의 아들이시요 당신은 이스라엘의 임금이로소이다

Then Nathanael declared, "Rabbi, you are the Son of God; you are the King of Israel."

50 예수께서 대답하여 이르시되 내가 너를 무화과나무 아래에서 보았다 하므로 믿느냐 이보다 더 큰 일을 보리라

Jesus said, "You believe because I told you I saw you under the fig tree. You shall see greater things than that."

51 또 이르시되 진실로 진실로 너희에게 이르노니 하늘이 열리고 하나님의 사자들이 인자 위에 오르락 내리락 하는 것을 보리라 하시니라

He then added, "I tell you the truth, you shall see heaven open, and the angels of God ascending and descending on the Son of Man."

[요한복음 2장]

01 사흘째 되던 날 갈릴리 가나에 혼례가 있어 예수의 어머니도 거기 계시고

On the third day a wedding took place at Cana in Galilee. Jesus' mother was there,

02 예수와 그 제자들도 혼례에 청함을 받았더니

and Jesus and his disciples had also been invited to the wedding.

03 포도주가 떨어진지라 예수의 어머니가 예수에게 이르되 저들에게 포도주가 없다 하니

When the wine was gone, Jesus' mother said to him, "They have no more wine."

04 예수께서 이르시되 여자여 나와 무슨 상관이 있나이까 내 때가 아직 이르지 아니하였나이다

"Dear woman, why do you involve me?" Jesus replied, "My time has not yet come."

05 그의 어머니가 하인들에게 이르되 너희에게 무슨 말씀을 하시든지 그대로 하라 하니라

His mother said to the servants, "Do whatever he tells you."

인자의 아들인 예수님 (1:51) 예수님이 이 땅에 오셨던 시기 "인자(Son of Man)"라는 표현은 하늘의 구름을 타고 땅으로 내려오는 전능한 메시아적 인물을 지칭하는 것이었다(다니엘 7:13). 하지만 구약의 다른 책들에서는 인간됨(humanity) 혹은 유한성(mortality)을 표현하는 데 사용되기도 했다. 아마 이 두 가지 의미는 예수님이 왜 그렇게 자주 이 표현을 통해 스스로를 지칭하셨는지를 보여주는 이유가 될 수 있다. 예수님은 전능한 메시아이시며 또 인간이시다. 즉, 육신의 형태로 오신 하나님이지만, 인류의 죄를 사하시기 위해 죄로부터 깨끗한 몸을 가지신 분을 의미하는 것이다. 우리는 예수님의 예배를 통해 예수님의 신성과 인성의 신비로움을 찬양한다. 우리는 하나님께서 우리 가운데 거하셨으며 하늘의 영광 가운데 계심을 기뻐한다.

"인자 되신 주님, 인간으로 이 땅에 오셔서 두 번째 아담으로서 죄 없는 삶을 통해 인류를 구하신 당신을 경배합니다. 우리의 경배를 통해 높임 받으시사 다른 이들 또한 영원한 삶을 바라고 당신을 찾을 수 있도록 하여 주옵소서. 당신께 모든 영광이 영원히 있사옵나이다. 아멘."

(2:1-11) 오 주여, 오래전 당신의 제자들과 같이 내가 당신을 신뢰합니다. 나 또한 언뜻 당신의 영광을 보았기 때문입니다. 당신은 물이 포도주가 되게 하시니, 내가 당신의 창조의 능력으로 인해 놀랍니다. 오늘날에도, 내 삶 속에도 당신은 율법의 의식적인 물을 은혜와 진리의 포도주로 변화시켜 주십니다. 오 예수여, 당신의 포도주는 가장 좋은 것입니다. 당신은 이것을 한

방울씩 주시지 않습니다. 당신의 풍성하심으로 인해 당신은 넘치도록, 은혜 위에 은혜를 부어주십니다. 내가 당신의 포도주를 깊이 마십니다! 내가 기쁨으로 당신의 영광을 기념합니다!(요한복음 1:1-17)

[요한복음 2:6-19]

06 거기에 유대인의 정결 예식을 따라 두세 통 드는 돌항아리 여섯이 놓였는지라

Nearby stood six stone water jars, the kind used by the Jews for ceremonial washing, each holding from twenty to thirty gallons.

07 예수께서 그들에게 이르시되 항아리에 물을 채우라 하신즉 아귀까지 채우니

Jesus said to the servants, "Fill the jars with water"; so they filled them to the brim.

08 이제는 떠서 연회장에게 갖다 주라 하시매 갖다 주었더니

Then he told them, "Now draw some out and take it to the master of the banquet." They did so,

09 연회장은 물로 된 포도주를 맛보고도 어디서 났는지 알지 못하되 물 떠온 하인들은 알더라 연회장이 신랑을 불러

and the master of the banquet tasted the water that had been turned into wine. He did not realize where it had come from, though the servants who had drawn the water knew. Then he called the bridegroom aside

10 말하되 사람마다 먼저 좋은 포도주를 내고 취한 후에 낮은 것을 내거늘 그대는 지금까지 좋은 포도주를 두었도다 하니라

and said, "Everyone brings out the choice wine first and then the cheaper wine after the guests have had too much to drink; but you have saved the best till now."

11 예수께서 이 첫 표적을 갈릴리 가나에서 행하여 그의 영광을 나타내시매 제자들이 그를 믿으니라

This, the first of his miraculous signs, Jesus performed in Cana of Galilee. He thus revealed his glory, and his disciples put their faith in him.

12 그 후에 예수께서 그 어머니와 형제들과 제자들과 함께 가버나움으로 내려가셨으나 거기에 여러 날 계시지는 아니하시니라

After this he went down to Capernaum with his mother and brothers and his disciples. There they stayed for a few days.

13 유대인의 유월절이 가까운지라 예수께서 예루살렘으로 올라가셨더니

When it was almost time for the Jewish Passover, Jesus went up to Jerusalem.

14 성전 안에서 소와 양과 비둘기 파는 사람들과 돈 바꾸는 사람들이 앉아 있는 것을 보시고

In the temple courts he found men selling cattle, sheep and doves, and others sitting at tables exchanging money.

15 노끈으로 채찍을 만드사 양이나 소를 다 성전에서 내쫓으시고 돈 바꾸는 사람
들의 돈을 쏟으시며 상을 엎으시고

So he made a whip out of cords, and drove all from the temple area, both sheep and cattle; he scattered the coins of the money changers and overturned their tables.

16 비둘기 파는 사람들에게 이르시되 이것을 여기서 가져가라 내 아버지의 집으
로 장사하는 집을 만들지 말라 하시니

To those who sold doves he said, "Get these out of here! How dare you turn my Father's house into a market!"

17 제자들이 성경 말씀에 주의 전을 사모하는 열심이 나를 삼키리라 한 것을 기
억하더라

His disciples remembered that it is written: "Zeal for your house will consume me."

18 이에 유대인들이 대답하여 예수께 말하기를 네가 이런 일을 행하니 무슨 표적
을 우리에게 보이겠느냐

Then the Jews demanded of him, "What miraculous sign can you show us to prove your authority to do all this?"

19 예수께서 대답하여 이르시되 너희가 이 성전을 헐라 내가 사흘 동안에 일으키
리라

Jesus answered them, "Destroy this temple, and I will raise it again in three days."

[요한복음 2:20-3:8]

20 유대인들이 이르되 이 성전은 사십육 년 동안에 지었거늘 네가 삼 일 동안에 일으키겠느냐 하더라

The Jews replied, "It has taken forty-six years to build this temple, and you are going to raise it in three days?"

21 그러나 예수는 성전된 자기 육체를 가리켜 말씀하신 것이라

But the temple he had spoken of was his body.

22 죽은 자 가운데서 살아나신 후에야 제자들이 이 말씀하신 것을 기억하고 성경과 예수께서 하신 말씀을 믿었더라

After he was raised from the dead, his disciples recalled what he had said. Then they believed the Scripture and the words that Jesus had spoken.

23 유월절에 예수께서 예루살렘에 계시니 많은 사람이 그의 행하시는 표적을 보고 그의 이름을 믿었으나

Now while he was in Jerusalem at the Passover Feast, many people saw the miraculous signs he was doing and believed in his name.

24 예수는 그의 몸을 그들에게 의탁하지 아니하셨으니 이는 친히 모든 사람을 아심이요

But Jesus would not entrust himself to them, for he knew all men.

25 또 사람에 대하여 누구의 증언도 받으실 필요가 없었으니 이는 그가 친히 사람의 속에 있는 것을 아셨음이니라

He did not need man's testimony about man, for he knew what was in a man.

[요한복음 3장]

01 그런데 바리새인 중에 니고데모라 하는 사람이 있으니 유대인의 지도자라

Now there was a man of the Pharisees named Nicodemus, a member of the Jewish ruling council.

02 그가 밤에 예수께 와서 이르되 랍비여 우리가 당신은 하나님께로부터 오신 선생인 줄 아나이다 하나님이 함께 하시지 아니하시면 당신이 행하시는 이 표적을 아무도 할 수 없음이니이다

He came to Jesus at night and said, "Rabbi, we know you are a teacher who has come from God. For no one could perform the miraculous signs you are doing if God were not with him."

03 예수께서 대답하여 이르시되 진실로 진실로 네게 이르노니 사람이 거듭나지 아니하면 하나님의 나라를 볼 수 없느니라

In reply Jesus declared, "I tell you the truth, no one can see the kingdom of God unless he is born again."

04 니고데모가 이르되 사람이 늙으면 어떻게 날 수 있사옵나이까 두 번째 모태에 들어갔다가 날 수 있사옵나이까

"How can a man be born when he is old?" Nicodemus asked. "Surely he cannot enter a second time into his mother's womb to be born!"

05 예수께서 대답하시되 진실로 진실로 네게 이르노니 사람이 물과 성령으로 나지 아니하면 하나님의 나라에 들어갈 수 없느니라

Jesus answered, "I tell you the truth, no one can enter the kingdom of God unless he is born of water and the Spirit.

06 육으로 난 것은 육이요 영으로 난 것은 영이니

Flesh gives birth to flesh, but the Spirit gives birth to spirit.

07 내가 네게 거듭나야 하겠다 하는 말을 놀랍게 여기지 말라

You should not be surprised at my saying, 'You must be born again.'

08 바람이 임의로 불매 네가 그 소리는 들어도 어디서 와서 어디로 가는지 알지 못하나니 성령으로 난 사람도 다 그러하니라

The wind blows wherever it pleases. You hear its sound, but you cannot tell where it comes from or where it is going. So it is with everyone born of the Spirit."

[요한복음 3:9-29]

09 니고데모가 대답하여 이르되 어찌 그러한 일이 있을 수 있나이까

"How can this be?" Nicodemus asked.

10 예수께서 그에게 대답하여 이르시되 너는 이스라엘의 선생으로서 이러한 것들을 알지 못하느냐

"You are Israel's teacher," said Jesus, "and do you not understand these things?

11 진실로 진실로 네게 이르노니 우리는 아는 것을 말하고 본 것을 증언하노라 그러나 너희가 우리의 증언을 받지 아니하는도다

I tell you the truth, we speak of what we know, and we testify to what we have seen, but still you people do not accept our testimony.

12 내가 땅의 일을 말하여도 너희가 믿지 아니하거든 하물며 하늘의 일을 말하면 어떻게 믿겠느냐

I have spoken to you of earthly things and you do not believe; how then will you believe if I speak of heavenly things?

13 하늘에서 내려온 자 곧 인자 외에는 하늘에 올라간 자가 없느니라

No one has ever gone into heaven except the one who came from heaven--the Son of Man.

14 모세가 광야에서 뱀을 든 것 같이 인자도 들려야 하리니

Just as Moses lifted up the snake in the desert, so the Son of Man must be lifted up,

15 이는 그를 믿는 자마다 영생을 얻게 하려 하심이니라

that everyone who believes in him may have eternal life.

16 하나님이 세상을 이처럼 사랑하사 독생자를 주셨으니 이는 그를 믿는 자마다 멸망하지 않고 영생을 얻게 하려 하심이라

"For God so loved the world that he gave his one and only Son, that whoever believes in him shall not perish but have eternal life.

17 하나님이 그 아들을 세상에 보내신 것은 세상을 심판하려 하심이 아니요 그로 말미암아 세상이 구원을 받게 하려 하심이라

For God did not send his Son into the world to condemn the world, but to save the world through him.

18 그를 믿는 자는 심판을 받지 아니하는 것이요 믿지 아니하는 자는 하나님의 독생자의 이름을 믿지 아니하므로 벌써 심판을 받은 것이니라

Whoever believes in him is not condemned, but whoever does not believe stands condemned already because he has not believed in the name of God's one and only Son.

19 그 정죄는 이것이니 곧 빛이 세상에 왔으되 사람들이 자기 행위가 악하므로 빛보다 어둠을 더 사랑한 것이니라

This is the verdict: Light has come into the world, but men loved darkness instead of light because their deeds were evil.

20 악을 행하는 자마다 빛을 미워하여 빛으로 오지 아니하나니 이는 그 행위가 드러날까 함이요

Everyone who does evil hates the light, and will not come into the light for fear that his deeds will be exposed.

21 진리를 따르는 자는 빛으로 오나니 이는 그 행위가 하나님 안에서 행한 것임을 나타내려 함이라 하시니라

But whoever lives by the truth comes into the light, so that it may be seen plainly that what he has done has been done through God."

22 그 후에 예수께서 제자들과 유대 땅으로 가서 거기 함께 유하시며 세례를 베푸시더라

After this, Jesus and his disciples went out into the Judean countryside, where he spent some time with them, and baptized.

치유하시는 주님 (3:14) 광야에서 이스라엘 백성들을 공격한 뱀들은 백성들의 끊임없는 불평을 벌하기 위해 보내진 것이었다. 그러나 자비로우신 하나님께서 모세에게 놋뱀을 만들도록 명하셔서 뱀에게 물린 사람들이 그것을 바라보면 나을 수 있도록 하셨다. 예수님께서는 스스로의 죽음을 놋뱀이 들려 올려진 것에 비유하셨다. 고대 이스라엘 백성들처럼 죄로 물든 사람들은 주님을 바라봄으로 치유를 얻을 수 있다. 그러나 주님은 우리를 죄에서 구하시기 위해 십자가에 단순히 올려지신 것뿐만 아니라 영광 중에 높임 받으셨다. 그의 백성들을 치유하시는 그 분을 찬양하자.

"자비로우신 주님, 우리를 죽음에서 구원하심을 찬양합니다. 당신의 죽음과 부활로 인해, 우리가 당신을 바라보기만 하면 치유 받을 수 있도록 해 주셨습니다. 복음을 전할 수 있도록, 그리하여 다른 이들도 당신을 바라보고 치유를 경험케 될 수 있도록 인도해 주옵소서. 아멘."

(3:16) 하늘의 아버지, 세상을 향한 당신의 사랑은 위대하고, 우리의 모든 생각을 뛰어넘습니다. 심지어 당신께 죄 지은 우리, 당신의 적과 같이 살던 우리를 사랑하시니 당신의 사랑은 위대합니다. 당신은 당신의 사랑하시는 아들을 보내시고 우리를 위해 죽도록 하셨고, 그를 통해 우리가 그를 믿고 당신과 영원토록 살도록 하셨으니 그만큼 당신의 사랑은 위대합니다. 우리에게 당신의 사랑을 베풀어주시고, 우리를 당신의 자녀라 불러주셨으니 당신의 사랑이 위대합니다. 그 어떤 피조물도 당신의 사랑 안에서 우리를 끊을 수 없으니 당신의 사랑은 위대합니다.

“놀라운 사랑! 나의 하나님, 주께서 어찌 나를 위해 죽으셨나?”
(로마서 5:8, 8:38-39; 요한1서 3:1)

하나님께 자신의 아들을 죽도록 내어주시는 일은 자신 스스로 죽으시는 일보다 더 큰 사랑이 요구되는 일이었다. 당신이라면 당신의 아들이 죽는 대신 당신이 죽기를 천배는 더 원할 것이다. 만일 사형을 집행하는 사람이 당신의 아들을 교수대로 끌고 가려고 한다면, 당신은 이같이 말할 것이다. “그 아이 대신 내게 죽게 해주오. 내 아들을 살려주시오.” 오, 하나님께서 자신의 독생자가 죽도록 내어주실 만큼 이 세상을 향해 가지셨을 사랑에 대해 생각해보라.

드와이트 L. 무디(Dwight L. Moody, 1837-1899)

그 크신 하나님의 사랑 말로 다 형용 못하네, 저 높고 높은 별을 넘어 이 낮고 낮은 땅 위에
죄 범한 영혼 구하려 그 아들 보내사 화목 제물 삼으시고 죄 용서하셨네.

괴로운 시절 지나가고 땅 위의 영화 쇠할 때 주 믿지 않던 영혼들은 큰 소리 외쳐 울어도
주 믿는 성도들에게 큰 사랑 베푸사 우리의 죄 사했으니 그 은혜 잊을까.

하늘은 두루마리 삼고 바다를 먹물 삼아도 한없는 하나님의 사랑 다 기록할 수 없겠네,
하나님의 크신 사랑 그 어찌 다 쓸까 저 하늘 높이 쌓아도 채우지 못하리.

하나님 크신 사랑은 측량 다 못하네, 영원히 변치 않는 사랑 성도여 찬양

하세.

"그 크신 하나님의 사랑(The Love of God)"

F. M. 레만(F. M. Lehman, 1917)

"마음은 예수님께서 그 안에 들어오시기 전까지는 무덤과 같이 채워지지 않다가, 예수님께서 그 안에 들어오시면 넘치는 잔이 된다."

찰스 해돈 스펄전(Charles Haddon Spurgeon, 1834-1892)

08

[요한복음 3:23-36]

23 요한도 살렘 가까운 애논에서 세례를 베푸니 거기 물이 많음이라 그러므로 사
람들이 와서 세례를 받더라

Now John also was baptizing at Aenon near Salim, because there was plenty of water, and people were constantly coming to be baptized.

24 요한이 아직 옥에 갇히지 아니하였더라

(This was before John was put in prison.)

25 이에 요한의 제자 중에서 한 유대인과 더불어 정결예식에 대하여 변론이 되었
더니

An argument developed between some of John's disciples and a certain Jew over the matter of ceremonial washing.

26 그들이 요한에게 가서 이르되 랍비여 선생님과 함께 요단 강 저편에 있던 이
곧 선생님이 증언하시던 이가 세례를 베풀매 사람이 다 그에게로 가더이다

They came to John and said to him, "Rabbi, that man who was with you on the other side of the Jordan--the one you testified about--well, he is baptizing, and everyone is going to him."

27 요한이 대답하여 이르되 만일 하늘에서 주신 바 아니면 사람이 아무 것도 받
을 수 없느니라

To this John replied, "A man can receive only what is given him from heaven.

28 내가 말한 바 나는 그리스도가 아니요 그의 앞에 보내심을 받은 자라고 한 것
을 증언할 자는 너희니라

You yourselves can testify that I said, 'I am not the Christ but am sent ahead of him.'

29 신부를 취하는 자는 신랑이나 서서 신랑의 음성을 듣는 친구가 크게 기뻐하나
니 나는 이러한 기쁨으로 충만하였노라

The bride belongs to the bridegroom. The friend who attends the bridegroom waits and listens for him, and is full of joy when he hears the bridegroom's voice. That joy is mine, and it is now complete.

30 그는 흥하여야 하겠고 나는 쇠하여야 하리라 하니라

He must become greater; I must become less.

31 위로부터 오시는 이는 만물 위에 계시고 땅에서 난 이는 땅에 속하여 땅에 속
한 것을 말하느니라 하늘로부터 오시는 이는 만물 위에 계시나니

"The one who comes from above is above all; the one who is from the earth belongs to the earth, and speaks as one from the earth. The one who comes from heaven is above all.

32 그가 친히 보고 들은 것을 증언하되 그의 증언을 받는 자가 없도다

He testifies to what he has seen and heard, but no one accepts his testimony.

33 그의 증언을 받는 자는 하나님이 참되시다는 것을 인쳤느니라

The man who has accepted it has certified that God is truthful.

34 하나님이 보내신 이는 하나님의 말씀을 하나니 이는 하나님이 성령을 한량 없이 주심이니라

For the one whom God has sent speaks the words of God, for God gives the Spirit without limit.

35 아버지께서 아들을 사랑하사 만물을 다 그의 손에 주셨으니

The Father loves the Son and has placed everything in his hands.

36 아들을 믿는 자에게는 영생이 있고 아들에게 순종하지 아니하는 자는 영생을 보지 못하고 도리어 하나님의 진노가 그 위에 머물러 있느니라

Whoever believes in the Son has eternal life, but whoever rejects the Son will not see life, for God's wrath remains on him."

09

[요한복음 4:1-14]

01 예수께서 제자를 삼고 세례를 베푸시는 것이 요한보다 많다 하는 말을 바리새인들이 들은 줄을 주께서 아신지라

The Pharisees heard that Jesus was gaining and baptizing more disciples than John,

02 (예수께서 친히 세례를 베푸신 것이 아니요 제자들이 베푼 것이라)

although in fact it was not Jesus who baptized, but his disciples.

03 유대를 떠나사 다시 갈릴리로 가실새

When the Lord learned of this, he left Judea and went back once more to Galilee.

04 사마리아를 통과하여야 하겠는지라

Now he had to go through Samaria.

05 사마리아에 있는 수가라 하는 동네에 이르시니 야곱이 그 아들 요셉에게 준 땅이 가깝고

So he came to a town in Samaria called Sychar, near the plot of ground Jacob had given to his son Joseph.

06 거기 또 야곱의 우물이 있더라 예수께서 길 가시다가 피곤하여 우물 곁에 그대로 앉으시니 때가 여섯 시쯤 되었더라

Jacob's well was there, and Jesus, tired as he was from the journey, sat down by the well. It was about the sixth hour.

07 사마리아 여자 한 사람이 물을 길으러 왔으매 예수께서 물을 좀 달라 하시니

When a Samaritan woman came to draw water, Jesus said to her, "Will you give me a drink?"

08 이는 제자들이 먹을 것을 사러 그 동네에 들어갔음이러라

(His disciples had gone into the town to buy food.)

09 사마리아 여자가 이르되 당신은 유대인으로서 어찌하여 사마리아 여자인 나에게 물을 달라 하나이까 하니 이는 유대인이 사마리아인과 상종하지 아니함이러라

The Samaritan woman said to him, "You are a Jew and I am a Samaritan woman. How can you ask me for a drink?" (For Jews do not associate with Samaritans.)

10 예수께서 대답하여 이르시되 네가 만일 하나님의 선물과 또 네게 물 좀 달라 하는 이가 누구인 줄 알았더라면 네가 그에게 구하였을 것이요 그가 생수를 네게 주었으리라

Jesus answered her, "If you knew the gift of God and who it is that asks you for a drink, you would have asked him and he would have given you living water."

11 여자가 이르되 주여 물 길을 그릇도 없고 이 우물은 깊은데 어디서 당신이 그 생수를 얻겠사옵나이까

"Sir," the woman said, "you have nothing to draw with and the well is deep. Where can you get this living water?

12 우리 조상 야곱이 이 우물을 우리에게 주셨고 또 여기서 자기와 자기 아들들과 짐승이 다 마셨는데 당신이 야곱보다 더 크니이까

Are you greater than our father Jacob, who gave us the well and drank from it himself, as did also his sons and his flocks and herds?"

13 예수께서 대답하여 이르시되 이 물을 마시는 자마다 다시 목마르려니와

Jesus answered, "Everyone who drinks this water will be thirsty again,

14 내가 주는 물을 마시는 자는 영원히 목마르지 아니하리니 내가 주는 물은 그 속에서 영생하도록 솟아나는 샘물이 되리라

but whoever drinks the water I give him will never thirst. Indeed, the water I give him will become in him a spring of water welling up to eternal life."

(4:4-18) 사마리아인. 버림받은 사람. 아무것도 아닌 사람. 수치심 가운데 사는 사람. 실패의 경험을 안고 사는 사람. 그녀는 이날 당신을 찾던 게 아니었습니다. 그러나 당신은 그녀를 기다리고 계셨습니다. 주여, 당신의 은혜가 주는 놀라움으로 인해 감사합니다. "잘못된" 사람들, 자신이 죄인임을 아는 사람들, 소망을 포기한 사람들, 나와 같은 사람들에게 다가가주시니 감사합니다. 당신의 자비하심으로 내 마음을 만져주시려고, 내 죄악을 드러내시려고, 내 고통을 치유해주시려고 당신은 내가 조심스럽게 닦아둔 겉치장 아래를 뚫고 들어오셔서 내 마음을 만지십니다. 당신은 내가 감히 구할 수 있는 것을 훨씬 넘어서는 치유와 용서를 베풀어주십니다. 당신은 내 영혼의 갈증을 풀어주십니다. 나의 은혜로우신 구세주께 모든 찬양을 드립니다(마가복음 2:17; 히브리서 4:13).

주여, 내 필요를 보소서. 나는 주가 필요합니다, 나는 주가 필요합니다. 주여, 내게 자비를 베푸소서. 나를 용서해주소서, 오 주여 나를 용서해주소서. 그럼 내가 깨끗함을 입으리이다. 오 주여, 주는 내 길을 아시오니 나 주께 감출 것 없습니다. 오 주여, 주는 나의 날수를 아시오니 나 주를 위해 내 삶을 살기 원합니다.

"나는 주가 필요합니다(I Need You)"

릭 파운즈(Rick Founds, c. 1989)

[요한복음 4:15-30]

15 여자가 이르되 주여 그런 물을 내게 주사 목마르지도 않고 또 여기 물 길으러 오지도 않게 하옵소서

The woman said to him, "Sir, give me this water so that I won't get thirsty and have to keep coming here to draw water."

16 이르시되 가서 네 남편을 불러 오라

He told her, "Go, call your husband and come back."

17 여자가 대답하여 이르되 나는 남편이 없나이다 예수께서 이르시되 네가 남편이 없다 하는 말이 옳도다

"I have no husband," she replied. Jesus said to her, "You are right when you say you have no husband.

18 너에게 남편 다섯이 있었고 지금 있는 자도 네 남편이 아니니 네 말이 참되도다

The fact is, you have had five husbands, and the man you now have is not your husband. What you have just said is quite true."

19 여자가 이르되 주여 내가 보니 선지자로소이다

"Sir," the woman said, "I can see that you are a prophet.

20 우리 조상들은 이 산에서 예배하였는데 당신들의 말은 예배할 곳이 예루살렘에 있다 하더이다

Our fathers worshiped on this mountain, but you Jews claim that the place where we must worship is in Jerusalem."

21 예수께서 이르시되 여자여 내 말을 믿으라 이 산에서도 말고 예루살렘에서도 말고 너희가 아버지께 예배할 때가 이르리라

Jesus declared, "Believe me, woman, a time is coming when you will worship the Father neither on this mountain nor in Jerusalem.

22 너희는 알지 못하는 것을 예배하고 우리는 아는 것을 예배하노니 이는 구원이 유대인에게서 남이라

You Samaritans worship what you do not know; we worship what we do know, for salvation is from the Jews.

23 아버지께 참되게 예배하는 자들은 영과 진리로 예배할 때가 오나니 곧 이 때라 아버지께서는 자기에게 이렇게 예배하는 자들을 찾으시느니라

Yet a time is coming and has now come when the true worshipers will worship the Father in spirit and truth, for they are the kind of worshipers the Father seeks.

24 하나님은 영이시니 예배하는 자가 영과 진리로 예배할지니라

God is spirit, and his worshipers must worship in spirit and in truth."

25 여자가 이르되 메시야 곧 그리스도라 하는 이가 오실 줄을 내가 아노니 그가 오시면 모든 것을 우리에게 알려 주시리이다

The woman said, "I know that Messiah" (called Christ) "is coming. When he comes, he will explain everything to us."

26 예수께서 이르시되 네게 말하는 내가 그라 하시니라

Then Jesus declared, "I who speak to you am he."

27 이 때에 제자들이 돌아와서 예수께서 여자와 말씀하시는 것을 이상히 여겼으나 무엇을 구하시나이까 어찌하여 그와 말씀하시나이까 묻는 자가 없더라

Just then his disciples returned and were surprised to find him talking with a woman. But no one asked, "What do you want?" or "Why are you talking with her?"

28 여자가 물동이를 버려 두고 동네로 들어가서 사람들에게 이르되

Then, leaving her water jar, the woman went back to the town and said to the people,

29 내가 행한 모든 일을 내게 말한 사람을 와서 보라 이는 그리스도가 아니냐 하니

"Come, see a man who told me everything I ever did. Could this be the Christ?"

30 그들이 동네에서 나와 예수께로 오더라

They came out of the town and made their way toward him.

(4:23-24) 하늘 아버지, 당신이 영과 진리로 당신을 예배하는 자들을 찾으신다니 이 어찌 놀라운 게시인가요. 주여, 당신은 완전하십니다. 그 누구도 당신의 완전하심에 무언가를 더할 수 없습니다. 그러나 당신은 예배하는 자를 찾으십니다. 당신의 영광을 늘리기 위해서가 아니요, 이는 당신이 영광 받으시는 것이 마땅하시기 때문입니다. 당신께 경배 드리도록 지어진 우리는 우리의 삶의 이 깊은 목적을 이룰 때 더 완전해질 수 있습니다. 우리가 성령의 능력과 당신이 보여주시는 진리의 빛으로 당신께 경배 드릴 때, 우리는 우리 삶이 마땅히 있어야 할 곳을 찾게 됩니다. 오 하나님, 내가 당신이 찾으시는, 영과 진리로 당신을 예배하는 자가 되길 원합니다!

"아버지께서 예배자들을 찾으신다. 만일 당신이 하나님을 찾고 있는데 찾을 수 없을 것 같다면, 지금 하던 일을 멈추고 그분을 예배하라. 그러면 그분이 오셔서 당신을 찾으실 것이다."

요셉 갈링턴(Joseph Garlington, 1939-)

다 와서 주 영광을 보며 어린 양 보라. 다 와서 주의 긍휼 보며 엎드려 경배하라. 그 분은 하늘과 땅 위에 만유의 주니 천사들도 모두 주만 섬기네. 할렐루야 할렐루야, 할렐루야, 할렐루야. 다 와서 감사를 드리며 어린 양 보라. 다 와서 찬양을 드리며 엎드려 경배하라. 엎드려 경배하라.

"다 와서 주 영광을 보며(Come and See)"

레니 르블랑(Lenny LeBlanc, c. 1989)

"목수를 통해 인간이 만들어졌고, 그 목수를 통해서만 인간은 새롭게 태어날 수 있다."

데시데리우스 에라스무스(Desiderius Erasmus, c. 1466-1536)

구원자이신 주님 (4:25-26) 예수님께서 사마리아 여인에게 말씀하신 후, 그 여인은 예수님께 그녀가 종교적 혼란을 종식해줄 수 있는 메시아를 기대하고 있다고 말했다. 예수님은 자신이 진정한 메시아이자 약속된 왕이며 백성들의 구원자임을 분명히 밝히셨다. 예수님은 곧바로 자신이 전세계의 희망이라고도 분명히 말씀하셨다. 이 여인처럼 오늘날 사람들 역시 자신들을 구원해 줄 메시아를 바라지만, 그들은 진정한 메시아가 누군지 잘못 인식하기도 한다. 흔히 그들은 메시아가 자신들의 필요를 충족시켜 줄 수 있는 인간 지도자라고 생각한다. 우리를 모든 죄악으로부터 구해주시는, 진실된 메시아를 보내주신 하나님을 경배하자.

구원자 되시는 주님, 당신은 모든 사람들에게 희망을 가져다주십니다. 죄의 속박으로부터 우리를 해방시켜주신 당신을 찬양하고 축복합니다. 우리가 하나님을 경배하고, 하나님께서 우리에게 주시는 희망을 다른 이들과 나누는 가운데, 그들 또한 당신께 다가갈 수 있도록 인도하여 주옵소서. 아멘.

당신의 생명의 떡을 떼어 (Break Thou the Bread of Life)

19세기 감리교 신자였던 메리 앤 래스배리(Mary Ann Lathbury)는 이 찬송을 통해 하나님의 말씀과 진리, 영을 통해 우리를 인도해 달라고 간구한다. 이러한 모든 것들을 통해 하나님을 간구하는 그녀의 끝없는 생각은 "성스러운 페이지를 넘어 하나님 당신을 간구합니다"라는 1절의 가사와 "펼쳐진 하나님의 책에서 당신을 봅니다"라는 마지막절의 가사에서 분명히 드러난다. "생명의 떡 (bread of life)"이라는 표현을 강조함으로써 이 노래는 성만찬 장소에서 인기 있게 불리는 곡이 되었다. 우리가 하나님의 살아있는 말씀에 의지해야 하는 것 그리고 모든 것들을 통해 하나님을 간구해야 하는 우리의 필요가 이 찬송의 핵심 주제임은 두말할 필요가 없다. 이 찬송을 통해 이러한 점들을 묵상해보자.

오 주님, 갈릴리 바닷가에서 빵을 떼셨던 것처럼 당신의 생명의 떡을 떼어 주옵소서. 성스러운 페이지를 넘어 하나님 당신을 간구합니다. 나의 영이 살아계신 말씀인 당신을 갈망합니다.

오 주님, 갈릴리 바닷가에서 떡을 받아들고 감사 기도를 드리셨던 것처럼 진실된 영을 내게 주옵소서. 그리하여 모든 속박이 끝나고, 구속이 쇠하여 제가 평안을 찾을 수 있도록 하여 주옵소서.

오 주님 당신은 내게 생명의 떡입니다. 당신의 거룩한 진실의 말씀이 저를 구하셨습니다. 주님 당신의 떡으로 제가 먹고 살아갈 수 있도록 하여 주옵소서. 당신은 사랑이시니 제가 당신의 진실을 사랑할 수 있도록 하여 주옵소서.

주님, 당신의 영을 보내사 저의 눈을 열어 보게 하시고, 당신의 말씀 가운데 놓인 진실을 밝히 비춰 주사 펼쳐진 하나님의 책에서 당신을 바라봅니다.

11

[요한복음 4:31-54]

31 그 사이에 제자들이 청하여 이르되 랍비여 잡수소서

Meanwhile his disciples urged him, "Rabbi, eat something."

32 이르시되 내게는 너희가 알지 못하는 먹을 양식이 있느니라

But he said to them, "I have food to eat that you know nothing about."

33 제자들이 서로 말하되 누가 잡수실 것을 갖다 드렸는가 하니

Then his disciples said to each other, "Could someone have brought him food?"

34 예수께서 이르시되 나의 양식은 나를 보내신 이의 뜻을 행하며 그의 일을 온전히 이루는 이것이니라

"My food," said Jesus, "is to do the will of him who sent me and to finish his work.

35 너희는 넉 달이 지나야 추수할 때가 이르겠다 하지 아니하느냐 그러나 나는 너희에게 이르노니 너희 눈을 들어 밭을 보라 희어져 추수하게 되었도다

Do you not say, 'Four months more and then the harvest'? I tell you, open your eyes and look at the fields! They are ripe for harvest.

36 거두는 자가 이미 삯도 받고 영생에 이르는 열매를 모으나니 이는 뿌리는 자와 거두는 자가 함께 즐거워하게 하려 함이라

Even now the reaper draws his wages, even now he harvests the crop for eternal life, so that the sower and the reaper may be glad together.

37 그런즉 한 사람이 심고 다른 사람이 거둔다 하는 말이 옳도다

Thus the saying 'One sows and another reaps' is true.

38 내가 너희로 노력하지 아니한 것을 거두러 보내었노니 다른 사람들은 노력하였고 너희는 그들이 노력한 것에 참여하였느니라

I sent you to reap what you have not worked for. Others have done the hard work, and you have reaped the benefits of their labor."

39 여자의 말이 내가 행한 모든 것을 그가 내게 말하였다 증언하므로 그 동네 중에 많은 사마리아인이 예수를 믿는지라

Many of the Samaritans from that town believed in him because of the woman's testimony, "He told me everything I ever did."

40 사마리아인들이 예수께 와서 자기들과 함께 유하시기를 청하니 거기서 이틀을 유하시매

So when the Samaritans came to him, they urged him to stay with them, and he stayed two days.

41 예수의 말씀으로 말미암아 믿는 자가 더욱 많아

And because of his words many more became believers.

42 그 여자에게 말하되 이제 우리가 믿는 것은 네 말로 인함이 아니니 이는 우리
가 친히 듣고 그가 참으로 세상의 구주신 줄 앎이라 하였더라

They said to the woman, "We no longer believe just because of what you said; now we have heard for ourselves, and we know that this man really is the Savior of the world."

43 이틀이 지나매 예수께서 거기를 떠나 갈릴리로 가시며

After the two days he left for Galilee.

44 친히 증언하시기를 선지자가 고향에서는 높임을 받지 못한다 하시고

(Now Jesus himself had pointed out that a prophet has no honor in his own country.)

45 갈릴리에 이르시매 갈릴리인들이 그를 영접하니 이는 자기들도 명절에 갔다
가 예수께서 명절중 예루살렘에서 하신 모든 일을 보았음이더라

When he arrived in Galilee, the Galileans welcomed him. They had seen all that he had done in Jerusalem at the Passover Feast, for they also had been there.

12

[요한복음 4:46-5:7]

46 예수께서 다시 갈릴리 가나에 이르시니 전에 물로 포도주를 만드신 곳이라 왕의 신하가 있어 그의 아들이 가버나움에서 병들었더니

Once more he visited Cana in Galilee, where he had turned the water into wine. And there was a certain royal official whose son lay sick at Capernaum.

47 그가 예수께서 유대로부터 갈릴리로 오셨다는 것을 듣고 가서 청하되 내려오셔서 내 아들의 병을 고쳐 주소서 하니 그가 거의 죽게 되었음이라

When this man heard that Jesus had arrived in Galilee from Judea, he went to him and begged him to come and heal his son, who was close to death.

48 예수께서 이르시되 너희는 표적과 기사를 보지 못하면 도무지 믿지 아니하리라

"Unless you people see miraculous signs and wonders," Jesus told him, "you will never believe."

49 신하가 이르되 주여 내 아이가 죽기 전에 내려오소서

The royal official said, "Sir, come down before my child dies."

50 예수께서 이르시되 가라 네 아들이 살아 있다 하시니 그 사람이 예수께서 하신 말씀을 믿고 가더니

Jesus replied, "You may go. Your son will live." The man took Jesus at his word and departed.

51 내려가는 길에서 그 종들이 오다가 만나서 아이가 살아 있다 하거늘

While he was still on the way, his servants met him with the news that his boy was living.

52 그 낫기 시작한 때를 물은즉 어제 일곱 시에 열기가 떨어졌나이다 하는지라

When he inquired as to the time when his son got better, they said to him, "The fever left him yesterday at the seventh hour."

53 그의 아버지가 예수께서 네 아들이 살아 있다 말씀하신 그 때인 줄 알고 자기와 그 온 집안이 다 믿으니라

Then the father realized that this was the exact time at which Jesus had said to him, "Your son will live." So he and all his household believed.

54 이것은 예수께서 유대에서 갈릴리로 오신 후에 행하신 두 번째 표적이니라

This was the second miraculous sign that Jesus performed, having come from Judea to Galilee.

[요한복음 5장]

01 그 후에 유대인의 명절이 되어 예수께서 예루살렘에 올라가시니라

Some time later, Jesus went up to Jerusalem for a feast of the Jews.

02 예루살렘에 있는 양문 곁에 히브리 말로 베데스다라 하는 못이 있는데 거기 행각 다섯이 있고

Now there is in Jerusalem near the Sheep Gate a pool, which in Aramaic is called Bethesda and which is surrounded by five covered colonnades.

03 그 안에 많은 병자, 맹인, 다리 저는 사람, 혈기 마른 사람들이 누워 [물의 움직임을 기다리니

Here a great number of disabled people used to lie--the blind, the lame, the paralyzed.

04 이는 천사가 가끔 못에 내려와 물을 움직이게 하는데 움직인 후에 먼저 들어가는 자는 어떤 병에 걸렸든지 낫게 됨이러라]

05 거기 서른여덟 해 된 병자가 있더라

One who was there had been an invalid for thirty-eight years.

06 예수께서 그 누운 것을 보시고 병이 벌써 오래된 줄 아시고 이르시되 네가 낫고자 하느냐

When Jesus saw him lying there and learned that he had been in this condition for a long time, he asked him, "Do you want to get well?"

07 병자가 대답하되 주여 물이 움직일 때에 나를 못에 넣어 주는 사람이 없어 내가 가는 동안에 다른 사람이 먼저 내려가나이다

"Sir," the invalid replied, "I have no one to help me into the pool when the water is stirred. While I am trying to get in, someone else goes down ahead of me."

(5:6) 치유의 주여, 당신은 은혜로우신 분입니다. 당신은 내게 조금이 아닌 온전하게 건강히 낫기를 원하는지 물으십니다. 당신은 내게 있는 증상만 없애주시는 것이 아니라 그 증상을 유발하는 질병을 없애주십니다. 나의 행위만 변화시켜 주시는 것이 아니라 나의 마음도 변화시켜 주십니다. 당신의 사랑은 내가 나 자신을 마주할 수 있도록 이끌어줍니다. 당신의 말씀은 내 영혼을 관통합니다. 당신 앞에 나는 가식 없이 벌거벗었습니다. 사랑의 예수님, 내가 당신의 구원의 풍성하심을 받을 수 있게 해주심에 감사합니다. 당신의 치유하심의 완전함으로 인해, 그리고 꿰뚫으시는 당신의 사랑의 능력으로 인해 당신을 찬양합니다!

[요한복음 5:8-21]

08 예수께서 이르시되 일어나 네 자리를 들고 걸어가라 하시니

Then Jesus said to him, "Get up! Pick up your mat and walk."

09 그 사람이 곧 나아서 자리를 들고 걸어가니라 이 날은 안식일이니

At once the man was cured; he picked up his mat and walked. The day on which this took place was a Sabbath,

10 유대인들이 병 나은 사람에게 이르되 안식일인데 네가 자리를 들고 가는 것이 옳지 아니하니라

and so the Jews said to the man who had been healed, "It is the Sabbath; the law forbids you to carry your mat."

11 대답하되 나를 낫게 한 그가 자리를 들고 걸어가라 하더라 하니

But he replied, "The man who made me well said to me, 'Pick up your mat and walk.' "

12 그들이 묻되 너에게 자리를 들고 걸어가라 한 사람이 누구냐 하되

So they asked him, "Who is this fellow who told you to pick it up and walk?"

13 고침을 받은 사람은 그가 누구인지 알지 못하니 이는 거기 사람이 많으므로 예수께서 이미 피하셨음이라

The man who was healed had no idea who it was, for Jesus had slipped away into the crowd that was there.

14 그 후에 예수께서 성전에서 그 사람을 만나 이르시되 보라 네가 나았으니 더 심한 것이 생기지 않게 다시는 죄를 범하지 말라 하시니

Later Jesus found him at the temple and said to him, "See, you are well again. Stop sinning or something worse may happen to you."

15 그 사람이 유대인들에게 가서 자기를 고친 이는 예수라 하니라

The man went away and told the Jews that it was Jesus who had made him well.

16 그러므로 안식일에 이러한 일을 행하신다 하여 유대인들이 예수를 박해하게 된지라

So, because Jesus was doing these things on the Sabbath, the Jews persecuted him.

17 예수께서 그들에게 이르시되 내 아버지께서 이제까지 일하시니 나도 일한다 하시매

Jesus said to them, "My Father is always at his work to this very day, and I, too, am working."

18 유대인들이 이로 말미암아 더욱 예수를 죽이고자 하니 이는 안식일을 범할 뿐
만 아니라 하나님을 자기의 친 아버지라 하여 자기를 하나님과 동등으로 삼
으심이러라

For this reason the Jews tried all the harder to kill him; not only was he breaking the Sabbath, but he was even calling God his own Father, making himself equal with God.

19 그러므로 예수께서 그들에게 이르시되 내가 진실로 진실로 너희에게 이르노
니 아들이 아버지께서 하시는 일을 보지 않고는 아무 것도 스스로 할 수 없나
니 아버지께서 행하시는 그것을 아들도 그와 같이 행하느니라

Jesus gave them this answer: "I tell you the truth, the Son can do nothing by himself; he can do only what he sees his Father doing, because whatever the Father does the Son also does.

20 아버지께서 아들을 사랑하사 자기가 행하시는 것을 다 아들에게 보이시고 또
그보다 더 큰 일을 보이사 너희로 놀랍게 여기게 하시리라

For the Father loves the Son and shows him all he does. Yes, to your amazement he will show him even greater things than these.

21 아버지께서 죽은 자들을 일으켜 살리심 같이 아들도 자기가 원하는 자들을 살
리느니라

For just as the Father raises the dead and gives them life, even so the Son gives life to whom he is pleased to give it.

[요한복음 5:22-38]

22 아버지께서 아무도 심판하지 아니하시고 심판을 다 아들에게 맡기셨으니

Moreover, the Father judges no one, but has entrusted all judgment to the Son,

23 이는 모든 사람으로 아버지를 공경하는 것 같이 아들을 공경하게 하려 하심이
라 아들을 공경하지 아니하는 자는 그를 보내신 아버지도 공경하지 아니하느
니라

that all may honor the Son just as they honor the Father. He who does not honor the Son does not honor the Father, who sent him.

24 내가 진실로 진실로 너희에게 이르노니 내 말을 듣고 또 나 보내신 이를 믿는
자는 영생을 얻었고 심판에 이르지 아니하나니 사망에서 생명으로 옮겼느니
라

"I tell you the truth, whoever hears my word and believes him who sent me has eternal life and will not be condemned; he has crossed over from death to life.

25 진실로 진실로 너희에게 이르노니 죽은 자들이 하나님의 아들의 음성을 들을
때가 오나니 곧 이 때라 듣는 자는 살아나리라

I tell you the truth, a time is coming and has now come when the dead will hear the voice of the Son of God and those who hear will live.

26 아버지께서 자기 속에 생명이 있음 같이 아들에게도 생명을 주어 그 속에 있
게 하셨고

For as the Father has life in himself, so he has granted the Son to have life in himself.

27 또 인자됨으로 말미암아 심판하는 권한을 주셨느니라

And he has given him authority to judge because he is the Son of Man.

28 이를 놀랍게 여기지 말라 무덤 속에 있는 자가 다 그의 음성을 들을 때가 오나
니

"Do not be amazed at this, for a time is coming when all who are in their graves will hear his voice

29 선한 일을 행한 자는 생명의 부활로, 악한 일을 행한 자는 심판의 부활로 나오
리라

and come out--those who have done good will rise to live, and those who have done evil will rise to be condemned.

30 내가 아무 것도 스스로 할 수 없노라 듣는 대로 심판하노니 나는 나의 뜻대로
하려 하지 않고 나를 보내신 이의 뜻대로 하려 하므로 내 심판은 의로우니라

By myself I can do nothing; I judge only as I hear, and my judgment is just, for I seek not to please myself but him who sent me.

31 내가 만일 나를 위하여 증언하면 내 증언은 참되지 아니하되

"If I testify about myself, my testimony is not valid.

32 나를 위하여 증언하시는 이가 따로 있으니 나를 위하여 증언하시는 그 증언이 참인 줄 아노라

There is another who testifies in my favor, and I know that his testimony about me is valid.

33 너희가 요한에게 사람을 보내매 요한이 진리에 대하여 증언하였느니라

"You have sent to John and he has testified to the truth.

34 그러나 나는 사람에게서 증언을 취하지 아니하노라 다만 이 말을 하는 것은 너희로 구원을 받게 하려 함이니라

Not that I accept human testimony; but I mention it that you may be saved.

35 요한은 켜서 비추이는 등불이라 너희가 한때 그 빛에 즐거이 있기를 원하였거니와

John was a lamp that burned and gave light, and you chose for a time to enjoy his light

36 내게는 요한의 증거보다 더 큰 증거가 있으니 아버지께서 내게 주사 이루게 하시는 역사 곧 내가 하는 그 역사가 아버지께서 나를 보내신 것을 나를 위하여 증언하는 것이요

"I have testimony weightier than that of John. For the very work that the Father has given me to finish, and which I am doing, testifies that the Father has sent me.

37 또한 나를 보내신 아버지께서 친히 나를 위하여 증언하셨느니라 너희는 아무 때에도 그 음성을 듣지 못하였고 그 형상을 보지 못하였으며

And the Father who sent me has himself testified concerning me. You have never heard his voice nor seen his form,

38 그 말씀이 너희 속에 거하지 아니하니 이는 그가 보내신 이를 믿지 아니함이라

nor does his word dwell in you, for you do not believe the one he sent.

(5:22-27) 하나님의 아들, 예수여, 당신은 존귀하신 분입니다. 사람의 아들로서, 당신은 만물을 심판하시는 재판관이십니다. 성육신하신 말씀으로서, 당신은 하나님의 영광을 나타내시는 존재이십니다. 십자가에 달려 돌아가심으로 당신은 영광과 존귀를 얻으셨습니다. 오 죽임 당하신 어린 양, 당신은 존귀하십니다. "능력과 부와 지혜와 힘과 존귀와 영광과 찬송을 받으실 분"이십니다. 하나님은 당신께 모든 이름 위에 뛰어난 이름을 주셨습니다. 모든 피조물이 당신의 위엄 앞에 절합니다. 할렐루야!(요한복음 1:14; 빌립보서 2:9-11; 히브리서 2:9; 요한계시록 5:12)

만유의 주재, 존귀하신 예수, 사람이 되신 하나님, 나 사모하여 영원히 섬길 내 영광되신 주로다.
화려한 동산, 무성한 저 수목, 다 아름답고 묘하나 순전한 예수 더 아름다워 봄 같은 기쁨 주시네.
광명한 해와 명랑한 저 달빛, 수많은 별들 빛나나 주 예수 빛은 더 찬란하여 참 비교 할 수 없도다.

"만유의 주재 (Fairest Lord Jesus)"

작자 미상: 독일 찬송가(1677) 역자 미상(1850)

예수님은 자신이 어디서 오셨는지, 왜 오셨는지, 무엇을 이루기 위해 오신 것인지 알고 계셨다. 그분은 하늘에서부터 오셨고, 자신의 뜻을 이루고자 오신 것이 아니라 아버지의 뜻을 이루고자 오셨다. 이 마음을 가지고 그분은 모든 결정을 내리셨다. 결과적으로, 그분은 하찮은 것들에 주의를 기울이지 않으셨다. 그분은 결코 서두르신 일이 없었다. 왜냐하면 그분은 아버지께서 이뤄야 할 과제를 주실 때는 그 과제를 이룰 수 있는 시간도 함께 주신다는 걸 알았기 때문이었다. 그리스도께서는 이스라엘의 모든 사람들을 고쳐줘야 한다고 생각하며 위기감에 이끌려 지내지 않으셨다. 그분은 여전히 사람들이 악의 세력에 묶이고 질병에 몸이 뒤틀려 있을 때에도 "다 이루었다"고 말씀하셨다. 결국에 가장 중요한 것은 고침 받았거나 먹을 것을 받은 사람들이 몇 명인지가 아니라 아버지의 뜻이 이뤄졌는지가 중요한 것이었다. 그분의 분명한 목적은 그분의 결정을 단순하게 만들어주었다.

어윈 W. 루처(Erwin W. Lutzer, 1941-)

"그분은 자신의 위엄을 우리에게 주시고자 우리의 하찮음을 옷 입으셨다."

리처드슨 라이트(Richardson Wright, 1885-)

[요한복음 5:39-6:6]

39 너희가 성경에서 영생을 얻는 줄 생각하고 성경을 연구하거니와 이 성경이 곧 내게 대하여 증언하는 것이니라

You diligently study the Scriptures because you think that by them you possess eternal life. These are the Scriptures that testify about me,

40 그러나 너희가 영생을 얻기 위하여 내게 오기를 원하지 아니하는도다

yet you refuse to come to me to have life.

41 나는 사람에게서 영광을 취하지 아니하노라

"I do not accept praise from men,

42 다만 하나님을 사랑하는 것이 너희 속에 없음을 알았노라

but I know you. I know that you do not have the love of God in your hearts.

43 나는 내 아버지의 이름으로 왔으매 너희가 영접하지 아니하나 만일 다른 사람이 자기 이름으로 오면 영접하리라

I have come in my Father's name, and you do not accept me; but if someone else comes in his own name, you will accept him.

44 너희가 서로 영광을 취하고 유일하신 하나님께로부터 오는 영광은 구하지 아니하니 어찌 나를 믿을 수 있느냐

How can you believe if you accept praise from one another, yet make no effort to obtain the praise that comes from the only God?

45 내가 너희를 아버지께 고발할까 생각하지 말라 너희를 고발하는 이가 있으니 곧 너희가 바라는 자 모세니라

"But do not think I will accuse you before the Father. Your accuser is Moses, on whom your hopes are set.

46 모세를 믿었더라면 또 나를 믿었으리니 이는 그가 내게 대하여 기록하였음이라

If you believed Moses, you would believe me, for he wrote about me.

47 그러나 그의 글도 믿지 아니하거든 어찌 내 말을 믿겠느냐 하시니라

But since you do not believe what he wrote, how are you going to believe what I say?"

[요한복음 6장]

01 그 후에 예수께서 디베랴의 갈릴리 바다 건너편으로 가시매

Some time after this, Jesus crossed to the far shore of the Sea of Galilee (that is, the Sea of Tiberias),

02 큰 무리가 따르니 이는 병자들에게 행하시는 표적을 보았음이러라

and a great crowd of people followed him because they saw the miraculous signs he had performed on the sick.

03 예수께서 산에 오르사 제자들과 함께 거기 앉으시니

Then Jesus went up on a mountainside and sat down with his disciples.

04 마침 유대인의 명절인 유월절이 가까운지라

The Jewish Passover Feast was near.

05 예수께서 눈을 들어 큰 무리가 자기에게로 오는 것을 보시고 빌립에게 이르시되 우리가 어디서 떡을 사서 이 사람들을 먹이겠느냐 하시니

When Jesus looked up and saw a great crowd coming toward him, he said to Philip, "Where shall we buy bread for these people to eat?"

06 이렇게 말씀하심은 친히 어떻게 하실지를 아시고 빌립을 시험하고자 하심이라

He asked this only to test him, for he already had in mind what he was going to do.

[요한복음 6:7-21]

07 빌립이 대답하되 각 사람으로 조금씩 받게 할지라도 이백 데나리온의 떡이 부족하리이다

Philip answered him, "Eight months' wages would not buy enough bread for each one to have a bite!"

08 제자 중 하나 곧 시몬 베드로의 형제 안드레가 예수께 여짜오되

Another of his disciples, Andrew, Simon Peter's brother, spoke up,

09 여기 한 아이가 있어 보리떡 다섯 개와 물고기 두 마리를 가지고 있나이다 그러나 그것이 이 많은 사람에게 얼마나 되겠사옵나이까

"Here is a boy with five small barley loaves and two small fish, but how far will they go among so many?"

10 예수께서 이르시되 이 사람들로 앉게 하라 하시니 그 곳에 잔디가 많은지라 사람들이 앉으니 수가 오천 명쯤 되더라

Jesus said, "Have the people sit down." There was plenty of grass in that place, and the men sat down, about five thousand of them.

11 예수께서 떡을 가져 축사하신 후에 앉아 있는 자들에게 나눠 주시고 물고기도 그렇게 그들의 원대로 주시니라

Jesus then took the loaves, gave thanks, and distributed to those who were seated as much as they wanted. He did the same with the fish.

12 그들이 배부른 후에 예수께서 제자들에게 이르시되 남은 조각을 거두고 버리는 것이 없게 하라 하시므로

When they had all had enough to eat, he said to his disciples, "Gather the pieces that are left over. Let nothing be wasted."

13 이에 거두니 보리떡 다섯 개로 먹고 남은 조각이 열두 바구니에 찼더라

So they gathered them and filled twelve baskets with the pieces of the five barley loaves left over by those who had eaten.

14 그 사람들이 예수께서 행하신 이 표적을 보고 말하되 이는 참으로 세상에 오실 그 선지자라 하더라

After the people saw the miraculous sign that Jesus did, they began to say, "Surely this is the Prophet who is to come into the world."

15 그러므로 예수께서 그들이 와서 자기를 억지로 붙들어 임금으로 삼으려는 줄 아시고 다시 혼자 산으로 떠나 가시니라

Jesus, knowing that they intended to come and make him king by force, withdrew again to a mountain by himself.

16 저물매 제자들이 바다에 내려가서

When evening came, his disciples went down to the lake,

17 배를 타고 바다를 건너 가버나움으로 가는데 이미 어두웠고 예수는 아직 그들에게 오시지 아니하셨더니

where they got into a boat and set off across the lake for Capernaum. By now it was dark, and Jesus had not yet joined them.

18 큰 바람이 불어 파도가 일어나더라

A strong wind was blowing and the waters grew rough.

19 제자들이 노를 저어 십여 리쯤 가다가 예수께서 바다 위로 걸어 배에 가까이 오심을 보고 두려워하거늘

When they had rowed three or three and a half miles, they saw Jesus approaching the boat, walking on the water; and they were terrified.

20 이르시되 내니 두려워하지 말라 하신대

But he said to them, "It is I; don't be afraid."

21 이에 기뻐서 배로 영접하니 배는 곧 그들이 가려던 땅에 이르렀더라

Then they were willing to take him into the boat, and immediately the boat reached the shore where they were heading.

(6:15) 주 예수여, 얼마나 자주 내가 당신을 내 틀에 맞추려고 했는지, 얼마나 자주 내가 당신을 내 작은 생각에 끼어 맞추려 했는지요! 당신이 내 친구가 되심에 기쁩니다. 내가 당신의 거룩하신 위엄을 잊었습니다. 당신이 내 구세주가 되심에 너무 기쁩니다. 내가 당신을 내 구주로 선포하는 데 망설였습니다. 당신의 은혜의 열매를 즐거워하길 원합니다. 당신이 나를 대가가 필요한 훈련으로 부르실 때 내가 무시했습니다. 당신을 얕보듯 했던 나의 못난 모습을 용서해주소서. 내 못난 마음을 깨끗케 씻어 주소서. 오 주여, 나에게서 떠나가지 마시고 내게 당신이 누구신지 나타내셔서 내가 당신을 더 분명히 알게 하시고, 신실하게 당신을 따르며 겸손히 당신께 경배 드리게 하소서(요한복음 15:15).

17

[요한복음 6:22-35]

22 이튿날 바다 건너편에 서 있던 무리가 배 한 척 외에 다른 배가 거기 없는 것 과 또 어제 예수께서 제자들과 함께 그 배에 오르지 아니하시고 제자들만 가는 것을 보았더니

The next day the crowd that had stayed on the opposite shore of the lake realized that only one boat had been there, and that Jesus had not entered it with his disciples, but that they had gone away alone.

23 (그러나 디베랴에서 배들이 주께서 축사하신 후 여럿이 떡 먹던 그 곳에 가까이 왔더라)

Then some boats from Tiberias landed near the place where the people had eaten the bread after the Lord had given thanks.

24 무리가 거기에 예수도 안 계시고 제자들도 없음을 보고 곧 배들을 타고 예수를 찾으러 가버나움으로 가서

Once the crowd realized that neither Jesus nor his disciples were there, they got into the boats and went to Capernaum in search of Jesus.

25 바다 건너편에서 만나 랍비여 언제 여기 오셨나이까 하니

When they found him on the other side of the lake, they asked him, "Rabbi, when did you get here?"

26 예수께서 대답하여 이르시되 내가 진실로 진실로 너희에게 이르노니 너희가 나를 찾는 것은 표적을 본 까닭이 아니요 떡을 먹고 배부른 까닭이로다

Jesus answered, "I tell you the truth, you are looking for me, not because you saw miraculous signs but because you ate the loaves and had your fill.

27 썩을 양식을 위하여 일하지 말고 영생하도록 있는 양식을 위하여 하라 이 양식은 인자가 너희에게 주리니 인자는 아버지 하나님께서 인치신 자니라

Do not work for food that spoils, but for food that endures to eternal life, which the Son of Man will give you. On him God the Father has placed his seal of approval."

28 그들이 묻되 우리가 어떻게 하여야 하나님의 일을 하오리이까

Then they asked him, "What must we do to do the works God requires?"

29 예수께서 대답하여 이르시되 하나님께서 보내신 이를 믿는 것이 하나님의 일이니라 하시니

Jesus answered, "The work of God is this: to believe in the one he has sent."

30 그들이 묻되 그러면 우리가 보고 당신을 믿도록 행하시는 표적이 무엇이니이
까, 하시는 일이 무엇이니이까

So they asked him, "What miraculous sign then will you give that we may see it and believe you? What will you do?

31 기록된 바 하늘에서 그들에게 떡을 주어 먹게 하였다 함과 같이 우리 조상들
은 광야에서 만나를 먹었나이다

Our forefathers ate the manna in the desert; as it is written: 'He gave them bread from heaven to eat.'"

32 예수께서 이르시되 내가 진실로 진실로 너희에게 이르노니 모세가 너희에게
하늘로부터 떡을 준 것이 아니라 내 아버지께서 너희에게 하늘로부터 참 떡
을 주시나니

Jesus said to them, "I tell you the truth, it is not Moses who has given you the bread from heaven, but it is my Father who gives you the true bread from heaven.

33 하나님의 떡은 하늘에서 내려 세상에 생명을 주는 것이니라

For the bread of God is he who comes down from heaven and gives life to the world."

34 그들이 이르되 주여 이 떡을 항상 우리에게 주소서

"Sir," they said, "from now on give us this bread."

35 예수께서 이르시되 나는 생명의 떡이니 내게 오는 자는 결코 주리지 아니할
터이요 나를 믿는 자는 영원히 목마르지 아니하리라

Then Jesus declared, "I am the bread of life. He who comes to me will never go hungry, and he who believes in me will never be thirsty.

(6:31–55) 생명의 떡이신 예수여, 당신께 찬양을 드립니다. 당신은 우리에게 하늘의 양식을 주시기 위해 하늘로부터 오셨습니다. 당신이 주시는 양식만이 우리 안에 영원한 생명을 살찌웁니다. 생명의 떡이신 당신이 우리를 먹이실 때 우리는 결코 죽지 않을 것입니다. 당신은 우리를 위해 찢기신 떡입니다. 그래서 우리가 하늘의 온전하심 가운데 살 수 있습니다. 오 생명의 떡이신 예수여, 나를 먹이소서. (마태복음 26:26)

"당신은 모든 굶주림을 만족시키는 양식이십니다."

시에나의 성녀 카타리나(Saint Catherine of Siena, 1347-1380)

예수여, 사랑하는 자들에게 기쁨이 되시는 이여, 당신은 생명의 근원이 되십니다. 당신은 사람의 빛이 되십니다. 세상에 주는 최고의 행복으로 채워지지 않은 우리는 당신께 다시 돌아갑니다.

오 생명의 떡이신 당신을 우리가 맛보며, 당신으로 인한 잔치를 계속해서 갖기 원합니다. 샘의 근원 되신 당신을 마시길 원합니다, 그럼 당신으로 인해 우리의 목마름이 해결될 것입니다.

"예수여, 사랑하는 자들에게 기쁨이 되시는 이여
(Jesus, Thou Joy of Loving Hearts)"
클레르보의 베르나르(Bernard of Clairvaux, 1150);
역자: 레이 팔머(Ray Palmer, 1808-1887)

[요한복음 6:36-50]

36 그러나 내가 너희에게 이르기를 너희는 나를 보고도 믿지 아니하는도다 하였느니라

But as I told you, you have seen me and still you do not believe.

37 아버지께서 내게 주시는 자는 다 내게로 올 것이요 내게 오는 자는 내가 결코 내쫓지 아니하리라

All that the Father gives me will come to me, and whoever comes to me I will never drive away.

38 내가 하늘에서 내려온 것은 내 뜻을 행하려 함이 아니요 나를 보내신 이의 뜻을 행하려 함이니라

For I have come down from heaven not to do my will but to do the will of him who sent me.

39 나를 보내신 이의 뜻은 내게 주신 자 중에 내가 하나도 잃어버리지 아니하고 마지막 날에 다시 살리는 이것이니라

And this is the will of him who sent me, that I shall lose none of all that he has given me, but raise them up at the last day.

40 내 아버지의 뜻은 아들을 보고 믿는 자마다 영생을 얻는 이것이니 마지막 날에 내가 이를 다시 살리리라 하시니라

For my Father's will is that everyone who looks to the Son and believes in him shall have eternal life, and I will raise him up at the last day."

41 자기가 하늘에서 내려온 떡이라 하시므로 유대인들이 예수에 대하여 수군거려

At this the Jews began to grumble about him because he said, "I am the bread that came down from heaven."

42 이르되 이는 요셉의 아들 예수가 아니냐 그 부모를 우리가 아는데 자기가 지금 어찌하여 하늘에서 내려왔다 하느냐

They said, "Is this not Jesus, the son of Joseph, whose father and mother we know? How can he now say, 'I came down from heaven'?"

43 예수께서 대답하여 이르시되 너희는 서로 수군거리지 말라

"Stop grumbling among yourselves," Jesus answered.

44 나를 보내신 아버지께서 이끌지 아니하시면 아무도 내게 올 수 없으니 오는 그를 내가 마지막 날에 다시 살리리라

"No one can come to me unless the Father who sent me draws him, and I will raise him up at the last day.

45 선지자의 글에 그들이 다 하나님의 가르치심을 받으리라 기록되었은즉 아버
지께 듣고 배운 사람마다 내게로 오느니라

It is written in the Prophets: 'They will all be taught by God.' Everyone who listens to the Father and learns from him comes to me.

46 이는 아버지를 본 자가 있다는 것이 아니니라 오직 하나님에게서 온 자만 아
버지를 보았느니라

No one has seen the Father except the one who is from God; only he has seen the Father.

47 진실로 진실로 너희에게 이르노니 믿는 자는 영생을 가졌나니

I tell you the truth, he who believes has everlasting life.

48 내가 곧 생명의 떡이니라

I am the bread of life.

49 너희 조상들은 광야에서 만나를 먹었어도 죽었거니와

Your forefathers ate the manna in the desert, yet they died.

50 이는 하늘에서 내려오는 떡이니 사람으로 하여금 먹고 죽지 아니하게 하는 것
이니라

But here is the bread that comes down from heaven, which a man may eat and not die.

주 성찬 전의 기도 (요한복음 6:41) 전능하신 하나님, 우리에게 당신의 아들을 보내주시고, 우리를 위해 죽으실 뿐 아니라 그의 육신과 피로써 성체 가운데 우리의 영적 음식과 필요가 되어주심에 감사드립니다. 우리가 당신의 거룩한 신비로움을 기억하고 우리의 양심을 감찰하며, 말씀대로 결혼예복 가운데 하늘의 잔치에 거룩하고 깨끗하게 참여할 수 있도록 인도하여 주옵소서. 아멘.

토마스 코테릴(Thomas Cotterill 1779-1823)

생명의 빵이신 예수님 (6:48-51) 빵은 우리를 지탱하고 우리의 일 가운데 힘을 주는 모든 것들을 상징한다. 우리 일상의 얼마나 많은 시간들을 음식을 조달하고 준비하고 먹는데 보내는가? 육신이 필요로 하는 것은 우리가 긴 시간 모른 체 할 수 없는 것들이다. 예수님께서는 이 같은 보편적 경험을 예로 들어 우리로 하여금 생명의 빵인 자신이 단순히 우리 몸의 단기적 필요를 채워주시는 것을 넘어 우리 영혼의 깊은 곳까지 채우시는 분임을 알려주신다. 우리 몸이 음식 없이는 죽을 수밖에 없는 것처럼, 예수님 없이 우리는 영적 죽음을 겪을 수밖에 없다. 이러한 사실을 인지한다면 기도와 예배를 통한 주님의 임재하심으로부터 오는 공급을 거부할 수 있겠는가?

"생명의 빵이신 주님, 우리 가운데 있는 깊은 영적 갈망을 충만케 해 주시니 감사합니다. 당신의 생명의 빵이 없이 우리는 마르고 죽을 것입니다. 기도와 경배로 당신의 임재하심을 통해 살아가는 법을 알려주사, 그리하여 우리가 당신을 섬기는 데 더욱 강건해질 수 있도록 하여 주옵소서. 아멘."

19

[요한복음 6:51-64]

51 나는 하늘에서 내려온 살아 있는 떡이니 사람이 이 떡을 먹으면 영생하리라
내가 줄 떡은 곧 세상의 생명을 위한 내 살이니라 하시니라

I am the living bread that came down from heaven. If anyone eats of this bread, he will live forever. This bread is my flesh, which I will give for the life of the world."

52 그러므로 유대인들이 서로 다투어 이르되 이 사람이 어찌 능히 자기 살을 우
리에게 주어 먹게 하겠느냐

Then the Jews began to argue sharply among themselves, "How can this man give us his flesh to eat?"

53 예수께서 이르시되 내가 진실로 진실로 너희에게 이르노니 인자의 살을 먹지
아니하고 인자의 피를 마시지 아니하면 너희 속에 생명이 없느니라

Jesus said to them, "I tell you the truth, unless you eat the flesh of the Son of Man and drink his blood, you have no life in you.

54 내 살을 먹고 내 피를 마시는 자는 영생을 가졌고 마지막 날에 내가 그를 다시
살리리니

Whoever eats my flesh and drinks my blood has eternal life, and I will raise him up at the last day.

55 내 살은 참된 양식이요 내 피는 참된 음료로다

For my flesh is real food and my blood is real drink.

56 내 살을 먹고 내 피를 마시는 자는 내 안에 거하고 나도 그의 안에 거하나니

Whoever eats my flesh and drinks my blood remains in me, and I in him.

57 살아 계신 아버지께서 나를 보내시매 내가 아버지로 말미암아 사는 것 같이
나를 먹는 그 사람도 나로 말미암아 살리라

Just as the living Father sent me and I live because of the Father, so the one who feeds on me will live because of me.

58 이것은 하늘에서 내려온 떡이니 조상들이 먹고도 죽은 그것과 같지 아니하여
이 떡을 먹는 자는 영원히 살리라

This is the bread that came down from heaven. Your forefathers ate manna and died, but he who feeds on this bread will live forever."

59 이 말씀은 예수께서 가버나움 회당에서 가르치실 때에 하셨느니라

He said this while teaching in the synagogue in Capernaum.

60 제자 중 여럿이 듣고 말하되 이 말씀은 어렵도다 누가 들을 수 있느냐 한 대

On hearing it, many of his disciples said, "This is a hard teaching. Who can accept it?"

61 예수께서 스스로 제자들이 이 말씀에 대하여 수군거리는 줄 아시고 이르시되
이 말이 너희에게 걸림이 되느냐

Aware that his disciples were grumbling about this, Jesus said to them, "Does this offend you?

62 그러면 너희는 인자가 이전에 있던 곳으로 올라가는 것을 본다면 어떻게 하겠
느냐

What if you see the Son of Man ascend to where he was before!

63 살리는 것은 영이니 육은 무익하니라 내가 너희에게 이른 말은 영이요 생명이
라

The Spirit gives life; the flesh counts for nothing. The words I have spoken to you are spirit and they are life.

64 그러나 너희 중에 믿지 아니하는 자들이 있느니라 하시니 이는 예수께서 믿지
아니하는 자들이 누구며 자기를 팔 자가 누구인지 처음부터 아심이러라

Yet there are some of you who do not believe." For Jesus had known from the beginning which of them did not believe and who would betray him.

20

[요한복음 6:65-7:9]

65 또 이르시되 그러므로 전에 너희에게 말하기를 내 아버지께서 오게 하여 주지 아니하시면 누구든지 내게 올 수 없다 하였노라 하시니라

He went on to say, "This is why I told you that no one can come to me unless the Father has enabled him."

66 그 때부터 그의 제자 중에서 많은 사람이 떠나가고 다시 그와 함께 다니지 아니하더라

From this time many of his disciples turned back and no longer followed him.

67 예수께서 열두 제자에게 이르시되 너희도 가려느냐

"You do not want to leave too, do you?" Jesus asked the Twelve.

68 시몬 베드로가 대답하되 주여 영생의 말씀이 주께 있사오니 우리가 누구에게로 가오리이까

Simon Peter answered him, "Lord, to whom shall we go? You have the words of eternal life.

69 우리가 주는 하나님의 거룩하신 자이신 줄 믿고 알았사옵나이다

We believe and know that you are the Holy One of God."

70 예수께서 대답하시되 내가 너희 열둘을 택하지 아니하였느냐 그러나 너희 중의 한 사람은 마귀니라 하시니

Then Jesus replied, "Have I not chosen you, the Twelve? Yet one of you is a devil!"

71 이 말씀은 가룟 시몬의 아들 유다를 가리키심이라 그는 열둘 중의 하나로 예수를 팔 자러라

(He meant Judas, the son of Simon Iscariot, who, though one of the Twelve, was later to betray him.)

[요한복음 7장]

01 그 후에 예수께서 갈릴리에서 다니시고 유대에서 다니려 아니하심은 유대인들이 죽이려 함이러라

After this, Jesus went around in Galilee, purposely staying away from Judea because the Jews there were waiting to take his life.

02 유대인의 명절인 초막절이 가까운지라

But when the Jewish Feast of Tabernacles was near,

03 그 형제들이 예수께 이르되 당신이 행하는 일을 제자들도 보게 여기를 떠나
유대로 가소서

Jesus' brothers said to him, "You ought to leave here and go to Judea, so that your disciples may see the miracles you do.

04 스스로 나타나기를 구하면서 묻혀서 일하는 사람이 없나니 이 일을 행하려 하
거든 자신을 세상에 나타내소서 하니

No one who wants to become a public figure acts in secret. Since you are doing these things, show yourself to the world."

05 이는 그 형제들까지도 예수를 믿지 아니함이러라

For even his own brothers did not believe in him.

06 예수께서 이르시되 내 때는 아직 이르지 아니하였거니와 너희 때는 늘 준비되
어 있느니라

Therefore Jesus told them, "The right time for me has not yet come; for you any time is right.

07 세상이 너희를 미워하지 아니하되 나를 미워하나니 이는 내가 세상의 일들을
악하다고 증언함이라

The world cannot hate you, but it hates me because I testify that what it does is evil.

08 너희는 명절에 올라가라 내 때가 아직 차지 못하였으니 나는 이 명절에 아직
올라가지 아니하노라

You go to the Feast. I am not yet going up to this Feast, because for me the right time has not yet come."

09 이 말씀을 하시고 갈릴리에 머물러 계시니라

Having said this, he stayed in Galilee.

(6:66-69) 하나님의 거룩한 자, 예수여. 당신이 아니면 내가 누구에게 가겠습니까? 다른 어디서 내가 영원한 생명의 말씀을 찾을 수 있겠습니까? 당신이 아니면 누가 내 죄악 때문에 고난당하겠습니까? 당신이 아니면 누가 내게 생명의 물과 하늘의 떡을 주겠습니까? 존귀하신 예수여, 내 죄악으로부터 구원을 얻기 위해 내가 당신께만 나아갑니다. 당신에게서만 내가 생명을 찾을 수 있습니다. 오 주여, 다른 누구도 아닌 당신만 내 영혼의 갈급함을 만족시킬 수 있습니다.

"사랑하는 주님, 내가 더 이상 전하는 자들의 입을 통해 당신에 대해 듣는 것으로 그치고 싶지 않습니다. 내가 더 이상 당신에 대한 교리를 듣는 것으로 그치고 싶지 않습니다. 더 이상 사람들이 당신에 대해 말하는 것으로 인해 내 감정이 좌지우지되고 싶지 않습니다. 내가 당신의 임재를 갈망합니다."

십자가의 성 요한(Saint John of the Cross, 1542-1591)

비바람이 칠 때와 물결 높이 일 때에 사랑 많은 우리 주 나를 품어 주소서.
풍파 지나가도록 나를 숨겨 주시고 안식 얻는 곳으로 주여 인도 하소서.
나의 영혼 피할 데 예수 밖에 없으니 혼자 있게 마시고 위로하여 주소서.
구주 의지 하옵고 도와주심 비오니 할 수 없는 죄인을 주여 보호 하소서.
전능하신 예수께 나의 소원 있으니 병든 자와 맹인을 고쳐 주심 빕니다.
나에게는 죄악이 가득하게 찼으니 예수께는 진리와 은혜 충만하도다.
나의 죄를 사하는 주의 은혜 크도다. 생명수로 고치사 나를 성케 하소서.

생명수는 예수니 마시게 하시옵고 샘물처럼 내 맘에 솟아나게 하소서.

"비바람이 칠 때와(Jesus, Lover of My Soul)"

찰스 웨슬리(Charles Wesley, 1738)

21

[요한복음 7:10-24]

10 그 형제들이 명절에 올라간 후에 자기도 올라가시되 나타내지 않고 은밀히 가시니라

However, after his brothers had left for the Feast, he went also, not publicly, but in secret.

11 명절중에 유대인들이 예수를 찾으면서 그가 어디 있느냐 하고

Now at the Feast the Jews were watching for him and asking, "Where is that man?"

12 예수에 대하여 무리 중에서 수군거림이 많아 어떤 사람은 좋은 사람이라 하며 어떤 사람은 아니라 무리를 미혹한다 하나

Among the crowds there was widespread whispering about him. Some said, "He is a good man." Others replied, "No, he deceives the people."

13 그러나 유대인들을 두려워하므로 드러나게 그에 대하여 말하는 자가 없더라

But no one would say anything publicly about him for fear of the Jews.

14 이미 명절의 중간이 되어 예수께서 성전에 올라가사 가르치시니

Not until halfway through the Feast did Jesus go up to the temple courts and begin to teach.

15 유대인들이 놀랍게 여겨 이르되 이 사람은 배우지 아니하였거늘 어떻게 글을 아느냐 하니

The Jews were amazed and asked, "How did this man get such learning without having studied?"

16 예수께서 대답하여 이르시되 내 교훈은 내 것이 아니요 나를 보내신 이의 것이니라

Jesus answered, "My teaching is not my own. It comes from him who sent me.

17 사람이 하나님의 뜻을 행하려 하면 이 교훈이 하나님께로부터 왔는지 내가 스스로 말함인지 알리라

If anyone chooses to do God's will, he will find out whether my teaching comes from God or whether I speak on my own.

18 스스로 말하는 자는 자기 영광만 구하되 보내신 이의 영광을 구하는 자는 참되니 그 속에 불의가 없느니라

He who speaks on his own does so to gain honor for himself, but he who works for the honor of the one who sent him is a man of truth; there is nothing false about him.

19 모세가 너희에게 율법을 주지 아니하였느냐 너희 중에 율법을 지키는 자가 없도다 너희가 어찌하여 나를 죽이려 하느냐

Has not Moses given you the law? Yet not one of you keeps the law. Why are you trying to kill me?"

20 무리가 대답하되 당신은 귀신이 들렸도다 누가 당신을 죽이려 하나이까

"You are demon-possessed," the crowd answered. "Who is trying to kill you?"

21 예수께서 대답하여 이르시되 내가 한 가지 일을 행하매 너희가 다 이로 말미암아 이상히 여기는도다

Jesus said to them, "I did one miracle, and you are all astonished.

22 모세가 너희에게 할례를 행했으니 (그러나 할례는 모세에게서 난 것이 아니요 조상들에게서 난 것이라) 그러므로 너희가 안식일에도 사람에게 할례를 행하느니라

Yet, because Moses gave you circumcision (though actually it did not come from Moses, but from the patriarchs), you circumcise a child on the Sabbath.

23 모세의 율법을 범하지 아니하려고 사람이 안식일에도 할례를 받는 일이 있거든 내가 안식일에 사람의 전신을 건전하게 한 것으로 너희가 내게 노여워하느냐

Now if a child can be circumcised on the Sabbath so that the law of Moses may not be broken, why are you angry with me for healing the whole man on the Sabbath?

24 외모로 판단하지 말고 공의롭게 판단하라 하시니라

Stop judging by mere appearances, and make a right judgment."

22

[요한복음 7:25-36]

25 예루살렘 사람 중에서 어떤 사람이 말하되 이는 그들이 죽이고자 하는 그 사람이 아니냐

At that point some of the people of Jerusalem began to ask, "Isn't this the man they are trying to kill?

26 보라 드러나게 말하되 그들이 아무 말도 아니하는도다 당국자들은 이 사람을 참으로 그리스도인 줄 알았는가

Here he is, speaking publicly, and they are not saying a word to him. Have the authorities really concluded that he is the Christ?

27 그러나 우리는 이 사람이 어디서 왔는지 아노라 그리스도께서 오실 때에는 어디서 오시는지 아는 자가 없으리라 하는지라

But we know where this man is from; when the Christ comes, no one will know where he is from."

28 예수께서 성전에서 가르치시며 외쳐 이르시되 너희가 나를 알고 내가 어디서 온 것도 알거니와 내가 스스로 온 것이 아니니라 나를 보내신 이는 참되시니 너희는 그를 알지 못하나

Then Jesus, still teaching in the temple courts, cried out, "Yes, you know me, and you know where I am from. I am not here on my own, but he who sent me is true. You do not know him,

29 나는 아노니 이는 내가 그에게서 났고 그가 나를 보내셨음이라 하시니

but I know him because I am from him and he sent me."

30 그들이 예수를 잡고자 하나 손을 대는 자가 없으니 이는 그의 때가 아직 이르지 아니하였음이러라

At this they tried to seize him, but no one laid a hand on him, because his time had not yet come.

31 무리 중의 많은 사람이 예수를 믿고 말하되 그리스도께서 오실지라도 그 행하실 표적이 이 사람이 행한 것보다 더 많으랴 하니

Still, many in the crowd put their faith in him. They said, "When the Christ comes, will he do more miraculous signs than this man?"

32 예수에 대하여 무리가 수군거리는 것이 바리새인들에게 들린지라 대제사장들과 바리새인들이 그를 잡으려고 아랫사람들을 보내니

The Pharisees heard the crowd whispering such things about him. Then the chief priests and the Pharisees sent temple guards to arrest him.

33 예수께서 이르시되 내가 너희와 함께 조금 더 있다가 나를 보내신 이에게로 돌아가겠노라

Jesus said, "I am with you for only a short time, and then I go to the one who sent me.

34 너희가 나를 찾아도 만나지 못할 터이요 나 있는 곳에 오지도 못하리라 하시니

You will look for me, but you will not find me; and where I am, you cannot come."

35 이에 유대인들이 서로 묻되 이 사람이 어디로 가기에 우리가 그를 만나지 못하리요 헬라인 중에 흩어져 사는 자들에게로 가서 헬라인을 가르칠 터인가

The Jews said to one another, "Where does this man intend to go that we cannot find him? Will he go where our people live scattered among the Greeks, and teach the Greeks?

36 나를 찾아도 만나지 못할 터이요 나 있는 곳에 오지도 못하리라 한 이 말이 무슨 말이냐 하니라

What did he mean when he said, 'You will look for me, but you will not find me,' and 'Where I am, you cannot come'?"

23

[요한복음 7:37-53]

37 명절 끝날 곧 큰 날에 예수께서 서서 외쳐 이르시되 누구든지 목마르거든 내게로 와서 마시라

On the last and greatest day of the Feast, Jesus stood and said in a loud voice, "If anyone is thirsty, let him come to me and drink.

38 나를 믿는 자는 성경에 이름과 같이 그 배에서 생수의 강이 흘러나오리라 하시니

Whoever believes in me, as the Scripture has said, streams of living water will flow from within him."

39 이는 그를 믿는 자들이 받을 성령을 가리켜 말씀하신 것이라 (예수께서 아직 영광을 받지 않으셨으므로 성령이 아직 그들에게 계시지 아니하시더라)

By this he meant the Spirit, whom those who believed in him were later to receive. Up to that time the Spirit had not been given, since Jesus had not yet been glorified.

40 이 말씀을 들은 무리 중에서 어떤 사람은 이 사람이 참으로 그 선지자라 하며

On hearing his words, some of the people said, "Surely this man is the Prophet."

41 어떤 사람은 그리스도라 하며 어떤 이들은 그리스도가 어찌 갈릴리에서 나오겠느냐

Others said, "He is the Christ." Still others asked, "How can the Christ come from Galilee?

42 성경에 이르기를 그리스도는 다윗의 씨로 또 다윗이 살던 마을 베들레헴에서 나오리라 하지 아니하였느냐 하며

Does not the Scripture say that the Christ will come from David's family and from Bethlehem, the town where David lived?"

43 예수로 말미암아 무리 중에서 쟁론이 되니

Thus the people were divided because of Jesus.

44 그 중에는 그를 잡고자 하는 자들도 있으나 손을 대는 자가 없었더라

Some wanted to seize him, but no one laid a hand on him.

45 아랫사람들이 대제사장들과 바리새인들에게로 오니 그들이 묻되 어찌하여 잡아오지 아니하였느냐

Finally the temple guards went back to the chief priests and Pharisees, who asked them, "Why didn't you bring him in?"

46 아랫사람들이 대답하되 그 사람이 말하는 것처럼 말한 사람은 이 때까지 없었
나이다 하니

"No one ever spoke the way this man does," the guards declared.

47 바리새인들이 대답하되 너희도 미혹되었느냐

"You mean he has deceived you also?" the Pharisees retorted.

48 당국자들이나 바리새인 중에 그를 믿는 자가 있느냐

"Has any of the rulers or of the Pharisees believed in him?

49 율법을 알지 못하는 이 무리는 저주를 받은 자로다

No! But this mob that knows nothing of the law--there is a curse on them."

50 그 중의 한 사람 곧 전에 예수께 왔던 니고데모가 그들에게 말하되

Nicodemus, who had gone to Jesus earlier and who was one of their own number, asked,

51 우리 율법은 사람의 말을 듣고 그 행한 것을 알기 전에 심판하느냐

"Does our law condemn anyone without first hearing him to find out what he is doing?"

52 그들이 대답하여 이르되 너도 갈릴리에서 왔느냐 찾아 보라 갈릴리에서는 선
지자가 나지 못하느니라 하였더라

They replied, "Are you from Galilee, too? Look into it, and you will find that a prophet does not come out of Galilee."

53 [다 각각 집으로 돌아가고

Then each went to his own home.

(7:37-39) "오 하나님, 사슴이 시냇물을 갈망하듯이 내 영혼이 주를 갈망합니다. 내 영혼이 살아 계신 하나님을 애타게 그리워합니다." 하나님의 아들, 예수여, 내가 당신을 갈망합니다. 내가 당신의 생명의 물을 갈망합니다. 내 영은 당신이 성령의 물로 나를 채워 주실 때까지 목마를 것입니다. 당신의 물줄기가 내 안에 흘러 들어와 결코 마르지 않을 때까지 나는 목마를 것입니다. 당신의 생명의 물 이외에는 나의 깊은 목마름을 만족시켜줄 것이 없습니다. 오 그리스도여, 오셔서 내 목마른 심령을 채워 주소서. 당신으로 인해 내 잔이 넘쳐흐르게 하소서!(시편 42:1-2; 요한복음 4:13-15)

"네 모습 그대로 오라, 성령의 부르심을 들으라. 네 모습 그대로 오라. 와서 보라, 와서 받으라. 와서 영원한 생명을 얻으라. 영원한 생명, 오늘을 위한 힘을 얻으라. 생명의 물을 맛보라, 그리고 다시는 목마르지 말라."

"네 모습 그대로 오라(Come Just As You Are)"
조셉 사볼릭(Joseph Sabolick, c. 1994)

"우리가 생명의 근원이신 분께 나아왔는가? 우리가 그분의 풍성함을 마시고 있는가? 우리가 그분의 사랑 안에 살고 있는가? 이것은 우리 영의 생명이다; 이것은 우리 몸의 건강이다; 이것은 우리 기쁨의 비밀이다! 우리가 넘쳐흐르는 이 생명을 찾자, 그리고 "우리를 통해 흐르시는 그분의 모든 놀라우신 능력의 통로"가 되자. 그래서 그분이 우리를 매일, 매순간 사용하시게 하자!"

에반 헨리 홉킨스(Evan Henry Hopkins, 1837-1918)

살아있는 물을 주시는 하나님 (7:38) 물은 생명을 가져다 준다. 거대한 식물군(植物群)과 동물군(動物群)들이 개울이나 호수 같은 수원 근처에서 발견되는 것을 확인할 수 있다. 이를 아신 예수님은 모든 믿는 자들 가운데 거하시는 성령을 묘사하기 위해 흐르는 혹은 "살아있는(living)" 물의 이미지를 활용하셨다. 그것을 마시는 모든 사람들에게, 이 생수는 그들의 가장 깊은 영적 갈망을 채워주며 생명을 가져다준다. 우리를 강하고 새롭게 하는 성령을 주신 주님께 감사드리자.

"주 예수님, 성령의 생수로 우리를 채워주시니 감사합니다. 예수님께서 하나님께로 가실 때 우리께 성령을 보내어 주셨습니다. 이 생수를 통해 우리 삶에서 귀한 열매를 맺게 하시고 그리하여 다른 이들 또한 당신께 나아와 성령의 생수로 채워질 수 있도록 인도하여 주옵소서. 아멘."

내게로 와서 쉬어라(I heard the voice of Jesus Say: 나 예수의 목소리 들었노라)

스코틀랜드 찬송작곡가 호라티우스 보나르(1801-1889)가 쓴 이 곡은 예배자들에게 우리의 안식처와 빛이 되시는 예수님의 목소리를 들으라고 권한다. 광야같은 세상에서 살아가다 보면 우리는 종종 지치고 곤비해진다. 하지만 예수님께서는 "나는 세상의 빛"(요한복음 8:12)이라고 말씀하셨다. 우리가 생명을 주는 빛을 바라본다면 앞으로 나아갈 힘을 얻을 수 있을 것이다. 이 찬송가를 묵상해보고 우리를 위해 이 세상 가운데 그의 빛을 보내주신 하나님께 감사하자.

내게로 와서 쉬어라 너 곤한 자들아
내 품에 와서 안기라 주 말씀 하셨네
곤하고 슬픈 죄인이 주 앞에 온 후에
주 안에 편히 쉴 곳과 큰 기쁨 얻었네
내가 곧 세상 빛이니 날 바라보아라
광명한 아침 오리라 주 말씀 하셨네
새벽 별 되신 주님을 나 바라본 후에
순례길 끝날 때까지 빛 중에 가도다
빛 중에 가도다

빛이신 그리스도 (9:5) 탐욕, 자부심, 증오, 전쟁 등이 보여주듯 이 세상은 어둠으로 가득하다. 인류가 지속적으로 진보하고 있다고 주장하는 낙관주의자들이 있지만, 우리 대부분은 실상 사람들이 악한 것으로 기울어짐을 안다. 하지만 예수님께서는 그가 세상의 빛이라고 분명히 말씀하셨다. 예수님을 경배하는 사람들은 "빛의 자녀들 (children of the light)"이며 (데살로니가전서 5:5), 또한 그분의 선함을 다른 이들에게 전한다. 결과적으로 그리스도를 따르는 교회들은 우리를 둘러싸고 있는 세상을 향한 횃불이 된다. 어둠이 우리를 압도하려 위협할 때 예수님이 세상의 빛임을 기억하자.

"세상의 빛 되신 주님, 이 세상의 어둠을 몰아내 주심에 감사합니다. 예수님은 빛과 선함의 진정한 근원이 되십니다. 빛에 속한 자녀로 살아갈 수 있도록 우리를 둘러싼 사람들에게 그 빛을 전할 수 있도록 그리하여 그들이 우리의 선한 행실을 보고 하늘에 계신 아버지를 찬양할 수 있도록 인도하여 주옵소서. 아멘."

24

[요한복음 8:1-14]

01 예수는 감람 산으로 가시니라

But Jesus went to the Mount of Olives.

02 아침에 다시 성전으로 들어오시니 백성이 다 나아오는지라 앉으사 그들을 가르치시더니

At dawn he appeared again in the temple courts, where all the people gathered around him, and he sat down to teach them.

03 서기관들과 바리새인들이 음행중에 잡힌 여자를 끌고 와서 가운데 세우고

The teachers of the law and the Pharisees brought in a woman caught in adultery. They made her stand before the group

04 예수께 말하되 선생이여 이 여자가 간음하다가 현장에서 잡혔나이다

and said to Jesus, "Teacher, this woman was caught in the act of adultery.

05 모세는 율법에 이러한 여자를 돌로 치라 명하였거니와 선생은 어떻게 말하겠나이까

In the Law Moses commanded us to stone such women. Now what do you say?"

06 그들이 이렇게 말함은 고발할 조건을 얻고자 하여 예수를 시험함이러라 예수께서 몸을 굽히사 손가락으로 땅에 쓰시니

They were using this question as a trap, in order to have a basis for accusing him. But Jesus bent down and started to write on the ground with his finger.

07 그들이 묻기를 마지 아니하는지라 이에 일어나 이르시되 너희 중에 죄 없는 자가 먼저 돌로 치라 하시고

When they kept on questioning him, he straightened up and said to them, "If any one of you is without sin, let him be the first to throw a stone at her."

08 다시 몸을 굽혀 손가락으로 땅에 쓰시니

Again he stooped down and wrote on the ground.

09 그들이 이 말씀을 듣고 양심에 가책을 느껴 어른으로 시작하여 젊은이까지 하나씩 하나씩 나가고 오직 예수와 그 가운데 섰는 여자만 남았더라

At this, those who heard began to go away one at a time, the older ones first, until only Jesus was left, with the woman still standing there.

10 예수께서 일어나사 여자 외에 아무도 없는 것을 보시고 이르시되 여자여 너를 고발하던 그들이 어디 있느냐 너를 정죄한 자가 없느냐

Jesus straightened up and asked her, "Woman, where are they? Has no one condemned you?"

11 대답하되 주여 없나이다 예수께서 이르시되 나도 너를 정죄하지 아니하노니
가서 다시는 죄를 범하지 말라 하시니라]

"No one, sir," she said. "Then neither do I condemn you," Jesus declared. "Go now and leave your life of sin."

12 예수께서 또 말씀하여 이르시되 나는 세상의 빛이니 나를 따르는 자는 어둠에
다니지 아니하고 생명의 빛을 얻으리라

When Jesus spoke again to the people, he said, "I am the light of the world. Whoever follows me will never walk in darkness, but will have the light of life."

13 바리새인들이 이르되 네가 너를 위하여 증언하니 네 증언은 참되지 아니하도
다

The Pharisees challenged him, "Here you are, appearing as your own witness; your testimony is not valid."

14 예수께서 대답하여 이르시되 내가 나를 위하여 증언하여도 내 증언이 참되니
나는 내가 어디서 오며 어디로 가는 것을 알거니와 너희는 내가 어디서 오며
어디로 가는 것을 알지 못하느니라

Jesus answered, "Even if I testify on my own behalf, my testimony is valid, for I know where I came from and where I am going. But you have no idea where I come from or where I am going.

(8:1-11) 주여, 내가 이 여인으로 인해 마음이 안타깝습니다: 그녀는 죄에 빠져있고, 죄를 범하다 잡혀왔고, 변명의 여지도 벗어날 구멍도 없습니다. 그녀와 같이 나도 얼마나 자주 당신의 거룩하신 임재 앞에 내 죄악을 가지고 나아왔는지요! 나 또한 사형 당해 마땅합니다. 당신은 나를 비난하실 모든 이유를 가지고 계십니다. 그러나 당신은 그러지 않으십니다. 하나님의 어린양이신 당신은 내 "유죄" 선고를 당신 스스로 감당하셨습니다. 재판장이신 당신은 내게 "무죄" 선고를 내려 주셨습니다. 당신은 내게 감옥이 아닌, 영원하고 풍성하며, 죄악의 형벌이 없는 생명에서 종신형을 선고하셨습니다. 오 당신의 끝없는 자비하심으로 인해 내가 당신을 찬양합니다! 내가 당신께 내 생명을 빚졌습니다!

(8:12) 오 예수여, 당신은 세상의 빛이십니다! 하나님은 빛이시며 당신은 보이지 않는 하나님의 형상이시며, 그분의 영광에서 뿜어져 나오는 빛이시고, 그분의 존재를 그대로 나타내시는 분이십니다. 당신 안에는 결코 어두움이 존재하지 않습니다. 당신은 모든 사람들에게 빛이 되시며, 아버지께 나아갈 길을 홀로 비추시는 의로우신 태양이십니다. 당신은 안개와 같은 우리의 혼란을 뚫으시고, 아침 안개와 같은 우리의 의심을 태우시면서 우리에게 하나님의 진리를 나타내 주십니다. 오 세상의 빛이여, 당신은 얼마나 밝게 빛나는지요!(다니엘 2:22; 말라기 4:2; 누가복음 2:32; 요한복음 1:4-5,9; 3:19-21; 골로새서 1:15; 히브리서 1:3; 요한1서 1:5)

당신은 하늘의 빛! 이제 내 마음 깊은 곳을 비추시네, 내가 당신께 제단을

쌓네! 기쁨과 힘으로 나를 채우셔서 내가 당신의 백성 되게 하소서. 내가 당신의 사랑에 속해 더 이상 흔들리지 않게 하소서! 내가 당신을 갈망하오니 나를 붙잡아 주소서. 돌아서서 나를 축복해 주소서; 여기 슬픔 가운데 내 눈과 심령이 당신의 기쁨을 갈망합니다!

"오 찬란하고 빛나는 새벽 별이여
(O Morning Star, How Fair and Bright)"
필립 니콜라이(Philipp Nicolai, 1597)
역자: 캐서린 윙크워스(Catherine Winkworth, 1827-1878)

25

[요한복음 8:15-28]

15 너희는 육체를 따라 판단하나 나는 아무도 판단하지 아니하노라

You judge by human standards; I pass judgment on no one.

16 만일 내가 판단하여도 내 판단이 참되니 이는 내가 혼자 있는 것이 아니요 나
를 보내신 이가 나와 함께 계심이라

But if I do judge, my decisions are right, because I am not alone. I stand with the Father, who sent me.

17 너희 율법에도 두 사람의 증언이 참되다 기록되었으니

In your own Law it is written that the testimony of two men is valid.

18 내가 나를 위하여 증언하는 자가 되고 나를 보내신 아버지도 나를 위하여 증
언하시느니라

I am one who testifies for myself; my other witness is the Father, who sent me."

19 이에 그들이 묻되 네 아버지가 어디 있느냐 예수께서 대답하시되 너희는 나를
알지 못하고 내 아버지도 알지 못하는도다 나를 알았더라면 내 아버지도 알
았으리라

Then they asked him, "Where is your father?" "You do not know me or my Father," Jesus replied. "If you knew me, you would know my Father also."

20 이 말씀은 성전에서 가르치실 때에 헌금함 앞에서 하셨으나 잡는 사람이 없으
니 이는 그의 때가 아직 이르지 아니하였음이러라

He spoke these words while teaching in the temple area near the place where the offerings were put. Yet no one seized him, because his time had not yet come.

21 다시 이르시되 내가 가리니 너희가 나를 찾다가 너희 죄 가운데서 죽겠고 내
가 가는 곳에는 너희가 오지 못하리라

Once more Jesus said to them, "I am going away, and you will look for me, and you will die in your sin. Where I go, you cannot come."

22 유대인들이 이르되 그가 말하기를 내가 가는 곳에는 너희가 오지 못하리라 하
니 그가 자결하려는가

This made the Jews ask, "Will he kill himself? Is that why he says, 'Where I go, you cannot come'?"

23 예수께서 이르시되 너희는 아래에서 났고 나는 위에서 났으며 너희는 이 세상
에 속하였고 나는 이 세상에 속하지 아니하였느니라

But he continued, "You are from below; I am from above. You are of this world; I am not of this world.

24 그러므로 내가 너희에게 말하기를 너희가 너희 죄 가운데서 죽으리라 하였노
라 너희가 만일 내가 그인 줄 믿지 아니하면 너희 죄 가운데서 죽으리라

I told you that you would die in your sins; if you do not believe that I am the one I claim to be, you will indeed die in your sins."

25 그들이 말하되 네가 누구냐 예수께서 이르시되 나는 처음부터 너희에게 말하
여 온 자니라

"Who are you?" they asked. "Just what I have been claiming all along," Jesus replied.

26 내가 너희에게 대하여 말하고 판단할 것이 많으나 나를 보내신 이가 참되시매
내가 그에게 들은 그것을 세상에 말하노라 하시되

"I have much to say in judgment of you. But he who sent me is reliable, and what I have heard from him I tell the world."

27 그들은 아버지를 가리켜 말씀하신 줄을 깨닫지 못하더라

They did not understand that he was telling them about his Father.

28 이에 예수께서 이르시되 너희가 인자를 든 후에 내가 그인 줄을 알고 또 내가
스스로 아무 것도 하지 아니하고 오직 아버지께서 가르치신 대로 이런 것을
말하는 줄도 알리라

So Jesus said, "When you have lifted up the Son of Man, then you will know that I am the one I claim to be and that I do nothing on my own but speak just what the Father has taught me.

26

[요한복음 8:29-43]

29 나를 보내신 이가 나와 함께 하시도다 나는 항상 그가 기뻐하시는 일을 행하므로 나를 혼자 두지 아니하셨느니라

The one who sent me is with me; he has not left me alone, for I always do what pleases him."

30 이 말씀을 하시매 많은 사람이 믿더라

Even as he spoke, many put their faith in him.

31 그러므로 예수께서 자기를 믿은 유대인들에게 이르시되 너희가 내 말에 거하면 참으로 내 제자가 되고

To the Jews who had believed him, Jesus said, "If you hold to my teaching, you are really my disciples.

32 진리를 알지니 진리가 너희를 자유롭게 하리라

Then you will know the truth, and the truth will set you free."

33 그들이 대답하되 우리가 아브라함의 자손이라 남의 종이 된 적이 없거늘 어찌하여 우리가 자유롭게 되리라 하느냐

They answered him, "We are Abraham's descendants and have never been slaves of anyone. How can you say that we shall be set free?"

34 예수께서 대답하시되 진실로 진실로 너희에게 이르노니 죄를 범하는 자마다 죄의 종이라

Jesus replied, "I tell you the truth, everyone who sins is a slave to sin.

35 종은 영원히 집에 거하지 못하되 아들은 영원히 거하나니

Now a slave has no permanent place in the family, but a son belongs to it forever.

36 그러므로 아들이 너희를 자유롭게 하면 너희가 참으로 자유로우리라

So if the Son sets you free, you will be free indeed.

37 나도 너희가 아브라함의 자손인 줄 아노라 그러나 내 말이 너희 안에 있을 곳이 없으므로 나를 죽이려 하는도다

I know you are Abraham's descendants. Yet you are ready to kill me, because you have no room for my word

38 나는 내 아버지에게서 본 것을 말하고 너희는 너희 아비에게서 들은 것을 행하느니라

I am telling you what I have seen in the Father's presence, and you do what you have heard from your father."

39 대답하여 이르되 우리 아버지는 아브라함이라 하니 예수께서 이르시되 너희
가 아브라함의 자손이면 아브라함이 행한 일들을 할 것이거늘

"Abraham is our father," they answered. "If you were Abraham's children," said Jesus, "then you would do the things Abraham did.

40 지금 하나님께 들은 진리를 너희에게 말한 사람인 나를 죽이려 하는도다 아브
라함은 이렇게 하지 아니하였느니라

As it is, you are determined to kill me, a man who has told you the truth that I heard from God. Abraham did not do such things.

41 너희는 너희 아비가 행한 일들을 하는도다 대답하되 우리가 음란한 데서 나지
아니하였고 아버지는 한 분뿐이시니 곧 하나님이시로다

You are doing the things your own father does." "We are not illegitimate children," they protested. "The only Father we have is God himself."

42 예수께서 이르시되 하나님이 너희 아버지였으면 너희가 나를 사랑하였으리
니 이는 내가 하나님께로부터 나와서 왔음이라 나는 스스로 온 것이 아니요
아버지께서 나를 보내신 것이니라

Jesus said to them, "If God were your Father, you would love me, for I came from God and now am here. I have not come on my own; but he sent me.

43 어찌하여 내 말을 깨닫지 못하느냐 이는 내 말을 들을 줄 알지 못함이로다

Why is my language not clear to you? Because you are unable to hear what I say.

27

[요한복음 8:44-59]

44 너희는 너희 아비 마귀에게서 났으니 너희 아비의 욕심대로 너희도 행하고자 하느니라 그는 처음부터 살인한 자요 진리가 그 속에 없으므로 진리에 서지 못하고 거짓을 말할 때마다 제 것으로 말하나니 이는 그가 거짓말쟁이요 거짓의 아비가 되었음이라

You belong to your father, the devil, and you want to carry out your father's desire. He was a murderer from the beginning, not holding to the truth, for there is no truth in him. When he lies, he speaks his native language, for he is a liar and the father of lies.

45 내가 진리를 말하므로 너희가 나를 믿지 아니하는도다

Yet because I tell the truth, you do not believe me!

46 너희 중에 누가 나를 죄로 책잡겠느냐 내가 진리를 말하는데도 어찌하여 나를 믿지 아니하느냐

Can any of you prove me guilty of sin? If I am telling the truth, why don't you believe me?

47 하나님께 속한 자는 하나님의 말씀을 듣나니 너희가 듣지 아니함은 하나님께 속하지 아니하였음이로다

He who belongs to God hears what God says. The reason you do not hear is that you do not belong to God."

48 유대인들이 대답하여 이르되 우리가 너를 사마리아 사람이라 또는 귀신이 들렸다 하는 말이 옳지 아니하냐

The Jews answered him, "Aren't we right in saying that you are a Samaritan and demon-possessed?"

49 예수께서 대답하시되 나는 귀신 들린 것이 아니라 오직 내 아버지를 공경함이거늘 너희가 나를 무시하는도다

"I am not possessed by a demon," said Jesus, "but I honor my Father and you dishonor me.

50 나는 내 영광을 구하지 아니하나 구하고 판단하시는 이가 계시니라

I am not seeking glory for myself; but there is one who seeks it, and he is the judge.

51 진실로 진실로 너희에게 이르노니 사람이 내 말을 지키면 영원히 죽음을 보지 아니하리라

I tell you the truth, if anyone keeps my word, he will never see death."

52 유대인들이 이르되 지금 네가 귀신 들린 줄을 아노라 아브라함과 선지자들도 죽었거늘 네 말은 사람이 내 말을 지키면 영원히 죽음을 맛보지 아니하리라 하니

At this the Jews exclaimed, "Now we know that you are demon-possessed! Abraham died and so did the prophets, yet you say that if anyone keeps your word, he will never taste death.

53 너는 이미 죽은 우리 조상 아브라함보다 크냐 또 선지자들도 죽었거늘 너는 너를 누구라 하느냐

Are you greater than our father Abraham? He died, and so did the prophets. Who do you think you are?"

54 예수께서 대답하시되 내가 내게 영광을 돌리면 내 영광이 아무 것도 아니거니와 내게 영광을 돌리시는 이는 내 아버지시니 곧 너희가 너희 하나님이라 칭하는 그이시라

Jesus replied, "If I glorify myself, my glory means nothing. My Father, whom you claim as your God, is the one who glorifies me.

55 너희는 그를 알지 못하되 나는 아노니 만일 내가 알지 못한다 하면 나도 너희 같이 거짓말쟁이가 되리라 나는 그를 알고 또 그의 말씀을 지키노라

Though you do not know him, I know him. If I said I did not, I would be a liar like you, but I do know him and keep his word.

56 너희 조상 아브라함은 나의 때 볼 것을 즐거워하다가 보고 기뻐하였느니라

Your father Abraham rejoiced at the thought of seeing my day; he saw it and was glad."

57 유대인들이 이르되 네가 아직 오십 세도 못되었는데 아브라함을 보았느냐

"You are not yet fifty years old," the Jews said to him, "and you have seen Abraham!"

58 예수께서 이르시되 진실로 진실로 너희에게 이르노니 아브라함이 나기 전부터 내가 있느니라 하시니

"I tell you the truth," Jesus answered, "before Abraham was born, I am!"

59 그들이 돌을 들어 치려 하거늘 예수께서 숨어 성전에서 나가시니라

At this, they picked up stones to stone him, but Jesus hid himself, slipping away from the temple grounds.

(8:58) 이 얼마나 신비로운 일인지요! 오 그리스도여, 당신은 아브라함이 태어나기 전부터 계셨습니다. 창조가 시작될 때에도 당신은 계셨습니다. 시간이 존재하기 전부터 당신은 계셨고, 지금도 계십니다! 육신을 입으신 하나님 이외에 그 어떤 자가 이와 같은 주장을 할 수 있겠습니까? 하나님의 이름인 "스스로 있는 자"라는 이름을 당신 외에 그 누가 가질 수 있겠습니까? 광대한 역사를 손에 쥘 수 있는 자가 당신 외에 누가 있겠습니까? 그러나 그 역사 가운데 당신은 오셨고, 창조주께서 피조물의 일부가 되셨고, 하나님의 영원하신 말씀이 육신이 되셨습니다. 나의 살아 계신 주, 나의 영원하신 하나님이신 예수 그리스도여, 모든 찬양을 당신께 드립니다!(출애굽기 3:14)

당신 한 분만이 거룩하신 분, 우리의 구원을 위해 오신 분, 당신 한 분만이 하나님의 진정한 아들, 창조 이전부터 계시던 분. 그리스도, 당신 한 분만이 우리의 주, 당신만이 성령님과 함께 아버지의 영광을 나누시네.

"높은 곳에 계신 하나님께 모든 영광을(All Glory Be to God on High)"

니콜라스 데키우스(Nikolaus Decius, 1522);

역자: F. 블랜드 터커(F. Bland Tucker, c. 1977)

28

[요한복음 9:1-15]

01 예수께서 길을 가실 때에 날 때부터 맹인 된 사람을 보신지라

As he went along, he saw a man blind from birth.

02 제자들이 물어 이르되 랍비여 이 사람이 맹인으로 난 것이 누구의 죄로 인함이니이까 자기니이까 그의 부모니이까

His disciples asked him, "Rabbi, who sinned, this man or his parents, that he was born blind?"

03 예수께서 대답하시되 이 사람이나 그 부모의 죄로 인한 것이 아니라 그에게서 하나님이 하시는 일을 나타내고자 하심이라

"Neither this man nor his parents sinned," said Jesus, "but this happened so that the work of God might be displayed in his life.

04 때가 아직 낮이매 나를 보내신 이의 일을 우리가 하여야 하리라 밤이 오리니 그 때는 아무도 일할 수 없느니라

As long as it is day, we must do the work of him who sent me. Night is coming, when no one can work.

05 내가 세상에 있는 동안에는 세상의 빛이로라

While I am in the world, I am the light of the world."

06 이 말씀을 하시고 땅에 침을 뱉어 진흙을 이겨 그의 눈에 바르시고

Having said this, he spit on the ground, made some mud with the saliva, and put it on the man's eyes.

07 이르시되 실로암 못에 가서 씻으라 하시니 (실로암은 번역하면 보냄을 받았다는 뜻이라) 이에 가서 씻고 밝은 눈으로 왔더라

"Go," he told him, "wash in the Pool of Siloam" (this word means Sent). So the man went and washed, and came home seeing.

08 이웃 사람들과 전에 그가 걸인인 것을 보았던 사람들이 이르되 이는 앉아서 구걸하던 자가 아니냐

His neighbors and those who had formerly seen him begging asked, "Isn't this the same man who used to sit and beg?"

09 어떤 사람은 그 사람이라 하며 어떤 사람은 아니라 그와 비슷하다 하거늘 자기 말은 내가 그라 하니

Some claimed that he was. Others said, "No, he only looks like him." But he himself insisted, "I am the man."

10 그들이 묻되 그러면 네 눈이 어떻게 떠졌느냐

"How then were your eyes opened?" they demanded.

11 대답하되 예수라 하는 그 사람이 진흙을 이겨 내 눈에 바르고 나더러 실로암
에 가서 씻으라 하기에 가서 씻었더니 보게 되었노라

He replied, "The man they call Jesus made some mud and put it on my eyes. He told me to go to Siloam and wash. So I went and washed, and then I could see."

12 그들이 이르되 그가 어디 있느냐 이르되 알지 못하노라 하니라

"Where is this man?" they asked him. "I don't know," he said.

13 그들이 전에 맹인이었던 사람을 데리고 바리새인들에게 갔더라

They brought to the Pharisees the man who had been blind.

14 예수께서 진흙을 이겨 눈을 뜨게 하신 날은 안식일이라

Now the day on which Jesus had made the mud and opened the man's eyes was a Sabbath.

15 그러므로 바리새인들도 그가 어떻게 보게 되었는지를 물으니 이르되 그 사람
이 진흙을 내 눈에 바르매 내가 씻고 보나이다 하니

Therefore the Pharisees also asked him how he had received his sight. "He put mud on my eyes," the man replied, "and I washed, and now I see."

[요한복음 9:16-29]

16 바리새인 중에 어떤 사람은 말하되 이 사람이 안식일을 지키지 아니하니 하나
님께로부터 온 자가 아니라 하며 어떤 사람은 말하되 죄인으로서 어떻게 이
러한 표적을 행하겠느냐 하여 그들 중에 분쟁이 있었더니

Some of the Pharisees said, "This man is not from God, for he does not keep the Sabbath." But others asked, "How can a sinner do such miraculous signs?" So they were divided.

17 이에 맹인되었던 자에게 다시 묻되 그 사람이 네 눈을 뜨게 하였으니 너는 그
를 어떠한 사람이라 하느냐 대답하되 선지자니이다 하니

Finally they turned again to the blind man, "What have you to say about him? It was your eyes he opened." The man replied, "He is a prophet."

18 유대인들이 그가 맹인으로 있다가 보게 된 것을 믿지 아니하고 그 부모를 불
러 묻되

The Jews still did not believe that he had been blind and had received his sight until they sent for the man's parents.

19 이는 너희 말에 맹인으로 났다 하는 너희 아들이냐 그러면 지금은 어떻게 해
서 보느냐

"Is this your son?" they asked. "Is this the one you say was born blind? How is it that now he can see?"

20 그 부모가 대답하여 이르되 이 사람이 우리 아들인 것과 맹인으로 난 것을 아
나이다

"We know he is our son," the parents answered, "and we know he was born blind.

21 그러나 지금 어떻게 해서 보는지 또는 누가 그 눈을 뜨게 하였는지 우리는 알
지 못하나이다 그에게 물어 보소서 그가 장성하였으니 자기 일을 말하리이다

But how he can see now, or who opened his eyes, we don't know. Ask him. He is of age; he will speak for himself."

22 그 부모가 이렇게 말한 것은 이미 유대인들이 누구든지 예수를 그리스도로 시
인하는 자는 출교하기로 결의하였으므로 그들을 무서워함이러라

His parents said this because they were afraid of the Jews, for already the Jews had decided that anyone who acknowledged that Jesus was the Christ would be put out of the synagogue.

23 이러므로 그 부모가 말하기를 그가 장성하였으니 그에게 물어 보소서 하였더
라

That was why his parents said, "He is of age; ask him."

24 이에 그들이 맹인이었던 사람을 두 번째 불러 이르되 너는 하나님께 영광을 돌리라 우리는 이 사람이 죄인인 줄 아노라

A second time they summoned the man who had been blind. "Give glory to God," they said. "We know this man is a sinner."

25 대답하되 그가 죄인인지 내가 알지 못하나 한 가지 아는 것은 내가 맹인으로 있다가 지금 보는 그것이니이다

He replied, "Whether he is a sinner or not, I don't know. One thing I do know. I was blind but now I see!"

26 그들이 이르되 그 사람이 네게 무엇을 하였느냐 어떻게 네 눈을 뜨게 하였느냐

Then they asked him, "What did he do to you? How did he open your eyes?"

27 대답하되 내가 이미 일렀어도 듣지 아니하고 어찌하여 다시 듣고자 하나이까 당신들도 그의 제자가 되려 하나이까

He answered, "I have told you already and you did not listen. Why do you want to hear it again? Do you want to become his disciples, too?"

28 그들이 욕하여 이르되 너는 그의 제자이나 우리는 모세의 제자라

Then they hurled insults at him and said, "You are this fellow's disciple! We are disciples of Moses!

29 하나님이 모세에게는 말씀하신 줄을 우리가 알거니와 이 사람은 어디서 왔는지 알지 못하노라

We know that God spoke to Moses, but as for this fellow, we don't even know where he comes from."

(9:25) 주여, 당신의 은혜가 우리가 당신이 누구신지 알기 오래 전부터 우리를 만져 주셨습니다. 당신의 자비로 인해 당신은 치유해주시고자 택하신 자들에게서 신학적 정확성을 요구하지 않으십니다. 참으로, 당신은 우리의 영적 시야를 회복시켜 주셔서 우리가 진리의 빛 가운데 당신을 볼 수 있도록 해주십니다. 당신이 눈 뜨게 해주시기 전까지 나는 눈 먼 자였습니다. 당신이 내 영혼의 눈을 고쳐 주시기 전까지 나는 혼란스러웠습니다. 그러나 지금도 나는 당신의 수많은, 끝없는, 놀라운 은혜의 신비를 모두 이해한 것과 같지 굴지 않습니다. 나는 당신에 대해 아직도 너무 많은 것들을 이해하지 못했습니다. 그렇지만 내가 분명히 아는 것 한가지는 "내가 눈이 멀었다가, 지금은 보게 되었다"는 것입니다!(고린도전서 13:12)

나 같은 죄인 살리신 주 은혜 놀라워, 잃었던 생명 찾았고 광명을 얻었네.
큰 죄악에서 건지신 주 은혜 고마워, 나 처음 믿은 그 시간 귀하고 귀하다.
이제껏 내가 산 것도 주님의 은혜라, 또 나를 장차 본향에 인도해 주시리.
거기서 우리 영원히 주님의 은혜로 해처럼 밝게 살면서 주 찬양 하리라.

"나 같은 죄인 살리신(Amazing Grace)"

존 뉴턴(John Newton, 1779)

"오, 하나님을 위해 자신이 만들어졌다는 것을 아직 모르는 자들, 우리가 항상 하나님을 생각해야 하고 하나님보다 더 친밀한 대상은 없다는 것을 감히 이상하게 여기는 자들은 눈먼 자들이다."

프랑수아 말라발(François Malaval, 1627-1719)

30

[요한복음 9:30-10:3]

30 그 사람이 대답하여 이르되 이상하다 이 사람이 내 눈을 뜨게 하였으되 당신
들은 그가 어디서 왔는지 알지 못하는도다

The man answered, "Now that is remarkable! You don't know where he comes from, yet he opened my eyes.

31 하나님이 죄인의 말을 듣지 아니하시고 경건하여 그의 뜻대로 행하는 자의 말
은 들으시는 줄을 우리가 아나이다

We know that God does not listen to sinners. He listens to the godly man who does his will.

32 창세 이후로 맹인으로 난 자의 눈을 뜨게 하였다 함을 듣지 못하였으니

Nobody has ever heard of opening the eyes of a man born blind.

33 이 사람이 하나님께로부터 오지 아니하였으면 아무 일도 할 수 없으리이다

If this man were not from God, he could do nothing."

34 그들이 대답하여 이르되 네가 온전히 죄 가운데서 나서 우리를 가르치느냐 하
고 이에 쫓아내어 보내니라

To this they replied, "You were steeped in sin at birth; how dare you lecture us!" And they threw him out.

35 예수께서 그들이 그 사람을 쫓아냈다 하는 말을 들으셨더니 그를 만나사 이르
시되 네가 인자를 믿느냐

Jesus heard that they had thrown him out, and when he found him, he said, "Do you believe in the Son of Man?"

36 대답하여 이르되 주여 그가 누구시오니이까 내가 믿고자 하나이다

"Who is he, sir?" the man asked. "Tell me so that I may believe in him."

37 예수께서 이르시되 네가 그를 보았거니와 지금 너와 말하는 자가 그이니라

Jesus said, "You have now seen him; in fact, he is the one speaking with you."

38 이르되 주여 내가 믿나이다 하고 절하는지라

Then the man said, "Lord, I believe," and he worshiped him.

39 예수께서 이르시되 내가 심판하러 이 세상에 왔으니 보지 못하는 자들은 보게
하고 보는 자들은 맹인이 되게 하려 함이라 하시니

Jesus said, "For judgment I have come into this world, so that the blind will see and those who see will become blind."

40 바리새인 중에 예수와 함께 있던 자들이 이 말씀을 듣고 이르되 우리도 맹인인가

Some Pharisees who were with him heard him say this and asked, "What? Are we blind too?"

41 예수께서 이르시되 너희가 맹인이 되었더라면 죄가 없으려니와 본다고 하니 너희 죄가 그대로 있느니라

Jesus said, "If you were blind, you would not be guilty of sin; but now that you claim you can see, your guilt remains.

[요한복음 10장]

01 내가 진실로 진실로 너희에게 이르노니 문을 통하여 양의 우리에 들어가지 아니하고 다른 데로 넘어가는 자는 절도며 강도요

"I tell you the truth, the man who does not enter the sheep pen by the gate, but climbs in by some other way, is a thief and a robber.

02 문으로 들어가는 이는 양의 목자라

The man who enters by the gate is the shepherd of his sheep.

03 문지기는 그를 위하여 문을 열고 양은 그의 음성을 듣나니 그가 자기 양의 이름을 각각 불러 인도하여 내느니라

The watchman opens the gate for him, and the sheep listen to his voice. He calls his own sheep by name and leads them out.

(10:1-18) 나의 목자 되신 예수여, 당신은 얼마나 나를 친절히 보살펴 주시는지요! 확신을 주시는 당신의 목소리를 들을 때 나는 내가 안전함을 알게 됩니다. 내가 멀리 길을 헤맬 때에 당신은 나를 찾으십니다. 나를 찾으시면, 이를 기뻐하시며 당신의 강한 어깨로 나를 끌어 올려 주십니다. 당신은 구원으로 가는 문입니다. 내가 위험에 처하면, 당신은 나를 위해 당신의 생명도 내놓으십니다. 당신은 내게 생명의 선물, 넘치는 생명을 주십니다. 은혜의 목자여, 당신을 아는 것이, 그리고 당신이 나를 아시는 것이 진정한 삶입니다!(신명기 33:12; 시편 23; 누가복음 15:4-7; 요한복음 17:3)

"내가 목자를 바라보네. 그분은 나의 필요를 채우시네. 물가에서 나를 신실하게 인도하시며, 내 영혼에 평화를 주시네, 그분의 사랑이 나를 온전케 하네. 정녕 그분의 선하심과 인자하심이 내게 임하네, 매일의 내 삶 가운데 임하네. 정녕 그분의 선하심과 인자하심이 내게 임하네, 내 모든 삶 가운데."

"내가 목자를 바라보네(I Look to the Shepherd)"
월트 하라 (Walt Harrah, c. 1987)

[요한복음 10:4-21]

04 자기 양을 다 내놓은 후에 앞서 가면 양들이 그의 음성을 아는 고로 따라오되

When he has brought out all his own, he goes on ahead of them, and his sheep follow him because they know his voice.

05 타인의 음성은 알지 못하는 고로 타인을 따르지 아니하고 도리어 도망하느니라

But they will never follow a stranger; in fact, they will run away from him because they do not recognize a stranger's voice."

06 예수께서 이 비유로 그들에게 말씀하셨으나 그들은 그가 하신 말씀이 무엇인지 알지 못하니라

Jesus used this figure of speech, but they did not understand what he was telling them.

07 그러므로 예수께서 다시 이르시되 내가 진실로 진실로 너희에게 말하노니 나는 양의 문이라

Therefore Jesus said again, "I tell you the truth, I am the gate for the sheep.

08 나보다 먼저 온 자는 다 절도요 강도니 양들이 듣지 아니하였느니라

All who ever came before me were thieves and robbers, but the sheep did not listen to them.

09 내가 문이니 누구든지 나로 말미암아 들어가면 구원을 받고 또는 들어가며 나오며 꼴을 얻으리라

I am the gate; whoever enters through me will be saved. He will come in and go out, and find pasture.

10 도둑이 오는 것은 도둑질하고 죽이고 멸망시키려는 것뿐이요 내가 온 것은 양으로 생명을 얻게 하고 더 풍성히 얻게 하려는 것이라

The thief comes only to steal and kill and destroy; I have come that they may have life, and have it to the full.

11 나는 선한 목자라 선한 목자는 양들을 위하여 목숨을 버리거니와

"I am the good shepherd. The good shepherd lays down his life for the sheep.

12 삯꾼은 목자가 아니요 양도 제 양이 아니라 이리가 오는 것을 보면 양을 버리고 달아나나니 이리가 양을 물어 가고 또 헤치느니라

The hired hand is not the shepherd who owns the sheep. So when he sees the wolf coming, he abandons the sheep and runs away. Then the wolf attacks the flock and scatters it.

13 달아나는 것은 그가 삯꾼인 까닭에 양을 돌보지 아니함이나

The man runs away because he is a hired hand and cares nothing for the sheep.

14 나는 선한 목자라 나는 내 양을 알고 양도 나를 아는 것이

"I am the good shepherd; I know my sheep and my sheep know me--

15 아버지께서 나를 아시고 내가 아버지를 아는 것 같으니 나는 양을 위하여 목
숨을 버리노라

just as the Father knows me and I know the Father--and I lay down my life for the sheep.

16 또 이 우리에 들지 아니한 다른 양들이 내게 있어 내가 인도하여야 할 터이니
그들도 내 음성을 듣고 한 무리가 되어 한 목자에게 있으리라

I have other sheep that are not of this sheep pen. I must bring them also. They too will listen to my voice, and there shall be one flock and one shepherd.

17 내가 내 목숨을 버리는 것은 그것을 내가 다시 얻기 위함이니 이로 말미암아
아버지께서 나를 사랑하시느니라

The reason my Father loves me is that I lay down my life--only to take it up again.

18 이를 내게서 빼앗는 자가 있는 것이 아니라 내가 스스로 버리노라 나는 버릴
권세도 있고 다시 얻을 권세도 있으니 이 계명은 내 아버지에게서 받았노라
하시니라

No one takes it from me, but I lay it down of my own accord. I have authority to lay it down and authority to take it up again. This command I received from my Father."

19 이 말씀으로 말미암아 유대인 중에 다시 분쟁이 일어나니

At these words the Jews were again divided.

20 그 중에 많은 사람이 말하되 그가 귀신 들려 미쳤거늘 어찌하여 그 말을 듣느
냐 하며

Many of them said, "He is demon-possessed and raving mad. Why listen to him?"

21 어떤 사람은 말하되 이 말은 귀신 들린 자의 말이 아니라 귀신이 맹인의 눈을
뜨게 할 수 있느냐 하더라

But others said, "These are not the sayings of a man possessed by a demon. Can a demon open the eyes of the blind?"

문 되신 주님(10:9) 양들을 위한 문이라는 주님의 묘사는 우리를 평안케 한다. 밤이 되면 목자는 양 우리의 문에서 그의 양들을 바라보며 그들이 쉴 수 있도록 인도한다. 한밤중엔 목자 자신이 문이 되어 그의 몸을 우리로 들어가는 입구에 놓는다. 아침이 되면 목자는 양들을 푸른 초장으로 인도하여 그들이 자유롭고 평화롭게 먹을 수 있도록 한다. 예수님께서 양들과 같은 우리를 돌보시고 보호하심을 기억하며 경배함으로 나아가자.

"주 예수님, 당신의 양들을 위한 문이 되심에 감사합니다. 당신의 다정한 손길과 강한 보호하심 가운데 편히 쉴 수 있도록 인도하여 주옵소서. 우리를 위해 공급하시고 푸른 초장으로 인도해 주시는 주님께 온전히 의지할 수 있도록 인도해 주옵소서. 아멘."

02

[요한복음 10:22-36]

22 예루살렘에 수전절이 이르니 때는 겨울이라

Then came the Feast of Dedication at Jerusalem. It was winter,

23 예수께서 성전 안 솔로몬 행각에서 거니시니

and Jesus was in the temple area walking in Solomon's Colonnade.

24 유대인들이 에워싸고 이르되 당신이 언제까지나 우리 마음을 의혹하게 하려
하나이까 그리스도이면 밝히 말씀하소서 하니

The Jews gathered around him, saying, "How long will you keep us in suspense? If you are the Christ, tell us plainly."

25 예수께서 대답하시되 내가 너희에게 말하였으되 믿지 아니하는도다 내가 내
아버지의 이름으로 행하는 일들이 나를 증거하는 것이거늘

Jesus answered, "I did tell you, but you do not believe. The miracles I do in my Father's name speak for me,

26 너희가 내 양이 아니므로 믿지 아니하는도다

but you do not believe because you are not my sheep.

27 내 양은 내 음성을 들으며 나는 그들을 알며 그들은 나를 따르느니라

My sheep listen to my voice; I know them, and they follow me.

28 내가 그들에게 영생을 주노니 영원히 멸망하지 아니할 것이요 또 그들을 내
손에서 빼앗을 자가 없느니라

I give them eternal life, and they shall never perish; no one can snatch them out of my hand.

29 그들을 주신 내 아버지는 만물보다 크시매 아무도 아버지 손에서 빼앗을 수
없느니라

My Father, who has given them to me, is greater than all; no one can snatch them out of my Father's hand.

30 나와 아버지는 하나이니라 하신대

I and the Father are one."

31 유대인들이 다시 돌을 들어 치려 하거늘

Again the Jews picked up stones to stone him,

32 예수께서 대답하시되 내가 아버지로 말미암아 여러 가지 선한 일로 너희에게
보였거늘 그 중에 어떤 일로 나를 돌로 치려 하느냐

but Jesus said to them, "I have shown you many great miracles from the Father. For which of these do you stone me?"

33 유대인들이 대답하되 선한 일로 말미암아 우리가 너를 돌로 치려는 것이 아니
라 신성모독으로 인함이니 네가 사람이 되어 자칭 하나님이라 함이로라

"We are not stoning you for any of these," replied the Jews, "but for blasphemy, because you, a mere man, claim to be God."

34 예수께서 이르시되 너희 율법에 기록된 바 내가 너희를 신이라 하였노라 하지
아니하였느냐

Jesus answered them, "Is it not written in your Law, 'I have said you are gods'?

35 성경은 폐하지 못하나니 하나님의 말씀을 받은 사람들을 신이라 하셨거든

If he called them 'gods,' to whom the word of God came--and the Scripture cannot be broken--

36 하물며 아버지께서 거룩하게 하사 세상에 보내신 자가 나는 하나님의 아들이
라 하는 것으로 너희가 어찌 신성모독이라 하느냐

what about the one whom the Father set apart as his very own and sent into the world? Why then do you accuse me of blasphemy because I said, 'I am God's Son'?

(10:30) 나의 구원자, 나의 친구 되신 주 예수여. 당신은 성부 하나님과 한 분이십니다. 당신은 육신이 되신 하나님의 말씀이십니다. 당신은 보이지 않는 하나님의 형상이 우리에게 나타나신 것입니다. 당신 안에 하나님의 풍성하심이 있습니다. 당신은 하나님의 영광에서 뿜어져 나오는 빛이시며 그분의 존재를 그대로 보여주십니다. 당신은 하나님과 동일한 분이시니 당신은 하나님이십니다. 당신은 가장 높은 곳에 높임을 받으시며 하나님의 이름을 받으셨습니다. 나의 주, 그리고 만물의 주여, 내가 당신 앞에 엎드려 절합니다. 내가 당신의 거룩하신 이름을 높이며 당신을 나의 구원자요 나의 친구라, 그리고 참된 하나님이시라고 선포합니다!(요한복음 1:1; 빌립보서 2:6-9; 골로새서 1:15, 19; 히브리서 1:3)

하나님께서 예수 그리스도를 통해 말씀하신다, 영원하신 아들 그리스도, 아버지의 영광의 빛, 아버지와 늘 한 분이신 그분; 성육신 하신 말씀을 통해 말씀하신다, 시간이 생기기 전부터 계시던 하나님; 세상에 내려오신 빛 중의 빛, 인간의 몸을 입으신 하나님, 그리스도.

"하나님께서 선지자들을 통해 말씀하신다
(God Has Spoken by His Prophets)"
조지 W. 브릭스(George W. Briggs, c. 1953)

나의 사랑하는 자여

나는 너에게 많은 약속을 주었고, 내 말은 모두 진실이다. 내가 말한 것들은 모두 이뤄질 것이다.

악한 자가 네게 오는 것은 도둑질하고, 죽이고, 멸망시키려는 것뿐이다. 그에게서 선한 것을 찾을 수 없다. 그는 네가 다른 믿음을 가지도록 속이려고 할 텐데, 그는 단지 네가 멸망하기를 원한다는 걸 기억하거라.

예수는 네가 생명을 얻을 수 있도록, 가장 풍성한 생명을 얻을 수 있도록 하려고 왔다! 나의 사랑하는 자여, 진정 모든 선한 것과 완전한 선물은 나로부터 오는 것들이란다. 나에게서 나오고 내 아들을 통해 네게 주어진단다.

내가 너에게 가장 위대하고 귀중한 약속을 주었다. 이 약속을 통해 너는 내 신성한 성품에 참여하고 세상의 썩어질 것들로부터 피할 수 있다. 네가 생명과 경건을 위해 필요한 것은 모두 내 아들을 통해 얻을 수 있다. 그를 믿는 믿음을 통해 너는 내 마음을 나타내는 삶을 살 수 있단다.

내가 신실하다는 걸 믿거라. 나는 내 약속에 대해 이후에 마음을 바꾸지 않는다. 나는 처음에는 "예"하고 나중에 "아니오"하지 않는다. 나는 네게 신실하다! 나는 약속한 것을 네게 줄 것이다.

그러니 마치 많은 보화를 얻은 자와 같이 내 약속으로 인해 기뻐하거라. 내 약속을 믿고, 내 이름을 찬양하거라. 내 아들 예수를 믿는 믿음을 통해 네가 그 모든 약속이 이뤄질 것을 믿으니, 너는 그것들이 이뤄지는 것을 볼 것이다. 내 말은 진실하다.

사무엘상 15:29; 시편 106:12; 119:162; 145:13; 요한복음 10:10;
고린도후서 1:19-20; 갈라디아서 3:22; 야고보서 1:17; 베드로후서 1:3-4

03

[요한복음 10:37-11:10]

37 만일 내가 내 아버지의 일을 행하지 아니하거든 나를 믿지 말려니와

Do not believe me unless I do what my Father does.

38 내가 행하거든 나를 믿지 아니할지라도 그 일은 믿으라 그러면 너희가 아버지께서 내 안에 계시고 내가 아버지 안에 있음을 깨달아 알리라 하시니

But if I do it, even though you do not believe me, believe the miracles, that you may know and understand that the Father is in me, and I in the Father."

39 그들이 다시 예수를 잡고자 하였으나 그 손에서 벗어나 나가시니라

Again they tried to seize him, but he escaped their grasp.

40 다시 요단 강 저편 요한이 처음으로 세례 베풀던 곳에 가사 거기 거하시니

Then Jesus went back across the Jordan to the place where John had been baptizing in the early days. Here he stayed

41 많은 사람이 왔다가 말하되 요한은 아무 표적도 행하지 아니하였으나 요한이 이 사람을 가리켜 말한 것은 다 참이라 하더라

and many people came to him. They said, "Though John never performed a miraculous sign, all that John said about this man was true."

42 그리하여 거기서 많은 사람이 예수를 믿으니라

And in that place many believed in Jesus.

[요한복음 11장]

01 어떤 병자가 있으니 이는 마리아와 그 자매 마르다의 마을 베다니에 사는 나사로라

Now a man named Lazarus was sick. He was from Bethany, the village of Mary and her sister Martha.

02 이 마리아는 향유를 주께 붓고 머리털로 주의 발을 닦던 자요 병든 나사로는 그의 오라버니더라

This Mary, whose brother Lazarus now lay sick, was the same one who poured perfume on the Lord and wiped his feet with her hair.

03 이에 그 누이들이 예수께 사람을 보내어 이르되 주여 보시옵소서 사랑하시는 자가 병들었나이다 하니

So the sisters sent word to Jesus, "Lord, the one you love is sick."

04 예수께서 들으시고 이르시되 이 병은 죽을 병이 아니라 하나님의 영광을 위함

이요 하나님의 아들이 이로 말미암아 영광을 받게 하려 함이라 하시더라

When he heard this, Jesus said, "This sickness will not end in death. No, it is for God's glory so that God's Son may be glorified through it."

05 예수께서 본래 마르다와 그 동생과 나사로를 사랑하시더니

Jesus loved Martha and her sister and Lazarus.

06 나사로가 병들었다 함을 들으시고 그 계시던 곳에 이틀을 더 유하시고

Yet when he heard that Lazarus was sick, he stayed where he was two more days.

07 그 후에 제자들에게 이르시되 유대로 다시 가자 하시니

Then he said to his disciples, "Let us go back to Judea."

08 제자들이 말하되 랍비여 방금도 유대인들이 돌로 치려 하였는데 또 그리로 가시려 하나이까

"But Rabbi," they said, "a short while ago the Jews tried to stone you, and yet you are going back there?"

09 예수께서 대답하시되 낮이 열두 시간이 아니냐 사람이 낮에 다니면 이 세상의 빛을 보므로 실족하지 아니하고

Jesus answered, "Are there not twelve hours of daylight? A man who walks by day will not stumble, for he sees by this world's light.

10 밤에 다니면 빛이 그 사람 안에 없는 고로 실족하느니라

It is when he walks by night that he stumbles, for he has no light."

04

[요한복음 11:11-30]

11 이 말씀을 하신 후에 또 이르시되 우리 친구 나사로가 잠들었도다 그러나 내가 깨우러 가노라

After he had said this, he went on to tell them, "Our friend Lazarus has fallen asleep; but I am going there to wake him up."

12 제자들이 이르되 주여 잠들었으면 낫겠나이다 하더라

His disciples replied, "Lord, if he sleeps, he will get better."

13 예수는 그의 죽음을 가리켜 말씀하신 것이나 그들은 잠들어 쉬는 것을 가리켜 말씀하심인 줄 생각하는지라

Jesus had been speaking of his death, but his disciples thought he meant natural sleep.

14 이에 예수께서 밝히 이르시되 나사로가 죽었느니라

So then he told them plainly, "Lazarus is dead,

15 내가 거기 있지 아니한 것을 너희를 위하여 기뻐하노니 이는 너희로 믿게 하려 함이라 그러나 그에게로 가자 하시니

and for your sake I am glad I was not there, so that you may believe. But let us go to him."

16 디두모라고도 하는 도마가 다른 제자들에게 말하되 우리도 주와 함께 죽으러 가자 하니라

Then Thomas (called Didymus) said to the rest of the disciples, "Let us also go, that we may die with him."

17 예수께서 와서 보시니 나사로가 무덤에 있은 지 이미 나흘이라

On his arrival, Jesus found that Lazarus had already been in the tomb for four days.

18 베다니는 예루살렘에서 가깝기가 한 오 리쯤 되매

Bethany was less than two miles from Jerusalem,

19 많은 유대인이 마르다와 마리아에게 그 오라비의 일로 위문하러 왔더니

and many Jews had come to Martha and Mary to comfort them in the loss of their brother.

20 마르다는 예수께서 오신다는 말을 듣고 곧 나가 맞이하되 마리아는 집에 앉았더라

When Martha heard that Jesus was coming, she went out to meet him, but Mary stayed at home.

21 마르다가 예수께 여짜오되 주께서 여기 계셨더라면 내 오라버니가 죽지 아니하였겠나이다

"Lord," Martha said to Jesus, "if you had been here, my brother would not have died.

22 그러나 나는 이제라도 주께서 무엇이든지 하나님께 구하시는 것을 하나님이 주실 줄을 아나이다

But I know that even now God will give you whatever you ask."

23 예수께서 이르시되 네 오라비가 다시 살아나리라

Jesus said to her, "Your brother will rise again."

24 마르다가 이르되 마지막 날 부활 때에는 다시 살아날 줄을 내가 아나이다

Martha answered, "I know he will rise again in the resurrection at the last day."

25 예수께서 이르시되 나는 부활이요 생명이니 나를 믿는 자는 죽어도 살겠고

Jesus said to her, "I am the resurrection and the life. He who believes in me will live, even though he dies;

26 무릇 살아서 나를 믿는 자는 영원히 죽지 아니하리니 이것을 네가 믿느냐

and whoever lives and believes in me will never die. Do you believe this?"

27 이르되 주여 그러하외다 주는 그리스도시요 세상에 오시는 하나님의 아들이신 줄 내가 믿나이다

"Yes, Lord," she told him, "I believe that you are the Christ, the Son of God, who was to come into the world."

28 이 말을 하고 돌아가서 가만히 그 자매 마리아를 불러 말하되 선생님이 오셔서 너를 부르신다 하니

And after she had said this, she went back and called her sister Mary aside. "The Teacher is here," she said, "and is asking for you."

29 마리아가 이 말을 듣고 급히 일어나 예수께 나아가매

When Mary heard this, she got up quickly and went to him.

30 예수는 아직 마을로 들어오지 아니하시고 마르다가 맞이했던 곳에 그대로 계시더라

Now Jesus had not yet entered the village, but was still at the place where Martha had met him.

(11:25-27) 네, 주 예수님. 내가 믿습니다. 당신은 부활이시며, 죽음을 이기신 분이심을 내가 믿습니다. 당신은 생명이시며 당신께 우리가 하늘의 풍성하심을 받는다는 것을 내가 믿습니다. 당신은 그리스도이시며, 우리를 구원하시기 위해 오신 하나님의 기름 부음 받으신 분임을 내가 믿습니다. 당신은 하나님의 아들이시며, 영원히 다스리실 왕이시며, 우리에게 성부 하나님을 나타내시는 유익하신 성자 하나님이심을 내가 믿습니다. 이 모든 것이 참됨을 내가 믿으며, 당신에 대한 나의 넘치는 확신 가운데 내 마음이 "아멘!"을 외칩니다. 당신 한 분만이 내가 신뢰할 수 있는 분이십니다. 네, 주여, 내가 믿습니다!(요한복음 1:18, 49)

"당신은 내 구원의 반석, 당신은 나의 삶의 힘. 당신은 나의 소망, 주여 내가 당신께 부르짖습니다. 내가 당신을 믿습니다, 당신을 믿습니다, 날 향한 당신의 신실하신 사랑으로 인해. 내 도움이 되신 주여, 내가 당신께 나아갑니다."

"내 구원의 반석(Rock of My Salvation)"
테레사 뮬러 (Teresa Muller, c. 1982)

[요한복음 11:31-44]

31 마리아와 함께 집에 있어 위로하던 유대인들은 그가 급히 일어나 나가는 것을 보고 곡하러 무덤에 가는 줄로 생각하고 따라가더니

When the Jews who had been with Mary in the house, comforting her, noticed how quickly she got up and went out, they followed her, supposing she was going to the tomb to mourn there.

32 마리아가 예수 계신 곳에 가서 뵈옵고 그 발 앞에 엎드리어 이르되 주께서 여기 계셨더라면 내 오라버니가 죽지 아니하였겠나이다 하더라

When Mary reached the place where Jesus was and saw him, she fell at his feet and said, "Lord, if you had been here, my brother would not have died."

33 예수께서 그가 우는 것과 또 함께 온 유대인들이 우는 것을 보시고 심령에 비통히 여기시고 불쌍히 여기사

When Jesus saw her weeping, and the Jews who had come along with her also weeping, he was deeply moved in spirit and troubled.

34 이르시되 그를 어디 두었느냐 이르되 주여 와서 보옵소서 하니

"Where have you laid him?" he asked. "Come and see, Lord," they replied.

35 예수께서 눈물을 흘리시더라

Jesus wept.

36 이에 유대인들이 말하되 보라 그를 얼마나 사랑하셨는가 하며

Then the Jews said, "See how he loved him!"

37 그 중 어떤 이는 말하되 맹인의 눈을 뜨게 한 이 사람이 그 사람은 죽지 않게 할 수 없었더냐 하더라

But some of them said, "Could not he who opened the eyes of the blind man have kept this man from dying?"

38 이에 예수께서 다시 속으로 비통히 여기시며 무덤에 가시니 무덤이 굴이라 돌로 막았거늘

Jesus, once more deeply moved, came to the tomb. It was a cave with a stone laid across the entrance.

39 예수께서 이르시되 돌을 옮겨 놓으라 하시니 그 죽은 자의 누이 마르다가 이르되 주여 죽은 지가 나흘이 되었으매 벌써 냄새가 나나이다

"Take away the stone," he said. "But, Lord," said Martha, the sister of the dead man, "by this time there is a bad odor, for he has been there four days."

40 예수께서 이르시되 내 말이 네가 믿으면 하나님의 영광을 보리라 하지 아니하였느냐 하시니

Then Jesus said, "Did I not tell you that if you believed, you would see the glory of God?"

41 돌을 옮겨 놓으니 예수께서 눈을 들어 우러러 보시고 이르시되 아버지여 내 말을 들으신 것을 감사하나이다

So they took away the stone. Then Jesus looked up and said, "Father, I thank you that you have heard me.

42 항상 내 말을 들으시는 줄을 내가 알았나이다 그러나 이 말씀 하옵는 것은 둘러선 무리를 위함이니 곧 아버지께서 나를 보내신 것을 그들로 믿게 하려 함이니이다

I knew that you always hear me, but I said this for the benefit of the people standing here, that they may believe that you sent me."

43 이 말씀을 하시고 큰 소리로 나사로야 나오라 부르시니

When he had said this, Jesus called in a loud voice, "Lazarus, come out!"

44 죽은 자가 수족을 베로 동인 채로 나오는데 그 얼굴은 수건에 싸였더라 예수께서 이르시되 풀어 놓아 다니게 하라 하시니라

The dead man came out, his hands and feet wrapped with strips of linen, and a cloth around his face. Jesus said to them, "Take off the grave clothes and let him go."

[요한복음 11:45-57]

45 마리아에게 와서 예수께서 하신 일을 본 많은 유대인이 그를 믿었으나

Therefore many of the Jews who had come to visit Mary, and had seen what Jesus did, put their faith in him.

46 그 중에 어떤 자는 바리새인들에게 가서 예수께서 하신 일을 알리니라

But some of them went to the Pharisees and told them what Jesus had done.

47 이에 대제사장들과 바리새인들이 공회를 모으고 이르되 이 사람이 많은 표적을 행하니 우리가 어떻게 하겠느냐

Then the chief priests and the Pharisees called a meeting of the Sanhedrin. "What are we accomplishing?" they asked. "Here is this man performing many miraculous signs.

48 만일 그를 이대로 두면 모든 사람이 그를 믿을 것이요 그리고 로마인들이 와서 우리 땅과 민족을 빼앗아 가리라 하니

If we let him go on like this, everyone will believe in him, and then the Romans will come and take away both our place and our nation."

49 그 중의 한 사람 그 해의 대제사장인 가야바가 그들에게 말하되 너희가 아무것도 알지 못하는도다

Then one of them, named Caiaphas, who was high priest that year, spoke up, "You know nothing at all!

50 한 사람이 백성을 위하여 죽어서 온 민족이 망하지 않게 되는 것이 너희에게 유익한 줄을 생각하지 아니하는도다 하였으니

You do not realize that it is better for you that one man die for the people than that the whole nation perish."

51 이 말은 스스로 함이 아니요 그 해의 대제사장이므로 예수께서 그 민족을 위하시고

He did not say this on his own, but as high priest that year he prophesied that Jesus would die for the Jewish nation,

52 또 그 민족만 위할 뿐 아니라 흩어진 하나님의 자녀를 모아 하나가 되게 하기 위하여 죽으실 것을 미리 말함이러라

and not only for that nation but also for the scattered children of God, to bring them together and make them one.

53 이 날부터는 그들이 예수를 죽이려고 모의하니라

So from that day on they plotted to take his life.

54 그러므로 예수께서 다시 유대인 가운데 드러나게 다니지 아니하시고 거기를 떠나 빈 들 가까운 곳인 에브라임이라는 동네에 가서 제자들과 함께 거기 머무르시니라

Therefore Jesus no longer moved about publicly among the Jews. Instead he withdrew to a region near the desert, to a village called Ephraim, where he stayed with his disciples.

55 유대인의 유월절이 가까우매 많은 사람이 자기를 성결하게 하기 위하여 유월절 전에 시골에서 예루살렘으로 올라갔더니

When it was almost time for the Jewish Passover, many went up from the country to Jerusalem for their ceremonial cleansing before the Passover.

56 그들이 예수를 찾으며 성전에 서서 서로 말하되 너희 생각에는 어떠하냐 그가 명절에 오지 아니하겠느냐 하니

They kept looking for Jesus, and as they stood in the temple area they asked one another, "What do you think? Isn't he coming to the Feast at all?"

57 이는 대제사장들과 바리새인들이 누구든지 예수 있는 곳을 알거든 신고하여 잡게 하라 명령하였음이러라

But the chief priests and Pharisees had given orders that if anyone found out where Jesus was, he should report it so that they might arrest him.

[요한복음 12:1-15]

01 유월절 엿새 전에 예수께서 베다니에 이르시니 이 곳은 예수께서 죽은 자 가운데서 살리신 나사로가 있는 곳이라

Six days before the Passover, Jesus arrived at Bethany, where Lazarus lived, whom Jesus had raised from the dead.

02 거기서 예수를 위하여 잔치할새 마르다는 일을 하고 나사로는 예수와 함께 앉은 자 중에 있더라

Here a dinner was given in Jesus' honor. Martha served, while Lazarus was among those reclining at the table with him.

03 마리아는 지극히 비싼 향유 곧 순전한 나드 한 근을 가져다가 예수의 발에 붓고 자기 머리털로 그의 발을 닦으니 향유 냄새가 집에 가득하더라

Then Mary took about a pint of pure nard, an expensive perfume; she poured it on Jesus' feet and wiped his feet with her hair. And the house was filled with the fragrance of the perfume.

04 제자 중 하나로서 예수를 잡아 줄 가룟 유다가 말하되

But one of his disciples, Judas Iscariot, who was later to betray him, objected,

05 이 향유를 어찌하여 삼백 데나리온에 팔아 가난한 자들에게 주지 아니하였느냐 하니

"Why wasn't this perfume sold and the money given to the poor? It was worth a year's wages."

06 이렇게 말함은 가난한 자들을 생각함이 아니요 그는 도둑이라 돈궤를 맡고 거기 넣는 것을 훔쳐 감이러라

He did not say this because he cared about the poor but because he was a thief; as keeper of the money bag, he used to help himself to what was put into it.

07 예수께서 이르시되 그를 가만 두어 나의 장례할 날을 위하여 그것을 간직하게 하라

"Leave her alone," Jesus replied. " It was intended that she should save this perfume for the day of my burial.

08 가난한 자들은 항상 너희와 함께 있거니와 나는 항상 있지 아니하리라 하시니라

You will always have the poor among you, but you will not always have me."

09 유대인의 큰 무리가 예수께서 여기 계신 줄을 알고 오니 이는 예수만 보기 위함이 아니요 죽은 자 가운데서 살리신 나사로도 보려 함이러라

Meanwhile a large crowd of Jews found out that Jesus was there and came, not only because of him but also to see Lazarus, whom he had raised from the dead.

10 대제사장들이 나사로까지 죽이려고 모의하니

So the chief priests made plans to kill Lazarus as well,

11 나사로 때문에 많은 유대인이 가서 예수를 믿음이러라

for on account of him many of the Jews were going over to Jesus and putting their faith in him.

12 그 이튿날에는 명절에 온 큰 무리가 예수께서 예루살렘으로 오신다는 것을 듣고

The next day the great crowd that had come for the Feast heard that Jesus was on his way to Jerusalem.

13 종려나무 가지를 가지고 맞으러 나가 외치되 호산나 찬송하리로다 주의 이름으로 오시는 이 곧 이스라엘의 왕이시여 하더라

They took palm branches and went out to meet him, shouting, "Hosanna!" "Blessed is he who comes in the name of the Lord!" "Blessed is the King of Israel!"

14 예수는 한 어린 나귀를 보고 타시니

Jesus found a young donkey and sat upon it, as it is written,

15 이는 기록된 바 시온 딸아 두려워하지 말라 보라 너의 왕이 나귀 새끼를 타고 오신다 함과 같더라

"Do not be afraid, O Daughter of Zion; see, your king is coming, seated on a donkey's colt."

(12:3) 주여, 이 작은 한 병을 사려면 1년 치 노동의 대가를 치러야 하는 너무 비싼 향수라니, 이 얼마나 낭비인가요! 이 사치스런 향수는 당신께 조심스럽게 발라진 것도 아니고 마구 부어졌습니다. 바닥에 흐르고, 고귀한 향기가 집안 가득 진동했습니다. 나의 예배도 이처럼 전적인 것이 되기를! 내가 조금의 거리낌도 없이 내 가장 귀한 것을 당신께 드리길! 주여, 당신은 이를 받으시기 합당하신 분입니다; 이 향수의 마지막 한 방울까지도 받으시기 합당하십니다.

나의 생명 드리니 주여 받아 주셔서 세상 살아갈 동안 찬송하게 하소서.
손과 발을 드리니 주여 받아 주셔서 주의 일을 위하여 민첩하게 하소서.
나의 음성 드리니 주여 받아 주셔서 주의 진리 말씀만 전파하게 하소서.
나의 보화 드리니 주여 받아 주셔서 하늘나라 위하여 주 뜻대로 쓰소서.
나의 시간 드리니 주여 받아 주셔서 평생토록 주 위해 봉사하게 하소서

"나의 생명 드리니(Take My Life and Let It Be)"
프랜시스 리들리 하버갈(Frances Ridley Havergal, 1874)

(12:12-13) "호산나! 이제 우리를 구원하소서!" 예수여, 우리를 구원하소서! 우리에게 당신의 도우심이 필요합니다! 우리에게 당신의 구원하심이 필요합니다! "호산나! 이제 우리를 구원하소서!" 이것은 당신이 오신 목적이었지만 우리가 예상했던 방법과는 달랐습니다. 우리를 구원하시기 위해 당신은 당신의 생명을 내려놓으셔야 했습니다. 당신이 영광의 면류관을 쓰시기 이전에 당신은 먼저 가시 면류관을 쓰셔야 했습니다. 당신은 우리가 자

비를 구하는 외침을 들으셨습니다. 당신은 구원의 왕을 구하는 우리의 기도에 응답하셨습니다. 오늘날, 우리도 이 군중들과 함께, 그리고 어린양의 보좌 앞에서 종려나무 가지를 흔드는 셀 수 없이 많은 이들과 함께 목소리 높여 노래합니다. 그리고 우리 왕 되신 당신께 부르짖습니다, "구원하심이 보좌에 앉으신 우리 하나님과 어린 양에게 있도다." (시편 118:25-26; 요한계시록 7:9-10)

호산나 호산나 다 노래 부른다. 수 많은 아이들이 즐거운 노래로, 그 품에 안으시고 복 주신 주님께 온 몸과 마음 드려 주 찬양합니다.

저 감람산 길 따라 큰 무리 따르며 그 손엔 종려 가지 흔들며 외친다. 만왕의 왕 주 예수 나귀를 타시고 그 어린이들 노래 다 받아 주신다.

호산나 그 옛 노래 우리도 부르자. 주 예수 우리 구주 우리의 전능 왕, 온 몸과 마음 다해 목소리 높여서 영원히 기쁜 노래 주 앞에 드리자

"호산나, 호산나(Hosanna, Loud Hosanna)"

지넷 트렐폴(Jennette Threlfall, 1873)

[요한복음 12:16-28]

16 제자들은 처음에 이 일을 깨닫지 못하였다가 예수께서 영광을 얻으신 후에야 이것이 예수께 대하여 기록된 것임과 사람들이 예수께 이같이 한 것임이 생각났더라

At first his disciples did not understand all this. Only after Jesus was glorified did they realize that these things had been written about him and that they had done these things to him.

17 나사로를 무덤에서 불러내어 죽은 자 가운데서 살리실 때에 함께 있던 무리가 증언한지라

Now the crowd that was with him when he called Lazarus from the tomb and raised him from the dead continued to spread the word.

18 이에 무리가 예수를 맞음은 이 표적 행하심을 들었음이러라

Many people, because they had heard that he had given this miraculous sign, went out to meet him.

19 바리새인들이 서로 말하되 볼지어다 너희 하는 일이 쓸 데 없다 보라 온 세상이 그를 따르는도다 하니라

So the Pharisees said to one another, "See, this is getting us nowhere. Look how the whole world has gone after him!"

20 명절에 예배하러 올라온 사람 중에 헬라인 몇이 있는데

Now there were some Greeks among those who went up to worship at the Feast.

21 그들이 갈릴리 벳새다 사람 빌립에게 가서 청하여 이르되 선생이여 우리가 예수를 뵈옵고자 하나이다 하니

They came to Philip, who was from Bethsaida in Galilee, with a request. "Sir," they said, "we would like to see Jesus."

22 빌립이 안드레에게 가서 말하고 안드레와 빌립이 예수께 가서 여쭈니

Philip went to tell Andrew; Andrew and Philip in turn told Jesus.

23 예수께서 대답하여 이르시되 인자가 영광을 얻을 때가 왔도다

Jesus replied, "The hour has come for the Son of Man to be glorified.

24 내가 진실로 진실로 너희에게 이르노니 한 알의 밀이 땅에 떨어져 죽지 아니하면 한 알 그대로 있고 죽으면 많은 열매를 맺느니라

I tell you the truth, unless a kernel of wheat falls to the ground and dies, it remains only a single seed. But if it dies, it produces many seeds.

25 자기의 생명을 사랑하는 자는 잃어버릴 것이요 이 세상에서 자기의 생명을 미워하는 자는 영생하도록 보전하리라

The man who loves his life will lose it, while the man who hates his life in this world will keep it for eternal life.

26 사람이 나를 섬기려면 나를 따르라 나 있는 곳에 나를 섬기는 자도 거기 있으리니 사람이 나를 섬기면 내 아버지께서 그를 귀히 여기시리라

Whoever serves me must follow me; and where I am, my servant also will be. My Father will honor the one who serves me.

27 지금 내 마음이 괴로우니 무슨 말을 하리요 아버지여 나를 구원하여 이 때를 면하게 하여 주옵소서 그러나 내가 이를 위하여 이 때에 왔나이다

"Now my heart is troubled, and what shall I say? 'Father, save me from this hour'? No, it was for this very reason I came to this hour.

28 아버지여, 아버지의 이름을 영광스럽게 하옵소서 하시니 이에 하늘에서 소리가 나서 이르되 내가 이미 영광스럽게 하였고 또다시 영광스럽게 하리라 하시니

Father, glorify your name!" Then a voice came from heaven, "I have glorified it, and will glorify it again."

[요한복음 12:29-43]

29 곁에 서서 들은 무리는 천둥이 울었다고도 하며 또 어떤 이들은 천사가 그에
게 말하였다고도 하니

The crowd that was there and heard it said it had thundered; others said an angel had spoken to him.

30 예수께서 대답하여 이르시되 이 소리가 난 것은 나를 위한 것이 아니요 너희
를 위한 것이니라

Jesus said, "This voice was for your benefit, not mine.

31 이제 이 세상에 대한 심판이 이르렀으니 이 세상의 임금이 쫓겨나리라

Now is the time for judgment on this world; now the prince of this world will be driven out.

32 내가 땅에서 들리면 모든 사람을 내게로 이끌겠노라 하시니

But I, when I am lifted up from the earth, will draw all men to myself."

33 이렇게 말씀하심은 자기가 어떠한 죽음으로 죽을 것을 보이심이러라

He said this to show the kind of death he was going to die.

34 이에 무리가 대답하되 우리는 율법에서 그리스도가 영원히 계신다 함을 들었
거늘 너는 어찌하여 인자가 들려야 하리라 하느냐 이 인자는 누구냐

The crowd spoke up, "We have heard from the Law that the Christ will remain forever, so how can you say, 'The Son of Man must be lifted up'? Who is this 'Son of Man'?"

35 예수께서 이르시되 아직 잠시 동안 빛이 너희 중에 있으니 빛이 있을 동안에
다녀 어둠에 붙잡히지 않게 하라 어둠에 다니는 자는 그 가는 곳을 알지 못하
느니라

Then Jesus told them, "You are going to have the light just a little while longer. Walk while you have the light, before darkness overtakes you. The man who walks in the dark does not know where he is going.

36 너희에게 아직 빛이 있을 동안에 빛을 믿으라 그리하면 빛의 아들이 되리라
예수께서 이 말씀을 하시고 그들을 떠나가서 숨으시니라

Put your trust in the light while you have it, so that you may become sons of light." When he had finished speaking, Jesus left and hid himself from them.

37 이렇게 많은 표적을 그들 앞에서 행하셨으나 그를 믿지 아니하니

Even after Jesus had done all these miraculous signs in their presence, they still would not believe in him.

38 이는 선지자 이사야의 말씀을 이루려 하심이라 이르되 주여 우리에게서 들은 바를 누가 믿었으며 주의 팔이 누구에게 나타났나이까 하였더라

This was to fulfill the word of Isaiah the prophet: "Lord, who has believed our message and to whom has the arm of the Lord been revealed?"

39 그들이 능히 믿지 못한 것은 이 때문이니 곧 이사야가 다시 일렀으되

For this reason they could not believe, because, as Isaiah says elsewhere:

40 그들의 눈을 멀게 하시고 그들의 마음을 완고하게 하셨으니 이는 그들로 하여금 눈으로 보고 마음으로 깨닫고 돌이켜 내게 고침을 받지 못하게 하려 함이라 하였음이더라

"He has blinded their eyes and deadened their hearts, so they can neither see with their eyes, nor understand with their hearts, nor turn--and I would heal them."

41 이사야가 이렇게 말한 것은 주의 영광을 보고 주를 가리켜 말한 것이라

Isaiah said this because he saw Jesus' glory and spoke about him.

42 그러나 관리 중에도 그를 믿는 자가 많되 바리새인들 때문에 드러나게 말하지 못하니 이는 출교를 당할까 두려워함이라

Yet at the same time many even among the leaders believed in him. But because of the Pharisees they would not confess their faith for fear they would be put out of the synagogue;

43 그들은 사람의 영광을 하나님의 영광보다 더 사랑하였더라

for they loved praise from men more than praise from God.

(12:32-34) 오 사람의 아들이신 예수여, 당신은 높은 곳에 계시며, 높임 받으시는 분입니다. 당신은 죽어질 인간의 힘이나 그들이 드리는 찬양을 통해서가 아닌 수치스러운 십자가의 연약함을 통해 영광을 받으셨습니다. 당신이 굴욕적인 죽음을 당하신 것만큼 당신은 하나님의 영광스러운 보좌로 끝 없이 높이 올라가셨습니다. 당신은 권세와 영광, 그리고 통치의 능력을 받으셨고, 모든 사람들이 당신을 예배합니다. 그리고 이제 당신은 온 세계로부터 당신의 영원한 나라로 사람들을 인도하십니다. 하나님의 아들이요, 사람의 아들이신 예수여, 고통 받으시고 죽임 당하신, 새로운 생명으로 다시 사시고 이제는 높은 곳에서 찬양 받으시는 당신께 모든 찬양과 영광과 존귀가 당신께 있습니다!(다니엘 7:13-14; 요한복음 3:14-15)

십자가로부터의 그리스도의 주권은 새로운 주권이다. 그것은 권력이 옳다고 여겼던 공식을 영원히 깨뜨리는 것이었다. 그것은 거짓된 영웅주의가 주장하는 자기 권리에 망신을 주는 것이었다. 그것은 희생의 완전함이 가지는 불멸의 위험에 둘러싸인 것이었다. 그것은 순결한 심령들에게 권위의 특권은 다른 차원의 일임을 분명히 해준 것이었다. 하늘의 왕은 죽음을 통해 영원히 다스리신다.

브룩 포스 웨스트콧(Brooke Foss Westcott, 1825-1901)

"예수님, 우리가 당신을 사랑합니다, 우리가 당신을 예배하고 사모합니다. 온 땅 가운데 당신의 이름에 영광을 돌립니다, 당신의 이름에 영광을 돌립니다, 당신의 이름에 영광을 돌립니다, 온 땅 가운데 당신의 이름에 영광을 돌립니다."

"당신의 이름에 영광을 돌립니다(Glorify Thy Name)"

도나 아킨스(c. 1976, 1981)

[요한복음 12:44-13:7]

44 예수께서 외쳐 이르시되 나를 믿는 자는 나를 믿는 것이 아니요 나를 보내신 이를 믿는 것이며

Then Jesus cried out, "When a man believes in me, he does not believe in me only, but in the one who sent me.

45 나를 보는 자는 나를 보내신 이를 보는 것이니라

When he looks at me, he sees the one who sent me.

46 나는 빛으로 세상에 왔나니 무릇 나를 믿는 자로 어둠에 거하지 않게 하려 함이로라

I have come into the world as a light, so that no one who believes in me should stay in darkness.

47 사람이 내 말을 듣고 지키지 아니할지라도 내가 그를 심판하지 아니하노라 내가 온 것은 세상을 심판하려 함이 아니요 세상을 구원하려 함이로라

"As for the person who hears my words but does not keep them, I do not judge him. For I did not come to judge the world, but to save it.

48 나를 저버리고 내 말을 받지 아니하는 자를 심판할 이가 있으니 곧 내가 한 그 말이 마지막 날에 그를 심판하리라

There is a judge for the one who rejects me and does not accept my words; that very word which I spoke will condemn him at the last day.

49 내가 내 자의로 말한 것이 아니요 나를 보내신 아버지께서 내가 말할 것과 이를 것을 친히 명령하여 주셨으니

For I did not speak of my own accord, but the Father who sent me commanded me what to say and how to say it.

50 나는 그의 명령이 영생인 줄 아노라 그러므로 내가 이르는 것은 내 아버지께서 내게 말씀하신 그대로니라 하시니라

I know that his command leads to eternal life. So whatever I say is just what the Father has told me to say."

[요한복음 13장]

01 유월절 전에 예수께서 자기가 세상을 떠나 아버지께로 돌아가실 때가 이른 줄 아시고 세상에 있는 자기 사람들을 사랑하시되 끝까지 사랑하시니라

It was just before the Passover Feast. Jesus knew that the time had come for him to leave this world and go to the Father. Having loved his own who were in the world, he now showed them the full extent of his love.

02 마귀가 벌써 시몬의 아들 가룟 유다의 마음에 예수를 팔려는 생각을 넣었더라

The evening meal was being served, and the devil had already prompted Judas Iscariot, son of Simon, to betray Jesus.

03 저녁 먹는 중 예수는 아버지께서 모든 것을 자기 손에 맡기신 것과 또 자기가 하나님께로부터 오셨다가 하나님께로 돌아가실 것을 아시고

Jesus knew that the Father had put all things under his power, and that he had come from God and was returning to God;

04 저녁 잡수시던 자리에서 일어나 겉옷을 벗고 수건을 가져다가 허리에 두르시고

so he got up from the meal, took off his outer clothing, and wrapped a towel around his waist.

05 이에 대야에 물을 떠서 제자들의 발을 씻으시고 그 두르신 수건으로 닦기를 시작하여

After that, he poured water into a basin and began to wash his disciples' feet, drying them with the towel that was wrapped around him.

06 시몬 베드로에게 이르시니 베드로가 이르되 주여 주께서 내 발을 씻으시나이까

He came to Simon Peter, who said to him, "Lord, are you going to wash my feet?"

07 예수께서 대답하여 이르시되 내가 하는 것을 네가 지금은 알지 못하나 이 후에는 알리라

Jesus replied, "You do not realize now what I am doing, but later you will understand."

(13:1-17) 나의 주, 나의 선생 되신 사랑하는 예수여, 당신이 겸손히 당신 제자들의 발을 씻기시는 모습을 보며 나는 앞으로 당신께 다가올 더 큰 수치, 모든 사람들을 위해 십자가에 못 박히시는 순간을 언뜻 보게 됩니다. 당신은 하나님의 성품을 가지셨지만 당신은 당신 자신의 유익을 위해 그 어떤 것도 구하지 않으십니다. 당신은 당신 자신을 비우시고, 종의 모습을 취하십니다. 사람의 아들로서, 하늘 영광을 가지신 자로서, 당신은 섬김 받으러 오신 것이 아니라 섬기러 오셨습니다. 그리고 많은 이들에게 당신의 생명을 주시려고 오셨습니다. 내가 당신의 제자들과 함께 겸손한 종 된 당신의 모습을 배우라는 당신의 부르심을 듣습니다. 오 나의 주여, 내가 내 자매들과 형제들의 발을 씻기며 감사함으로 당신을 섬길 수 있도록 나를 가르쳐 주소서. 당신의 백성들에게 나 자신을 내어주며 당신을 예배할 수 있도록 나를 도와주소서(마가복음 10:45; 빌립보서 2:6-8).

"형제여, 내가 당신의 종이 되게 해주오, 당신에게 내가 그리스도와 같이 되게 해주오. 당신이 나의 종이 될 수 있도록 내 안에 은혜가 있기를 기도하네."

"종의 노래(The Servant Song)"
리처드 길라드(Richard Gillard, c. 1977)

"나는 변하지 않는 길이다; 결코 실수가 없는 진리다; 영원한 생명이다."
토마스 아 켐피스(Thomas à Kempis, c. 1380-1471)

11

[요한복음 13:8-22]

08 베드로가 이르되 내 발을 절대로 씻지 못하시리이다 예수께서 대답하시되 내가 너를 씻어 주지 아니하면 네가 나와 상관이 없느니라

"No," said Peter, "you shall never wash my feet." Jesus answered, "Unless I wash you, you have no part with me."

09 시몬 베드로가 이르되 주여 내 발뿐 아니라 손과 머리도 씻어 주옵소서

"Then, Lord," Simon Peter replied, "not just my feet but my hands and my head as well!"

10 예수께서 이르시되 이미 목욕한 자는 발밖에 씻을 필요가 없느니라 온 몸이 깨끗하니라 너희가 깨끗하나 다는 아니니라 하시니

Jesus answered, "A person who has had a bath needs only to wash his feet; his whole body is clean. And you are clean, though not every one of you."

11 이는 자기를 팔 자가 누구인지 아심이라 그러므로 다는 깨끗하지 아니하다 하시니라

For he knew who was going to betray him, and that was why he said not every one was clean.

12 그들의 발을 씻으신 후에 옷을 입으시고 다시 앉아 그들에게 이르시되 내가 너희에게 행한 것을 너희가 아느냐

When he had finished washing their feet, he put on his clothes and returned to his place. "Do you understand what I have done for you?" he asked them.

13 너희가 나를 선생이라 또는 주라 하니 너희 말이 옳도다 내가 그러하다

"You call me 'Teacher' and 'Lord,' and rightly so, for that is what I am.

14 내가 주와 또는 선생이 되어 너희 발을 씻었으니 너희도 서로 발을 씻어 주는 것이 옳으니라

Now that I, your Lord and Teacher, have washed your feet, you also should wash one another's feet.

15 내가 너희에게 행한 것 같이 너희도 행하게 하려 하여 본을 보였노라

I have set you an example that you should do as I have done for you.

16 내가 진실로 진실로 너희에게 이르노니 종이 주인보다 크지 못하고 보냄을 받은 자가 보낸 자보다 크지 못하나니

I tell you the truth, no servant is greater than his master, nor is a messenger greater than the one who sent him.

17 너희가 이것을 알고 행하면 복이 있으리라

Now that you know these things, you will be blessed if you do them.

18 내가 너희 모두를 가리켜 말하는 것이 아니니라 나는 내가 택한 자들이 누구
인지 앎이라 그러나 내 떡을 먹는 자가 내게 발꿈치를 들었다 한 성경을 응하
게 하려는 것이니라

"I am not referring to all of you; I know those I have chosen. But this is to fulfill the scripture: 'He who shares my bread has lifted up his heel against me.'

19 지금부터 일이 일어나기 전에 미리 너희에게 일러 둠은 일이 일어날 때에 내
가 그인 줄 너희가 믿게 하려 함이로라

"I am telling you now before it happens, so that when it does happen you will believe that I am He.

20 내가 진실로 진실로 너희에게 이르노니 내가 보낸 자를 영접하는 자는 나를
영접하는 것이요 나를 영접하는 자는 나를 보내신 이를 영접하는 것이니라

I tell you the truth, whoever accepts anyone I send accepts me; and whoever accepts me accepts the one who sent me."

21 예수께서 이 말씀을 하시고 심령이 괴로워 증언하여 이르시되 내가 진실로 진
실로 너희에게 이르노니 너희 중 하나가 나를 팔리라 하시니

After he had said this, Jesus was troubled in spirit and testified, "I tell you the truth, one of you is going to betray me."

22 제자들이 서로 보며 누구에게 대하여 말씀하시는지 의심하더라

His disciples stared at one another, at a loss to know which of them he meant.

12

[요한복음 13:23-38]

23 예수의 제자 중 하나 곧 그가 사랑하시는 자가 예수의 품에 의지하여 누웠는지라

One of them, the disciple whom Jesus loved, was reclining next to him.

24 시몬 베드로가 머릿짓을 하여 말하되 말씀하신 자가 누구인지 말하라 하니

Simon Peter motioned to this disciple and said, "Ask him which one he means."

25 그가 예수의 가슴에 그대로 의지하여 말하되 주여 누구니이까

Leaning back against Jesus, he asked him, "Lord, who is it?"

26 예수께서 대답하시되 내가 떡 한 조각을 적셔다 주는 자가 그니라 하시고 곧 한 조각을 적셔서 가룟 시몬의 아들 유다에게 주시니

Jesus answered, "It is the one to whom I will give this piece of bread when I have dipped it in the dish." Then, dipping the piece of bread, he gave it to Judas Iscariot, son of Simon.

27 조각을 받은 후 곧 사탄이 그 속에 들어간지라 이에 예수께서 유다에게 이르시되 네가 하는 일을 속히 하라 하시니

As soon as Judas took the bread, Satan entered into him. "What you are about to do, do quickly," Jesus told him,

28 이 말씀을 무슨 뜻으로 하셨는지 그 앉은 자 중에 아는 자가 없고

but no one at the meal understood why Jesus said this to him.

29 어떤 이들은 유다가 돈궤를 맡았으므로 명절에 우리가 쓸 물건을 사라 하시는지 혹은 가난한 자들에게 무엇을 주라 하시는 줄로 생각하더라

Since Judas had charge of the money, some thought Jesus was telling him to buy what was needed for the Feast, or to give something to the poor.

30 유다가 그 조각을 받고 곧 나가니 밤이러라

As soon as Judas had taken the bread, he went out. And it was night.

31 그가 나간 후에 예수께서 이르시되 지금 인자가 영광을 받았고 하나님도 인자로 말미암아 영광을 받으셨도다

When he was gone, Jesus said, "Now is the Son of Man glorified and God is glorified in him.

32 만일 하나님이 그로 말미암아 영광을 받으셨으면 하나님도 자기로 말미암아 그에게 영광을 주시리니 곧 주시리라

If God is glorified in him, God will glorify the Son in himself, and will glorify him at once.

33 작은 자들아 내가 아직 잠시 너희와 함께 있겠노라 너희가 나를 찾을 것이나
일찍이 내가 유대인들에게 너희는 내가 가는 곳에 올 수 없다고 말한 것과 같
이 지금 너희에게도 이르노라

"My children, I will be with you only a little longer. You will look for me, and just as I told the Jews, so I tell you now: Where I am going, you cannot come.

34 새 계명을 너희에게 주노니 서로 사랑하라 내가 너희를 사랑한 것 같이 너희
도 서로 사랑하라

"A new command I give you: Love one another. As I have loved you, so you must love one another.

35 너희가 서로 사랑하면 이로써 모든 사람이 너희가 내 제자인 줄 알리라

By this all men will know that you are my disciples, if you love one another."

36 시몬 베드로가 이르되 주여 어디로 가시나이까 예수께서 대답하시되 내가 가
는 곳에 네가 지금은 따라올 수 없으나 후에는 따라오리라

Simon Peter asked him, "Lord, where are you going?" Jesus replied, "Where I am going, you cannot follow now, but you will follow later."

37 베드로가 이르되 주여 내가 지금은 어찌하여 따라갈 수 없나이까 주를 위하여
내 목숨을 버리겠나이다

Peter asked, "Lord, why can't I follow you now? I will lay down my life for you."

38 예수께서 대답하시되 네가 나를 위하여 네 목숨을 버리겠느냐 내가 진실로 진
실로 네게 이르노니 닭 울기 전에 네가 세 번 나를 부인하리라

Then Jesus answered, "Will you really lay down your life for me? I tell you the truth, before the rooster crows, you will disown me three times!

13

[요한복음 14:1-15]

01 너희는 마음에 근심하지 말라 하나님을 믿으니 또 나를 믿으라

"Do not let your hearts be troubled. Trust in God; trust also in me.

02 내 아버지 집에 거할 곳이 많도다 그렇지 않으면 너희에게 일렀으리라 내가 너희를 위하여 거처를 예비하러 가노니

In my Father's house are many rooms; if it were not so, I would have told you. I am going there to prepare a place for you.

03 가서 너희를 위하여 거처를 예비하면 내가 다시 와서 너희를 내게로 영접하여 나 있는 곳에 너희도 있게 하리라

And if I go and prepare a place for you, I will come back and take you to be with me that you also may be where I am.

04 내가 어디로 가는지 그 길을 너희가 아느니라

You know the way to the place where I am going."

05 도마가 이르되 주여 주께서 어디로 가시는지 우리가 알지 못하거늘 그 길을 어찌 알겠사옵나이까

Thomas said to him, "Lord, we don't know where you are going, so how can we know the way?"

06 예수께서 이르시되 내가 곧 길이요 진리요 생명이니 나로 말미암지 않고는 아버지께로 올 자가 없느니라

Jesus answered, "I am the way and the truth and the life. No one comes to the Father except through me.

07 너희가 나를 알았더라면 내 아버지도 알았으리로다 이제부터는 너희가 그를 알았고 또 보았느니라

If you really knew me, you would know my Father as well. From now on, you do know him and have seen him."

08 빌립이 이르되 주여 아버지를 우리에게 보여 주옵소서 그리하면 족하겠나이다

Philip said, "Lord, show us the Father and that will be enough for us."

09 예수께서 이르시되 빌립아 내가 이렇게 오래 너희와 함께 있으되 네가 나를 알지 못하느냐 나를 본 자는 아버지를 보았거늘 어찌하여 아버지를 보이라 하느냐

Jesus answered: "Don't you know me, Philip, even after I have been among you such a long time? Anyone who has seen me has seen the Father. How can you say, 'Show us the Father'?

10 내가 아버지 안에 거하고 아버지는 내 안에 계신 것을 네가 믿지 아니하느냐 내가 너희에게 이르는 말은 스스로 하는 것이 아니라 아버지께서 내 안에 계셔서 그의 일을 하시는 것이라

Don't you believe that I am in the Father, and that the Father is in me? The words I say to you are not just my own. Rather, it is the Father, living in me, who is doing his work.

11 내가 아버지 안에 거하고 아버지께서 내 안에 계심을 믿으라 그렇지 못하겠거든 행하는 그 일로 말미암아 나를 믿으라

Believe me when I say that I am in the Father and the Father is in me; or at least believe on the evidence of the miracles themselves.

12 내가 진실로 진실로 너희에게 이르노니 나를 믿는 자는 내가 하는 일을 그도 할 것이요 또한 그보다 큰 일도 하리니 이는 내가 아버지께로 감이라

I tell you the truth, anyone who has faith in me will do what I have been doing. He will do even greater things than these, because I am going to the Father.

13 너희가 내 이름으로 무엇을 구하든지 내가 행하리니 이는 아버지로 하여금 아들로 말미암아 영광을 받으시게 하려 함이라

And I will do whatever you ask in my name, so that the Son may bring glory to the Father.

14 내 이름으로 무엇이든지 내게 구하면 내가 행하리라

You may ask me for anything in my name, and I will do it.

15 너희가 나를 사랑하면 나의 계명을 지키리라

"If you love me, you will obey what I command.

(14:6) 주여, 우리 주변의 세상은 부인합니다. 그들은 말하기를 "분명 하나님께 이르는 길은 많아, 마치 산으로 오르는 길이 많은 것처럼. 분명 진리라는 시장을 공략한 자는 아무도 없어." 그러나 당신은 말씀하십니다: "내가 길이요, 진리요, 생명이다." 이 얼마나 큰 일인지요! 이 얼마나 은혜로운 일인지요! 이 얼마나 달콤한 말씀인지요! 당신은 사람의 아들이시며, 우리의 구원을 위해 십자가에 달리셨습니다. 당신은 우리의 죄를 스스로 지셨고 우리가 하나님과 올바른 관계 가운데 살 수 있도록 하셨습니다. 그 어떤 다른 길이 우리를 은혜의 보좌로 이끌어주지 못합니다. 그 어떤 다른 진리가 하나님의 말씀과 같이 말하지 못합니다. 그 어떤 다른 생명이 하늘의 축복의 풍성함을 약속해주지 못합니다. 이를 이해하지 못하는 세상 속에서 우리는 당신의 유일하심을, 당신의 놀라운 은혜를, 당신의 화목케 하시는 희생을 기쁨으로 선포합니다(고린도후서 5:21).

"그리스도는 하나님께 이르는 많은 길 중 하나가 아니다. 그 많은 길 중 가장 좋은 길도 아니다. 그분은 유일한 길이다."

A. W. 토저(A. W. Tozer, 1897-1963)

"당신이 만유의 주이심을 내가 믿습니다, 유일한 의로우신 분이란 걸 내가 믿습니다; 당신은 권능의 창조주요, 당신이 이루신 일들이 위대합니다! 당신이 나를 위해 죽임 당하심을 내가 믿습니다, 당신이 다시 사셨고 죽음을 이기셨음을 내가 믿습니다. 당신은 아버지께 이르는 길이라는 걸, 당신은 진리요, 생명이요, 아들이심을 내가 믿습니다."

“진리요, 생명이요, 아들이심을(The Truth, The Life, The Son)”
빌 밧스턴 (Bill Batstone), 스벤 군나르센(Sven Gunnarsen, c. 1994)

길 되신 주님 (14:6) 예수님께서 어떻게 길과 진리와 생명이 되시는가? 스스로를 “길(the way)”로 칭하심으로 예수님은 자신만이 우리가 하나님 아버지께 다가갈 수 있는 유일한 통로가 되심을 말씀하신다. “진리 (the truth)”라고 칭하심으로 예수님은 자신이 우리를 사탄의 거짓으로부터 구하시며 영원한 생명을 얻는 지식을 주신다고 말씀하신다. “생명 (the life)”이라고 칭하심으로 예수님은 스스로의 죽음과 부활을 통해 사람들을 영원한 죽음으로부터 구하신다고 말씀하신다. 진정한 길이 되심으로 우리에게 생명을 주시는 주님을 찬양하자.

“주 예수님, 당신은 하나님께로 가는 길을 가능하게 하셨을 뿐만 아니라 죽음과 부활로 스스로 길이 되셨습니다. 진리를 전하신 것뿐만 아니라 스스로 진리 되심을 찬양합니다. 우리에게 생명을 주신 것뿐만 아니라 스스로 생명 되심을 찬양합니다. 아멘.”

14

[요한복음 14:16-31]

16 내가 아버지께 구하겠으니 그가 또 다른 보혜사를 너희에게 주사 영원토록 너희와 함께 있게 하리니

And I will ask the Father, and he will give you another Counselor to be with you forever--

17 그는 진리의 영이라 세상은 능히 그를 받지 못하나니 이는 그를 보지도 못하고 알지도 못함이라 그러나 너희는 그를 아나니 그는 너희와 함께 거하심이요 또 너희 속에 계시겠음이라

the Spirit of truth. The world cannot accept him, because it neither sees him nor knows him. But you know him, for he lives with you and will be in you.

18 내가 너희를 고아와 같이 버려두지 아니하고 너희에게로 오리라

I will not leave you as orphans; I will come to you.

19 조금 있으면 세상은 다시 나를 보지 못할 것이로되 너희는 나를 보리니 이는 내가 살아 있고 너희도 살아 있겠음이라

Before long, the world will not see me anymore, but you will see me. Because I live, you also will live.

20 그 날에는 내가 아버지 안에, 너희가 내 안에, 내가 너희 안에 있는 것을 너희가 알리라

On that day you will realize that I am in my Father, and you are in me, and I am in you.

21 나의 계명을 지키는 자라야 나를 사랑하는 자니 나를 사랑하는 자는 내 아버지께 사랑을 받을 것이요 나도 그를 사랑하여 그에게 나를 나타내리라

Whoever has my commands and obeys them, he is the one who loves me. He who loves me will be loved by my Father, and I too will love him and show myself to him."

22 가룟인 아닌 유다가 이르되 주여 어찌하여 자기를 우리에게는 나타내시고 세상에는 아니하려 하시나이까

Then Judas (not Judas Iscariot) said, "But, Lord, why do you intend to show yourself to us and not to the world?"

23 예수께서 대답하여 이르시되 사람이 나를 사랑하면 내 말을 지키리니 내 아버지께서 그를 사랑하실 것이요 우리가 그에게 가서 거처를 그와 함께 하리라

Jesus replied, "If anyone loves me, he will obey my teaching. My Father will love him, and we will come to him and make our home with him.

24 나를 사랑하지 아니하는 자는 내 말을 지키지 아니하나니 너희가 듣는 말은 내 말이 아니요 나를 보내신 아버지의 말씀이니라

He who does not love me will not obey my teaching. These words you hear are not my own; they belong to the Father who sent me.

25 내가 아직 너희와 함께 있어서 이 말을 너희에게 하였거니와

"All this I have spoken while still with you.

26 보혜사 곧 아버지께서 내 이름으로 보내실 성령 그가 너희에게 모든 것을 가
르치고 내가 너희에게 말한 모든 것을 생각나게 하리라

But the Counselor, the Holy Spirit, whom the Father will send in my name, will teach you all things and will remind you of everything I have said to you.

27 평안을 너희에게 끼치노니 곧 나의 평안을 너희에게 주노라 내가 너희에게 주
는 것은 세상이 주는 것과 같지 아니하니라 너희는 마음에 근심하지도 말고
두려워하지도 말라

Peace I leave with you; my peace I give you. I do not give to you as the world gives. Do not let your hearts be troubled and do not be afraid.

28 내가 갔다가 너희에게로 온다 하는 말을 너희가 들었나니 나를 사랑하였더라
면 내가 아버지께로 감을 기뻐하였으리라 아버지는 나보다 크심이라

"You heard me say, 'I am going away and I am coming back to you.' If you loved me, you would be glad that I am going to the Father, for the Father is greater than I.

29 이제 일이 일어나기 전에 너희에게 말한 것은 일이 일어날 때에 너희로 믿게
하려 함이라

I have told you now before it happens, so that when it does happen you will believe.

30 이 후에는 내가 너희와 말을 많이 하지 아니하리니 이 세상의 임금이 오겠음
이라 그러나 그는 내게 관계할 것이 없으니

I will not speak with you much longer, for the prince of this world is coming. He has no hold on me,

31 오직 내가 아버지를 사랑하는 것과 아버지께서 명하신 대로 행하는 것을 세상
이 알게 하려 함이로라 일어나라 여기를 떠나자 하시니라

but the world must learn that I love the Father and that I do exactly what my Father has commanded me. "Come now; let us leave.

인도하심을 위한 기도 (요한복음 14:16) 주 예수 그리스도여, 당신은 길이요 진리요 생명이십니다. 길이신 당신으로부터 절대 벗어나지 않도록, 진리이신 당신을 불신하지 않도록, 생명이신 당신 이외에 다른 누구에게서 안식을 찾지 않도록 인도해 주옵소서. 성령을 보내사 무엇을 믿고, 무엇을 하며, 또 어떻게 안식을 취해야 할지를 가르쳐 주소서.

데시데리우스 에라스무스(Desiderius Erasmus: 1466-1536)

[요한복음 15:1-15]

01 나는 참포도나무요 내 아버지는 농부라

"I am the true vine, and my Father is the gardener.

02 무릇 내게 붙어 있어 열매를 맺지 아니하는 가지는 아버지께서 그것을 제거해 버리시고 무릇 열매를 맺는 가지는 더 열매를 맺게 하려 하여 그것을 깨끗하게 하시느니라

He cuts off every branch in me that bears no fruit, while every branch that does bear fruit he prunes so that it will be even more fruitful.

03 너희는 내가 일러준 말로 이미 깨끗하여졌으니

You are already clean because of the word I have spoken to you.

04 내 안에 거하라 나도 너희 안에 거하리라 가지가 포도나무에 붙어 있지 아니하면 스스로 열매를 맺을 수 없음 같이 너희도 내 안에 있지 아니하면 그러하리라

Remain in me, and I will remain in you. No branch can bear fruit by itself; it must remain in the vine. Neither can you bear fruit unless you remain in me.

05 나는 포도나무요 너희는 가지라 그가 내 안에, 내가 그 안에 거하면 사람이 열매를 많이 맺나니 나를 떠나서는 너희가 아무 것도 할 수 없음이라

"I am the vine; you are the branches. If a man remains in me and I in him, he will bear much fruit; apart from me you can do nothing.

06 사람이 내 안에 거하지 아니하면 가지처럼 밖에 버려져 마르나니 사람들이 그것을 모아다가 불에 던져 사르느니라

If anyone does not remain in me, he is like a branch that is thrown away and withers; such branches are picked up, thrown into the fire and burned.

07 너희가 내 안에 거하고 내 말이 너희 안에 거하면 무엇이든지 원하는 대로 구하라 그리하면 이루리라

If you remain in me and my words remain in you, ask whatever you wish, and it will be given you.

08 너희가 열매를 많이 맺으면 내 아버지께서 영광을 받으실 것이요 너희는 내 제자가 되리라

This is to my Father's glory, that you bear much fruit, showing yourselves to be my disciples.

09 아버지께서 나를 사랑하신 것 같이 나도 너희를 사랑하였으니 나의 사랑 안에 거하라

"As the Father has loved me, so have I loved you. Now remain in my love.

10 내가 아버지의 계명을 지켜 그의 사랑 안에 거하는 것 같이 너희도 내 계명을 지키면 내 사랑 안에 거하리라

If you obey my commands, you will remain in my love, just as I have obeyed my Father's commands and remain in his love.

11 내가 이것을 너희에게 이름은 내 기쁨이 너희 안에 있어 너희 기쁨을 충만하게 하려 함이라

I have told you this so that my joy may be in you and that your joy may be complete.

12 내 계명은 곧 내가 너희를 사랑한 것 같이 너희도 서로 사랑하라 하는 이것이니라

My command is this: Love each other as I have loved you.

13 사람이 친구를 위하여 자기 목숨을 버리면 이보다 더 큰 사랑이 없나니

Greater love has no one than this, that he lay down his life for his friends.

14 너희는 내가 명하는 대로 행하면 곧 나의 친구라

You are my friends if you do what I command.

15 이제부터는 너희를 종이라 하지 아니하리니 종은 주인이 하는 것을 알지 못함이라 너희를 친구라 하였노니 내가 내 아버지께 들은 것을 다 너희에게 알게 하였음이라

I no longer call you servants, because a servant does not know his master's business. Instead, I have called you friends, for everything that I learned from my Father I have made known to you.

포도나무이신 예수님 (15:1-5) 포도나무와 농부 비유를 통해 예수님은 자신과 하나님 아버지에 관한 중요한 진실을 표현하신다. 예수님은 포도나무이시며 우리의 삶과 성장, 열매의 근원이 되신다. 하나님 아버지는 농부이시다. 열매를 맺지 못하는 가지를 잘라내시고 열매 맺는 가지들은 더 많은 열매를 맺게 하기 위해 손질하신다. 우리의 역할은 예수님 안에 거하는 것이며, 예수님께서 하나님 아버지께 하듯 그에게 순종하는 것이다. 그렇게 함으로써 우리는 하나님 나라의 목적과 생명 가운데 하나될 수 있다. 우리를 길러주시고 포도나무인 예수님께 붙어있을 수 있도록 지켜주시는 하나님께 감사하자.

"생명의 하나님, 포도나무되신 예수님을 통해 우리에게 생명을 주시고 농부 되심으로 우리를 보호해 주심을 찬양합니다. 당신을 향한 많은 열매를 우리가 맺을 수 있도록 그리하여 당신께 영광과 존귀를 드릴 수 있도록 인도하여 주옵소서. 아멘."

(15:1-8) 예수님, 다른 여러 "포도나무"들이 내 충성을 요구합니다. 그러나 그들은 줄 수 없는 것을 약속합니다. 내 직업은 "내 안에 거하라"고 말하며 "그럼 너는 진정한 성공을 얻게 될 것"이라고 합니다. 내 가족은 "우리를 가장 우선순위에 두어라"고 말하며 "그럼 너는 무엇과도 비길 수 없는 사랑을 찾게 될 것"이라고 합니다. 내 종교적 전통은 "나를 계속 지켜라"고 말하며 "그러면 네가 가장 깊은 영적 경험을 누릴 수 있을 것"이라고 합니다. 이 세상은 "명예나 부, 쾌락에 집중하라"고 말하며 "그럼 너는 너 자신을 찾을

수 있을 것"이라고 합니다. 사랑의 주님, 그러나 이 모든 "포도나무"들은 우리를 위해 선한 목적으로 만들어진 것들조차도 당신과 견줄 수 없습니다. 당신 한 분만이 진정한 포도나무입니다. 당신 안에서만 내가 이 땅에서 마땅히 거할 곳을 찾을 수 있습니다. 당신의 힘을 통해서만 나의 짧은 생이 영원을 의지할 수 있게 됩니다. 그래서 나는 당신의 은혜로 말미암아 당신 안에 거하기를, 당신 안에 영원히 거하기를 선택합니다.

우리가 모두 포도나무이신 예수께 붙어있는 진정한, 열매 맺는 가지가 되자. 예수님을 우리 삶에 받아들이고, 그분이 오시기를 즐거이 기다리자: 우리 가정과 이웃들과 함께 그분의 진리를 전하고, 영원한 생명을 살며, 그분의 빛을 비추고, 그분의 사랑을 실천하고, 그분의 길을 걷고, 그분의 기쁨을 전하고, 그분의 평화를 전하고, 그분의 희생을 나누며 살자.

캘커타의 테레사 수녀(Mother Teresa of Calcutta, 1910-1997)

"하늘의 포도나무, 당신의 사랑은 이 희생의 잔의 축복을 주셨네. 당신의 상처로 우리가 고침 받았네; 우리가 당신의 십자가를 보고 생명 얻었네. 당신은 우리의 생명! 오 우리가 당신께 뿌리 내리고, 붙어서, 자라나게 하소서."

"하늘의 떡이신 당신이 우리를 먹이시네
(Bread of Heaven, On Thee We Feed)"
조시야 콘커(Joisah Concer, 1824)

[요한복음 15:1-16:3]

01 너희가 나를 택한 것이 아니요 내가 너희를 택하여 세웠나니 이는 너희로 가서 열매를 맺게 하고 또 너희 열매가 항상 있게 하여 내 이름으로 아버지께 무엇을 구하든지 다 받게 하려 함이라

You did not choose me, but I chose you and appointed you to go and bear fruit--fruit that will last. Then the Father will give you whatever you ask in my name.

02 내가 이것을 너희에게 명함은 너희로 서로 사랑하게 하려 함이라

This is my command: Love each other.

03 세상이 너희를 미워하면 너희보다 먼저 나를 미워한 줄을 알라

"If the world hates you, keep in mind that it hated me first.

04 너희가 세상에 속하였으면 세상이 자기의 것을 사랑할 것이나 너희는 세상에 속한 자가 아니요 도리어 내가 너희를 세상에서 택하였기 때문에 세상이 너희를 미워하느니라

If you belonged to the world, it would love you as its own. As it is, you do not belong to the world, but I have chosen you out of the world. That is why the world hates you.

05 내가 너희에게 종이 주인보다 더 크지 못하다 한 말을 기억하라 사람들이 나를 박해하였은즉 너희도 박해할 것이요 내 말을 지켰은즉 너희 말도 지킬 것이라

Remember the words I spoke to you: 'No servant is greater than his master.' If they persecuted me, they will persecute you also. If they obeyed my teaching, they will obey yours also.

06 그러나 사람들이 내 이름으로 말미암아 이 모든 일을 너희에게 하리니 이는 나를 보내신 이를 알지 못함이라

They will treat you this way because of my name, for they do not know the One who sent me.

07 내가 와서 그들에게 말하지 아니하였더라면 죄가 없었으려니와 지금은 그 죄를 핑계할 수 없느니라

If I had not come and spoken to them, they would not be guilty of sin. Now, however, they have no excuse for their sin.

08 나를 미워하는 자는 또 내 아버지를 미워하느니라

He who hates me hates my Father as well.

09 내가 아무도 못한 일을 그들 중에서 하지 아니하였더라면 그들에게 죄가 없었으려니와 지금은 그들이 나와 내 아버지를 보았고 또 미워하였도다

If I had not done among them what no one else did, they would not be guilty of sin. But now they have seen these miracles, and yet they have hated both me and my Father.

10 그러나 이는 그들의 율법에 기록된 바 그들이 이유 없이 나를 미워하였다 한 말을 응하게 하려 함이라

But this is to fulfill what is written in their Law: 'They hated me without reason.'

11 내가 아버지께로부터 너희에게 보낼 보혜사 곧 아버지께로부터 나오시는 진리의 성령이 오실 때에 그가 나를 증언하실 것이요

"When the Counselor comes, whom I will send to you from the Father, the Spirit of truth who goes out from the Father, he will testify about me.

12 너희도 처음부터 나와 함께 있었으므로 증언하느니라

And you also must testify, for you have been with me from the beginning.

[요한복음 16장]

01 내가 이것을 너희에게 이름은 너희로 실족하지 않게 하려 함이니

"All this I have told you so that you will not go astray.

02 사람들이 너희를 출교할 뿐 아니라 때가 이르면 무릇 너희를 죽이는 자가 생각하기를 이것이 하나님을 섬기는 일이라 하리라

They will put you out of the synagogue; in fact, a time is coming when anyone who kills you will think he is offering a service to God.

03 그들이 이런 일을 할 것은 아버지와 나를 알지 못함이라

They will do such things because they have not known the Father or me.

(15:13-15) 오 예수여, 내게 당신과 같은 친구는 없습니다. 시험을 당할 때 당신은 늘 거기 계십니다. 당신은 내 마음 속 말하지 않은 갈망을 들으십니다. 당신은 아버지의 진리에 대해 하나도 숨기지 않으십니다. 당신은 내가 알아야 할 모든 것을 내게 보여주십니다. 당신은 항상 나를 최고의 사랑으로 사랑해 주십니다. 당신은 나를 위해 당신의 생명을 주셨고, 은혜로 나를 친구라 불러 주셨습니다. 사랑하는 친구여, 나를 도우셔서 당신이 나를 사랑하신 것과 같이 내가 사랑할 수 있게 하시고, 당신이 명하신 모든 것들을 할 수 있을 만큼 당신을 신뢰하게 하소서.

당신은 내 짐을 가져가시고 내 빚을 갚아 영원을 주셨네. 나를 향한 당신의 사랑은 내 삶의 가장 큰 신비가 되었네. 이보다 더 큰 사랑은 없네. 그분은 친구를 위해 자신의 생명을 내놓으셨네. 이보다 더 큰 사랑은 없네. 그분은 친구를 위해 자신의 생명을 내놓으셨네.

"더 큰 사랑(Greater Love)"

존 바버(John Barbour) 및 앤 바버(Anne Barbour, c. 1993)

우리는 생명의 주인이시요 생명 주시는 분을, 성부 하나님과 성자 하나님에서 비롯된 분을, 성부 하나님과 성자 하나님과 함께 예배 받으시고 영광 받으시는, 선지자들을 통해 말씀하시는 성령 하나님을 믿습니다.

니케아 신경(The Nicene Creed, 325)

17

[요한복음 16:4-19]

04 오직 너희에게 이 말을 한 것은 너희로 그 때를 당하면 내가 너희에게 말한 이 것을 기억나게 하려 함이요 처음부터 이 말을 하지 아니한 것은 내가 너희와 함께 있었음이라

I have told you this, so that when the time comes you will remember that I warned you. I did not tell you this at first because I was with you.

05 지금 내가 나를 보내신 이에게로 가는데 너희 중에서 나더러 어디로 가는지 묻는 자가 없고

"Now I am going to him who sent me, yet none of you asks me, 'Where are you going?'

06 도리어 내가 이 말을 하므로 너희 마음에 근심이 가득하였도다

Because I have said these things, you are filled with grief.

07 그러나 내가 너희에게 실상을 말하노니 내가 떠나가는 것이 너희에게 유익이라 내가 떠나가지 아니하면 보혜사가 너희에게로 오시지 아니할 것이요 가면 내가 그를 너희에게로 보내리니

But I tell you the truth: It is for your good that I am going away. Unless I go away, the Counselor will not come to you; but if I go, I will send him to you.

08 그가 와서 죄에 대하여, 의에 대하여, 심판에 대하여 세상을 책망하시리라

When he comes, he will convict the world of guilt in regard to sin and righteousness and judgment:

09 죄에 대하여라 함은 그들이 나를 믿지 아니함이요

in regard to sin, because men do not believe in me;

10 의에 대하여라 함은 내가 아버지께로 가니 너희가 다시 나를 보지 못함이요

in regard to righteousness, because I am going to the Father, where you can see me no longer;

11 심판에 대하여라 함은 이 세상 임금이 심판을 받았음이라

and in regard to judgment, because the prince of this world now stands condemned.

12 내가 아직도 너희에게 이를 것이 많으나 지금은 너희가 감당하지 못하리라

"I have much more to say to you, more than you can now bear.

13 그러나 진리의 성령이 오시면 그가 너희를 모든 진리 가운데로 인도하시리니 그가 스스로 말하지 않고 오직 들은 것을 말하며 장래 일을 너희에게 알리시리라

But when he, the Spirit of truth, comes, he will guide you into all truth. He will not speak on his own; he will speak only what he hears, and he will tell you what is yet to come.

14 그가 내 영광을 나타내리니 내 것을 가지고 너희에게 알리시겠음이라

He will bring glory to me by taking from what is mine and making it known to you.

15 무릇 아버지께 있는 것은 다 내 것이라 그러므로 내가 말하기를 그가 내 것을 가지고 너희에게 알리시리라 하였노라

All that belongs to the Father is mine. That is why I said the Spirit will take from what is mine and make it known to you.

16 조금 있으면 너희가 나를 보지 못하겠고 또 조금 있으면 나를 보리라 하시니

"In a little while you will see me no more, and then after a little while you will see me."

17 제자 중에서 서로 말하되 우리에게 말씀하신 바 조금 있으면 나를 보지 못하겠고 또 조금 있으면 나를 보리라 하시며 또 내가 아버지께로 감이라 하신 것이 무슨 말씀이냐 하고

Some of his disciples said to one another, "What does he mean by saying, 'In a little while you will see me no more, and then after a little while you will see me,' and 'Because I am going to the Father'?"

18 또 말하되 조금 있으면이라 하신 말씀이 무슨 말씀이냐 무엇을 말씀하시는지 알지 못하노라 하거늘

They kept asking, "What does he mean by 'a little while'? We don't understand what he is saying."

19 예수께서 그 묻고자 함을 아시고 이르시되 내 말이 조금 있으면 나를 보지 못하겠고 또 조금 있으면 나를 보리라 하므로 서로 문의하느냐

Jesus saw that they wanted to ask him about this, so he said to them, "Are you asking one another what I meant when I said, 'In a little while you will see me no more, and then after a little while you will see me'?

보호자 되시는 성령님 (16:7) 현대 사회는 조언으로 가득하다. 우리를 혼란스럽게 할만한 거의 모든 주제의 자기계발서와 프로그램들이 준비돼 있다. 하지만 이토록 많은 제안들 가운데 진정 지혜로운 조언을 구하기란 쉬운 일이 아니다. 예수님께서는 우리가 살아가야 할 바른 길을 인도해 주실 진정한 보호자인 성령님을 보내셨음을 확인해 주신다. 예수님의 길을 이해하기 위해 우리의 제한된 능력에 의지하기보다 우리를 깨닫게 해주실 성령님을 보내주신 하나님을 찬양하자.

성령님, 우리의 보호자 되심에 감사드립니다. 당신의 인도하심을 거부하고 저의 판단에 의지했던 시간들을 용서하여 주옵소서. 당신의 목소리에 귀 기울이고, 그것에 순종하며, 하나님 아버지의 뜻에 따라 언제나 당신의 인도하심 가운데 살아갈 수 있도록 붙잡아 주옵소서. 아멘.

(16:13-15) 오 성령 하나님, 당신은 성부 하나님, 성자 하나님과 함께 예배 받으시기 합당하신 분이십니다. 진리의 영이여, 당신은 성경을 통해 말씀하시고 우리가 진리를 이해할 수 있도록 도와 주십니다. 진정 당신은 우리가 알아야 할 모든 것을 가르쳐 주십니다. 당신이 하는 모든 일을 통해 성자 하나님께서 영광 받으시며 당신은 성자 하나님의 증인이 되십니다. 성부 하나님께서 당신을 예수의 이름으로 보내시고 우리 안에 거하도록 하셨습니다. 당신은 우리에게 하나님의 생명을 불어넣어 주십니다. 오 진리의 영이여, 나를 가르치소서! 나를 도우셔서 성자 하나님을 알고 그분께 영광 돌리게 하소서! 내게 하나님의 호흡을 불어넣어 주소서!(요한복음 14:16-17,

26)

전능왕 오셔서 주 이름 찬송케 하옵소서. 영광과 권능의 성부여 오셔서 우리를 다스려 주옵소서.

강생한 성자여 오셔서 기도를 들으소서. 택하신 백성들 복 내려 주시고 거룩한 마음을 주옵소서.

위로의 주 성령 오셔서 큰 증거 주옵소서. 전능한 주시여 각 사람 맘에서 떠나지 마시고 계십소서.

성삼위 일체께 한없는 찬송을 드립니다. 존귀한 주님을 영광 중 뵈옵고 영원히 모시게 하옵소서.

"전능왕 오셔서(Come, Thou Almighty King)"

이탈리아 찬송(c. 1757)

18

[요한복음 16:20-33]

20 내가 진실로 진실로 너희에게 이르노니 너희는 곡하고 애통하겠으나 세상은 기뻐하리라 너희는 근심하겠으나 너희 근심이 도리어 기쁨이 되리라

I tell you the truth, you will weep and mourn while the world rejoices. You will grieve, but your grief will turn to joy.

21 여자가 해산하게 되면 그 때가 이르렀으므로 근심하나 아기를 낳으면 세상에 사람 난 기쁨으로 말미암아 그 고통을 다시 기억하지 아니하느니라

A woman giving birth to a child has pain because her time has come; but when her baby is born she forgets the anguish because of her joy that a child is born into the world.

22 지금은 너희가 근심하나 내가 다시 너희를 보리니 너희 마음이 기쁠 것이요 너희 기쁨을 빼앗을 자가 없으리라

So with you: Now is your time of grief, but I will see you again and you will rejoice, and no one will take away your joy.

23 그 날에는 너희가 아무 것도 내게 묻지 아니하리라 내가 진실로 진실로 너희에게 이르노니 너희가 무엇이든지 아버지께 구하는 것을 내 이름으로 주시리라

In that day you will no longer ask me anything. I tell you the truth, my Father will give you whatever you ask in my name.

24 지금까지는 너희가 내 이름으로 아무 것도 구하지 아니하였으나 구하라 그리하면 받으리니 너희 기쁨이 충만하리라

Until now you have not asked for anything in my name. Ask and you will receive, and your joy will be complete.

25 이것을 비유로 너희에게 일렀거니와 때가 이르면 다시는 비유로 너희에게 이르지 않고 아버지에 대한 것을 밝히 이르리라

"Though I have been speaking figuratively, a time is coming when I will no longer use this kind of language but will tell you plainly about my Father.

26 그 날에 너희가 내 이름으로 구할 것이요 내가 너희를 위하여 아버지께 구하겠다 하는 말이 아니니

In that day you will ask in my name. I am not saying that I will ask the Father on your behalf.

27 이는 너희가 나를 사랑하고 또 내가 하나님께로부터 온 줄 믿었으므로 아버지께서 친히 너희를 사랑하심이라

No, the Father himself loves you because you have loved me and have believed that I came from God.

28 내가 아버지에게서 나와 세상에 왔고 다시 세상을 떠나 아버지께로 가노라 하시니

I came from the Father and entered the world; now I am leaving the world and going back to the Father."

29 제자들이 말하되 지금은 밝히 말씀하시고 아무 비유로도 하지 아니하시니

Then Jesus' disciples said, "Now you are speaking clearly and without figures of speech.

30 우리가 지금에야 주께서 모든 것을 아시고 또 사람의 물음을 기다리시지 않는 줄 아나이다 이로써 하나님께로부터 나오심을 우리가 믿사옵나이다

Now we can see that you know all things and that you do not even need to have anyone ask you questions. This makes us believe that you came from God."

31 예수께서 대답하시되 이제는 너희가 믿느냐

"You believe at last!" Jesus answered.

32 보라 너희가 다 각각 제 곳으로 흩어지고 나를 혼자 둘 때가 오나니 벌써 왔도다 그러나 내가 혼자 있는 것이 아니라 아버지께서 나와 함께 계시느니라

"But a time is coming, and has come, when you will be scattered, each to his own home. You will leave me all alone. Yet I am not alone, for my Father is with me.

33 이것을 너희에게 이르는 것은 너희로 내 안에서 평안을 누리게 하려 함이라 세상에서는 너희가 환난을 당하나 담대하라 내가 세상을 이기었노라

"I have told you these things, so that in me you may have peace. In this world you will have trouble. But take heart! I have overcome the world."

19

[요한복음 17:1-13]

01 예수께서 이 말씀을 하시고 눈을 들어 하늘을 우러러 이르시되 아버지여 때가 이르렀사오니 아들을 영화롭게 하사 아들로 아버지를 영화롭게 하게 하옵소서

After Jesus said this, he looked toward heaven and prayed: "Father, the time has come. Glorify your Son, that your Son may glorify you.

02 아버지께서 아들에게 주신 모든 사람에게 영생을 주게 하시려고 만민을 다스리는 권세를 아들에게 주셨음이로소이다

For you granted him authority over all people that he might give eternal life to all those you have given him.

03 영생은 곧 유일하신 참 하나님과 그가 보내신 자 예수 그리스도를 아는 것이니이다

Now this is eternal life: that they may know you, the only true God, and Jesus Christ, whom you have sent.

04 아버지께서 내게 하라고 주신 일을 내가 이루어 아버지를 이 세상에서 영화롭게 하였사오니

I have brought you glory on earth by completing the work you gave me to do.

05 아버지여 창세 전에 내가 아버지와 함께 가졌던 영화로써 지금도 아버지와 함께 나를 영화롭게 하옵소서

And now, Father, glorify me in your presence with the glory I had with you before the world began.

06 세상 중에서 내게 주신 사람들에게 내가 아버지의 이름을 나타내었나이다 그들은 아버지의 것이었는데 내게 주셨으며 그들은 아버지의 말씀을 지키었나이다

"I have revealed you to those whom you gave me out of the world. They were yours; you gave them to me and they have obeyed your word.

07 지금 그들은 아버지께서 내게 주신 것이 다 아버지로부터 온 것인 줄 알았나이다

Now they know that everything you have given me comes from you.

08 나는 아버지께서 내게 주신 말씀들을 그들에게 주었사오며 그들은 이것을 받고 내가 아버지께로부터 나온 줄을 참으로 아오며 아버지께서 나를 보내신 줄도 믿었사옵나이다

For I gave them the words you gave me and they accepted them. They knew with certainty that I came from you, and they believed that you sent me.

09 내가 그들을 위하여 비옵나니 내가 비옵는 것은 세상을 위함이 아니요 내게 주신 자들을 위함이니이다 그들은 아버지의 것이로소이다

I pray for them. I am not praying for the world, but for those you have given me, for they are yours.

10 내 것은 다 아버지의 것이요 아버지의 것은 내 것이온데 내가 그들로 말미암아 영광을 받았나이다

All I have is yours, and all you have is mine. And glory has come to me through them.

11 나는 세상에 더 있지 아니하오나 그들은 세상에 있사옵고 나는 아버지께로 가옵나니 거룩하신 아버지여 내게 주신 아버지의 이름으로 그들을 보전하사 우리와 같이 그들도 하나가 되게 하옵소서

I will remain in the world no longer, but they are still in the world, and I am coming to you. Holy Father, protect them by the power of your name--the name you gave me--so that they may be one as we are one.

12 내가 그들과 함께 있을 때에 내게 주신 아버지의 이름으로 그들을 보전하고 지키었나이다 그 중의 하나도 멸망하지 않고 다만 멸망의 자식뿐이오니 이는 성경을 응하게 함이니이다

While I was with them, I protected them and kept them safe by that name you gave me. None has been lost except the one doomed to destruction so that Scripture would be fulfilled.

13 지금 내가 아버지께로 가오니 내가 세상에서 이 말을 하옵는 것은 그들로 내 기쁨을 그들 안에 충만히 가지게 하려 함이니이다

"I am coming to you now, but I say these things while I am still in the world, so that they may have the full measure of my joy within them.

20

[요한복음 17:14-26]

14 내가 아버지의 말씀을 그들에게 주었사오매 세상이 그들을 미워하였사오니 이
는 내가 세상에 속하지 아니함 같이 그들도 세상에 속하지 아니함으로 인함이
니이다

I have given them your word and the world has hated them, for they are not of the world any more than I am of the world.

15 내가 비옵는 것은 그들을 세상에서 데려가시기를 위함이 아니요 다만 악에 빠
지지 않게 보전하시기를 위함이니이다

My prayer is not that you take them out of the world but that you protect them from the evil one.

16 내가 세상에 속하지 아니함 같이 그들도 세상에 속하지 아니하였사옵나이다

They are not of the world, even as I am not of it.

17 그들을 진리로 거룩하게 하옵소서 아버지의 말씀은 진리니이다

Sanctify them by the truth; your word is truth.

18 아버지께서 나를 세상에 보내신 것 같이 나도 그들을 세상에 보내었고

As you sent me into the world, I have sent them into the world.

19 또 그들을 위하여 내가 나를 거룩하게 하오니 이는 그들도 진리로 거룩함을 얻
게 하려 함이니이다

For them I sanctify myself, that they too may be truly sanctified.

20 내가 비옵는 것은 이 사람들만 위함이 아니요 또 그들의 말로 말미암아 나를 믿
는 사람들도 위함이니

"My prayer is not for them alone. I pray also for those who will believe in me through their message,

21 아버지여, 아버지께서 내 안에, 내가 아버지 안에 있는 것 같이 그들도 다 하나
가 되어 우리 안에 있게 하사 세상으로 아버지께서 나를 보내신 것을 믿게 하
옵소서

that all of them may be one, Father, just as you are in me and I am in you. May they also be in us so that the world may believe that you have sent me.

22 내게 주신 영광을 내가 그들에게 주었사오니 이는 우리가 하나가 된 것 같이 그
들도 하나가 되게 하려 함이니이다

I have given them the glory that you gave me, that they may be one as we are one:

23 곧 내가 그들 안에 있고 아버지께서 내 안에 계시어 그들로 온전함을 이루어 하
나가 되게 하려 함은 아버지께서 나를 보내신 것과 또 나를 사랑하심 같이 그
들도 사랑하신 것을 세상으로 알게 하려 함이로소이다

I in them and you in me. May they be brought to complete unity to let the world know that you sent me and have loved them even as you have loved me.

24 아버지여 내게 주신 자도 나 있는 곳에 나와 함께 있어 아버지께서 창세 전부터
나를 사랑하시므로 내게 주신 나의 영광을 그들로 보게 하시기를 원하옵나이
다

"Father, I want those you have given me to be with me where I am, and to see my glory, the glory you have given me because you loved me before the creation of the world.

25 의로우신 아버지여 세상이 아버지를 알지 못하여도 나는 아버지를 알았사옵고
그들도 아버지께서 나를 보내신 줄 알았사옵나이다

"Righteous Father, though the world does not know you, I know you, and they know that you have sent me.

26 내가 아버지의 이름을 그들에게 알게 하였고 또 알게 하리니 이는 나를 사랑하
신 사랑이 그들 안에 있고 나도 그들 안에 있게 하려 함이니이다

I have made you known to them, and will continue to make you known in order that the love you have for me may be in them and that I myself may be in them."

(17:20-23) 오 주 예수여, 내가 당신의 기도에 응답이 되게 하소서! 마치 당신이 성부 하나님과 하나이신 것처럼 내가 그리스도 안에 형제 자매들과 함께 있는 자가 되게 하소서. 이 얼마나 놀라운 일인지요! 이 얼마나 귀한 부르심인지요! 그러나 주여, 내가 얼마나 자주 당신의 백성들이 연합하는 것을 하찮게 여기는 지 당신은 아십니다. 나는 형제 자매들과 연합하는 것보다는 그들 사이에서 돋보이는 것을 더 좋아함을 고백합니다. 슬프게도 나는 예배를 이러한 분열의 지점으로 여기기도 합니다. 다른 이들과 다른 나만의 "방식"을 선호하기 때문입니다. 주여, 나를 용서하소서. 나의 비좁은 마음을, 당신의 교회에 남겨 주신 연합 가운데 살지 못하는 나를 용서하소서. 당신의 백성의 연합에 내가 열정을 가질 수 있도록 나를 새롭게 하소서. 마치 당신이 성부 하나님과 하나이신 것처럼 우리 모두가 당신 안에 하나되게 하소서.

그리스도께서 보이신 최고의 증거는 그분이 여전히 살아 계신다는 점이다. 그리고 이 시대를 사는 수많은 사람들에게 그분이 살아 계심을 보는 길은 서로 사랑하는 우리 그리스도인들을 통해서이다.

루이 에블리(Louis Evely, 1910-)

"오, 우리가 화목과 평화의 세대가 되게 하소서. 우리가 교만과 편견이 멈추는 거룩한 나라 되게 하소서. 우리가 잃어버린 자, 가장 낮은 자들에게 사랑으로 진리를 말하게 하소서, 우리가 하나이신 주를 섬기게 하셔서 다른 이들이 믿게 하소서. 우리가 화목과 평화의 세대가 되게 하소서. 우리는 한 아버지를 가지지 않았습니까? 우리는 한 신앙을 가지지 않았습니까? 우리는 하나의 거룩한 백성이 되라는 한 가지 부르심을 받지 않았습니까?"

"화목의 노래(The Reconciliation Song)"

모리스 채프먼(Morris Chapman), 버디 오웬즈(Buddy Owens),

클레어 클로닝거(Claire Cloninger) (c. 1995)

"나는 희생을 치른 일이 없다. 우리가 그분이 높은 곳에 계신 아버지의 보좌를 떠나 우리에게 그분 자신을 주시기 위해 치르신 위대한 희생을 기억한다면 우리는 희생에 대해 논할 수 없다."

데이비드 리빙스턴(1813-1873)

21

[요한복음 18:1-14]

01 예수께서 이 말씀을 하시고 제자들과 함께 기드론 시내 건너편으로 나가시니 그 곳에 동산이 있는데 제자들과 함께 들어가시니라

When he had finished praying, Jesus left with his disciples and crossed the Kidron Valley. On the other side there was an olive grove, and he and his disciples went into it.

02 그 곳은 가끔 예수께서 제자들과 모이시는 곳이므로 예수를 파는 유다도 그 곳을 알더라

Now Judas, who betrayed him, knew the place, because Jesus had often met there with his disciples.

03 유다가 군대와 대제사장들과 바리새인들에게서 얻은 아랫사람들을 데리고 등과 횃불과 무기를 가지고 그리로 오는지라

So Judas came to the grove, guiding a detachment of soldiers and some officials from the chief priests and Pharisees. They were carrying torches, lanterns and weapons.

04 예수께서 그 당할 일을 다 아시고 나아가 이르시되 너희가 누구를 찾느냐

Jesus, knowing all that was going to happen to him, went out and asked them, "Who is it you want?"

05 대답하되 나사렛 예수라 하거늘 이르시되 내가 그니라 하시니라 그를 파는 유다도 그들과 함께 섰더라

"Jesus of Nazareth," they replied. "I am he," Jesus said. (And Judas the traitor was standing there with them.)

06 예수께서 그들에게 내가 그니라 하실 때에 그들이 물러가서 땅에 엎드러지는지라

When Jesus said, "I am he," they drew back and fell to the ground.

07 이에 다시 누구를 찾느냐고 물으신대 그들이 말하되 나사렛 예수라 하거늘

Again he asked them, "Who is it you want?" And they said, "Jesus of Nazareth."

08 예수께서 대답하시되 너희에게 내가 그니라 하였으니 나를 찾거든 이 사람들이 가는 것은 용납하라 하시니

"I told you that I am he," Jesus answered. "If you are looking for me, then let these men go."

09 이는 아버지께서 내게 주신 자 중에서 하나도 잃지 아니하였사옵나이다 하신 말씀을 응하게 하려 함이러라

This happened so that the words he had spoken would be fulfilled: "I have not lost one of those you gave me."

10 이에 시몬 베드로가 칼을 가졌는데 그것을 빼어 대제사장의 종을 쳐서 오른편
귀를 베어버리니 그 종의 이름은 말고라

Then Simon Peter, who had a sword, drew it and struck the high priest's servant, cutting off his right ear. (The servant's name was Malchus.)

11 예수께서 베드로더러 이르시되 칼을 칼집에 꽂으라 아버지께서 주신 잔을 내
가 마시지 아니하겠느냐 하시니라

Jesus commanded Peter, "Put your sword away! Shall I not drink the cup the Father has given me?"

12 이에 군대와 천부장과 유대인의 아랫사람들이 예수를 잡아 결박하여

Then the detachment of soldiers with its commander and the Jewish officials arrested Jesus. They bound him

13 먼저 안나스에게로 끌고 가니 안나스는 그 해의 대제사장인 가야바의 장인이
라

and brought him first to Annas, who was the father-in-law of Caiaphas, the high priest that year.

14 가야바는 유대인들에게 한 사람이 백성을 위하여 죽는 것이 유익하다고 권고
하던 자러라

Caiaphas was the one who had advised the Jews that it would be good if one man died for the people.

진리의 왕 되신 예수님 (18:36-37) 예수님께서 이끈 혁명은 정치적인 것과는 관련이 없었다. 정부를 타도하는 것은 그의 목적이 아니었다. 이 세상에 오신 이유는 정부를 힘으로 전복하는 것이 아니라 진리를 드러내 보이는 데 있었다. 세상의 지도자들은 영적 혁명을 사실상 간과했다. 하지만 예수님은 어둠의 세력을 물리치고 영원히 지속될 전능한 왕국을 건설하셨다. 그는 수많은 사람들을 죄의 권세로부터 해방시키셨으며, 해방된 자들은 하나님의 전능하심을 증거하고 다른 이들이 천국으로 들어갈 수 있도록 돕는다. 하나님의 백성으로서, 진리와 의로 무장하시며 우리의 진정한 왕 되신 하나님께 영광을 선포하자.

"왕의 왕이시며 주의 주이신 예수님, 진리의 왕국을 세우셨음을 찬양합니다. 어둠의 권세를 다스리심에 감사합니다. 사라지고 말 이 세상의 것들보다 영원한 진리를 더욱 사랑할 수 있도록 인도하여 주옵소서. 아멘."

(18:4) 주여, 그 어떤 것에도 당신은 놀라지 않으셨습니다. 한 친구의 배신도, 다른 이의 부인도, 모의 재판도, 유죄 선고도. 당신을 고발한 자들의 조롱도, 십자가의 상처도. 당신은 그 모든 것이 당신에게 일어날지 알고 계셨습니다. 그리고 당신은 여전히 이를 감당하기로 선택하셨습니다. 당신은 당신이 감당하지 않아도 될 일을 견디기로 선택하셨습니다. 당신은 비난과 죽임을 당해 내가 무죄 선고를 받고 생명을 얻도록 하셨습니다. 오 은혜의 주여, 나를 위해 일부러 희생을 받아들이신 당신께 감사드립니다. 당신의 구원을 위한 죽음을 통해 나를 기꺼이 받아 주심에 감사드립니다.

감당 못 할 내 주 은혜, 날 위해 흘린 주 보혈, 주님 못 박은 날 위하여 내 주님 돌아가셨다. 주 못 박은 날 위하여 내 주님 돌아가셨다. 놀라우신 주의 사랑, 내 주님 날 구원하셨다.

주 하나님 보좌 떠나 날 사랑하신 구세주, 주님 배반한 날 위하여 구원의 은혜 주셨다. 주 배반한 날 위하여 구원의 은혜 주셨다. 영원하신 주의 사랑, 내 주님 날 구원하셨다.

오랫동안 죄에 빠져 어둠 속에 헤맨 내 영혼, 주님의 사랑 생명의 빛 내 영혼 구원하셨다. 죄의 사슬 다 끊고서 나에게 자유 주셨다. 신비하신 주의 사랑, 내 주님 날 구원하셨다.

“감당 못 할 내 주 은혜(And Can It Be That I Should Gain?)”

찰스 웨슬리(Charles Wesley, 1738)

22

[요한복음 18:15-28]

15 시몬 베드로와 또 다른 제자 한 사람이 예수를 따르니 이 제자는 대제사장과 아는 사람이라 예수와 함께 대제사장의 집 뜰에 들어가고

Simon Peter and another disciple were following Jesus. Because this disciple was known to the high priest, he went with Jesus into the high priest's courtyard,

16 베드로는 문 밖에 서 있는지라 대제사장을 아는 그 다른 제자가 나가서 문 지키는 여자에게 말하여 베드로를 데리고 들어오니

but Peter had to wait outside at the door. The other disciple, who was known to the high priest, came back, spoke to the girl on duty there and brought Peter in.

17 문 지키는 여종이 베드로에게 말하되 너도 이 사람의 제자 중 하나가 아니냐 하니 그가 말하되 나는 아니라 하고

"You are not one of his disciples, are you?" the girl at the door asked Peter. He replied, "I am not."

18 그 때가 추운 고로 종과 아랫사람들이 불을 피우고 서서 쬐니 베드로도 함께 서서 쬐더라

It was cold, and the servants and officials stood around a fire they had made to keep warm. Peter also was standing with them, warming himself.

19 대제사장이 예수에게 그의 제자들과 그의 교훈에 대하여 물으니

Meanwhile, the high priest questioned Jesus about his disciples and his teaching.

20 예수께서 대답하시되 내가 드러내 놓고 세상에 말하였노라 모든 유대인들이 모이는 회당과 성전에서 항상 가르쳤고 은밀하게는 아무 것도 말하지 아니하였거늘

"I have spoken openly to the world," Jesus replied. "I always taught in synagogues or at the temple, where all the Jews come together. I said nothing in secret.

21 어찌하여 내게 묻느냐 내가 무슨 말을 하였는지 들은 자들에게 물어 보라 그들이 내가 하던 말을 아느니라

Why question me? Ask those who heard me. Surely they know what I said."

22 이 말씀을 하시매 곁에 섰던 아랫사람 하나가 손으로 예수를 쳐 이르되 네가 대제사장에게 이같이 대답하느냐 하니

When Jesus said this, one of the officials nearby struck him in the face. "Is this the way you answer the high priest?" he demanded.

23 예수께서 대답하시되 내가 말을 잘못하였으면 그 잘못한 것을 증언하라 바른
말을 하였으면 네가 어찌하여 나를 치느냐 하시더라

"If I said something wrong," Jesus replied, "testify as to what is wrong. But if I spoke the truth, why did you strike me?"

24 안나스가 예수를 결박한 그대로 대제사장 가야바에게 보내니라

Then Annas sent him, still bound, to Caiaphas the high priest.

25 시몬 베드로가 서서 불을 쬐더니 사람들이 묻되 너도 그 제자 중 하나가 아니
냐 베드로가 부인하여 이르되 나는 아니라 하니

As Simon Peter stood warming himself, he was asked, "You are not one of his disciples, are you?" He denied it, saying, "I am not."

26 대제사장의 종 하나는 베드로에게 귀를 잘린 사람의 친척이라 이르되 네가 그
사람과 함께 동산에 있는 것을 내가 보지 아니하였느냐

One of the high priest's servants, a relative of the man whose ear Peter had cut off, challenged him, "Didn't I see you with him in the olive grove?"

27 이에 베드로가 또 부인하니 곧 닭이 울더라

Again Peter denied it, and at that moment a rooster began to crow.

28 그들이 예수를 가야바에게서 관정으로 끌고 가니 새벽이라 그들은 더럽힘을
받지 아니하고 유월절 잔치를 먹고자 하여 관정에 들어가지 아니하더라

Then the Jews led Jesus from Caiaphas to the palace of the Roman governor. By now it was early morning, and to avoid ceremonial uncleanness the Jews did not enter the palace; they wanted to be able to eat the Passover.

(18:25-27) 주님, 나도 당신을 부인했습니다. 베드로처럼 나도 사람들의 비난을 두려워했습니다. 당신을 거부했던 사람들 가운데서 받아들여지길 원했습니다. 나는 자주 베드로처럼 아주 직설적이지는 않습니다. 나는 종종 나 스스로 쉽게 내가 한 일을 합리화할 수 있게 미묘하고 교묘하게 당신을 부인합니다. 그러나 사실 나는 당신을 부인한 것입니다. 주여, 나의 믿음 없음과 비겁함을 용서해주소서. 내게 담대함을 주시고, 어떤 위험에서도, 어떤 대가가 따르더라도 당신을 나의 주, 나의 구원자, 나의 하나님이라고 말할 수 있는 갈망도 주소서.

하나님께서 그분의 자비하심으로 한 영혼을 더 높은 차원의 성화로 이끌어 주실 때, 그분은 자기 확신을 깨뜨리심으로 이 작업을 시작하신다. 이를 위해 우리가 우리 스스로를 실패하게 하고 잘못된 방향으로 이끄는 우리의 계획과 판단을 허락하신다. 우리는 더듬거리며 가고, 비틀거리고, 수없이 많은 실수를 하다가 우리 스스로를 결코 신뢰하지 않는, 그리고 그분께 우리의 모든 확신을 가지는 단계에 이른다.

장 니콜라 그로우(Jean Nicolas Grou, 1731-1803)

[요한복음 18:29-40]

29 그러므로 빌라도가 밖으로 나가서 그들에게 말하되 너희가 무슨 일로 이 사람
을 고발하느냐

So Pilate came out to them and asked, "What charges are you bringing against this man?"

30 대답하여 이르되 이 사람이 행악자가 아니었더라면 우리가 당신에게 넘기지
아니하였겠나이다

"If he were not a criminal," they replied, "we would not have handed him over to you."

31 빌라도가 이르되 너희가 그를 데려다가 너희 법대로 재판하라 유대인들이 이
르되 우리에게는 사람을 죽이는 권한이 없나이다 하니

Pilate said, "Take him yourselves and judge him by your own law." "But we have no right to execute anyone," the Jews objected.

32 이는 예수께서 자기가 어떠한 죽음으로 죽을 것을 가리켜 하신 말씀을 응하게
하려 함이러라

This happened so that the words Jesus had spoken indicating the kind of death he was going to die would be fulfilled.

33 이에 빌라도가 다시 관정에 들어가 예수를 불러 이르되 네가 유대인의 왕이냐

Pilate then went back inside the palace, summoned Jesus and asked him, "Are you the king of the Jews?"

34 예수께서 대답하시되 이는 네가 스스로 하는 말이냐 다른 사람들이 나에 대하
여 네게 한 말이냐

"Is that your own idea," Jesus asked, "or did others talk to you about me?"

35 빌라도가 대답하되 내가 유대인이냐 네 나라 사람과 대제사장들이 너를 내게
넘겼으니 네가 무엇을 하였느냐

"Am I a Jew?" Pilate replied. "It was your people and your chief priests who handed you over to me. What is it you have done?"

36 예수께서 대답하시되 내 나라는 이 세상에 속한 것이 아니니라 만일 내 나라
가 이 세상에 속한 것이었더라면 내 종들이 싸워 나로 유대인들에게 넘겨지
지 않게 하였으리라 이제 내 나라는 여기에 속한 것이 아니니라

Jesus said, "My kingdom is not of this world. If it were, my servants would fight to prevent my arrest by the Jews. But now my kingdom is from another place."

37 빌라도가 이르되 그러면 네가 왕이 아니냐 예수께서 대답하시되 네 말과 같이 내가 왕이니라 내가 이를 위하여 태어났으며 이를 위하여 세상에 왔나니 곧 진리에 대하여 증언하려 함이로라 무릇 진리에 속한 자는 내 음성을 듣느니라 하신대

"You are a king, then!" said Pilate. Jesus answered, "You are right in saying I am a king. In fact, for this reason I was born, and for this I came into the world, to testify to the truth. Everyone on the side of truth listens to me."

38 빌라도가 이르되 진리가 무엇이냐 하더라 이 말을 하고 다시 유대인들에게 나가서 이르되 나는 그에게서 아무 죄도 찾지 못하였노라

"What is truth?" Pilate asked. With this he went out again to the Jews and said, "I find no basis for a charge against him.

39 유월절이면 내가 너희에게 한 사람을 놓아 주는 전례가 있으니 그러면 너희는 내가 유대인의 왕을 너희에게 놓아 주기를 원하느냐 하니

But it is your custom for me to release to you one prisoner at the time of the Passover. Do you want me to release 'the king of the Jews'?"

40 그들이 또 소리 질러 이르되 이 사람이 아니라 바라바라 하니 바라바는 강도였더라

They shouted back, "No, not him! Give us Barabbas!" Now Barabbas had taken part in a rebellion.

24

[요한복음 19:1-14]

01 이에 빌라도가 예수를 데려다가 채찍질하더라

Then Pilate took Jesus and had him flogged.

02 군인들이 가시나무로 관을 엮어 그의 머리에 씌우고 자색 옷을 입히고

The soldiers twisted together a crown of thorns and put it on his head. They clothed him in a purple robe

03 앞에 가서 이르되 유대인의 왕이여 평안할지어다 하며 손으로 때리더라

and went up to him again and again, saying, "Hail, king of the Jews!" And they struck him in the face.

04 빌라도가 다시 밖에 나가 말하되 보라 이 사람을 데리고 너희에게 나오나니 이는 내가 그에게서 아무 죄도 찾지 못한 것을 너희로 알게 하려 함이로라 하더라

Once more Pilate came out and said to the Jews, "Look, I am bringing him out to you to let you know that I find no basis for a charge against him."

05 이에 예수께서 가시관을 쓰고 자색 옷을 입고 나오시니 빌라도가 그들에게 말하되 보라 이 사람이로다 하매

When Jesus came out wearing the crown of thorns and the purple robe, Pilate said to them, "Here is the man!"

06 대제사장들과 아랫사람들이 예수를 보고 소리 질러 이르되 십자가에 못 박으소서 십자가에 못 박으소서 하는지라 빌라도가 이르되 너희가 친히 데려다가 십자가에 못 박으라 나는 그에게서 죄를 찾지 못하였노라

As soon as the chief priests and their officials saw him, they shouted, "Crucify! Crucify!" But Pilate answered, "You take him and crucify him. As for me, I find no basis for a charge against him."

07 유대인들이 대답하되 우리에게 법이 있으니 그 법대로 하면 그가 당연히 죽을 것은 그가 자기를 하나님의 아들이라 함이니이다

The Jews insisted, "We have a law, and according to that law he must die, because he claimed to be the Son of God."

08 빌라도가 이 말을 듣고 더욱 두려워하여

When Pilate heard this, he was even more afraid,

09 다시 관정에 들어가서 예수께 말하되 너는 어디로부터냐 하되 예수께서 대답하여 주지 아니하시는지라

and he went back inside the palace. "Where do you come from?" he asked Jesus, but Jesus gave him no answer.

10 빌라도가 이르되 내게 말하지 아니하느냐 내가 너를 놓을 권한도 있고 십자가
에 못 박을 권한도 있는 줄 알지 못하느냐

"Do you refuse to speak to me?" Pilate said. "Don't you realize I have power either to free you or to crucify you?"

11 예수께서 대답하시되 위에서 주지 아니하셨더라면 나를 해할 권한이 없었으
리니 그러므로 나를 네게 넘겨 준 자의 죄는 더 크다 하시니라

Jesus answered, "You would have no power over me if it were not given to you from above. Therefore the one who handed me over to you is guilty of a greater sin."

12 이러하므로 빌라도가 예수를 놓으려고 힘썼으나 유대인들이 소리 질러 이르
되 이 사람을 놓으면 가이사의 충신이 아니니이다 무릇 자기를 왕이라 하는
자는 가이사를 반역하는 것이니이다

From then on, Pilate tried to set Jesus free, but the Jews kept shouting, "If you let this man go, you are no friend of Caesar. Anyone who claims to be a king opposes Caesar."

13 빌라도가 이 말을 듣고 예수를 끌고 나가서 돌을 깐 뜰 (히브리 말로 가바
다) 에 있는 재판석에 앉아 있더라

When Pilate heard this, he brought Jesus out and sat down on the judge's seat at a place known as the Stone Pavement (which in Aramaic is Gabbatha).

14 이 날은 유월절의 준비일이요 때는 제육시라 빌라도가 유대인들에게 이르되
보라 너희 왕이로다

It was the day of Preparation of Passover Week, about the sixth hour. "Here is your king," Pilate said to the Jews.

예수님의 고통에 참예하는 기도 (요한복음 19:1-3) 전능하신 주 하나님, 삶을 통해 당신을 증거하는 사람들 가운데 하나로 삼아 주시니 감사합니다. 그리스도께서 마신 고통의 잔에 참예하고, 영원히 계시는 성령님과 또 당신과 함께 육신과 영의 영원한 부활을 주시니 감사합니다. 아멘.

폴리캅(Polycarp: 2세기)

25

[요한복음 19:15-27]

15 그들이 소리 지르되 없이 하소서 없이 하소서 그를 십자가에 못 박게 하소서 빌라도가 이르되 내가 너희 왕을 십자가에 못 박으랴 대제사장들이 대답하되 가이사 외에는 우리에게 왕이 없나이다 하니

But they shouted, "Take him away! Take him away! Crucify him!" "Shall I crucify your king?" Pilate asked. "We have no king but Caesar," the chief priests answered.

16 이에 예수를 십자가에 못 박도록 그들에게 넘겨 주니라

Finally Pilate handed him over to them to be crucified. So the soldiers took charge of Jesus.

17 그들이 예수를 맡으매 예수께서 자기의 십자가를 지시고 해골 (히브리 말로 골고다) 이라 하는 곳에 나가시니

Carrying his own cross, he went out to the place of the Skull (which in Aramaic is called Golgotha).

18 그들이 거기서 예수를 십자가에 못 박을새 다른 두 사람도 그와 함께 좌우편에 못 박으니 예수는 가운데 있더라

Here they crucified him, and with him two others--one on each side and Jesus in the middle.

19 빌라도가 패를 써서 십자가 위에 붙이니 나사렛 예수 유대인의 왕이라 기록되었더라

Pilate had a notice prepared and fastened to the cross. It read:|sc JESUS OF NAZARETH, THE KING OF THE JEWS.

20 예수께서 못 박히신 곳이 성에서 가까운 고로 많은 유대인이 이 패를 읽는데 히브리와 로마와 헬라 말로 기록되었더라

Many of the Jews read this sign, for the place where Jesus was crucified was near the city, and the sign was written in Aramaic, Latin and Greek.

21 유대인의 대제사장들이 빌라도에게 이르되 유대인의 왕이라 쓰지 말고 자칭 유대인의 왕이라 쓰라 하니

The chief priests of the Jews protested to Pilate, "Do not write 'The King of the Jews,' but that this man claimed to be king of the Jews."

22 빌라도가 대답하되 내가 쓸 것을 썼다 하니라

Pilate answered, "What I have written, I have written."

23 군인들이 예수를 십자가에 못 박고 그의 옷을 취하여 네 깃에 나눠 각각 한 깃씩 얻고 속옷도 취하니 이 속옷은 호지 아니하고 위에서부터 통으로 짠 것이라

When the soldiers crucified Jesus, they took his clothes, dividing them into four shares, one for each of them, with the undergarment remaining. This garment was seamless, woven in one piece from top to bottom.

24 군인들이 서로 말하되 이것을 찢지 말고 누가 얻나 제비 뽑자 하니 이는 성경에 그들이 내 옷을 나누고 내 옷을 제비 뽑나이다 한 것을 응하게 하려 함이러라 군인들은 이런 일을 하고

"Let's not tear it," they said to one another. "Let's decide by lot who will get it." This happened that the scripture might be fulfilled which said, "They divided my garments among them and cast lots for my clothing." So this is what the soldiers did.

25 예수의 십자가 곁에는 그 어머니와 이모와 글로바의 아내 마리아와 막달라 마리아가 섰는지라

Near the cross of Jesus stood his mother, his mother's sister, Mary the wife of Clopas, and Mary Magdalene.

26 예수께서 자기의 어머니와 사랑하시는 제자가 곁에 서 있는 것을 보시고 자기 어머니께 말씀하시되 여자여 보소서 아들이니이다 하시고

When Jesus saw his mother there, and the disciple whom he loved standing nearby, he said to his mother, "Dear woman, here is your son,"

27 또 그 제자에게 이르시되 보라 네 어머니라 하신대 그 때부터 그 제자가 자기 집에 모시니라

and to the disciple, "Here is your mother." From that time on, this disciple took her into his home.

(19:17-18) "그들이 그를 십자가에 못 박으니라" 내 눈이 이 친숙한 구절을 얼마나 빨리 지나치는지 모릅니다. 오 주여, 내 마음을 넓혀 주소서! 내게 경각심과 감동의 새로운 감각을 주소서! 내 영혼을 깨워 주소서! 그들이 당신을 십자가에 못 받았기 때문에, 생명을 창조하신 이가 해골(골고다)이라 하는 곳에서 죽어 가십니다; 만유의 주께서 죽음의 종이 되십니다; 하나님의 복을 받은 자가 이제 저주를 받으십니다; 죄 없으신 이가 이제 죄인이 되셨습니다; 하나님의 독생자가 이제 아버지에게서 버림받으십니다. 오 사랑하는 예수여, 그들이 나의 진정한 구원자 당신을 십자가에 못 박았습니다. 그들이 내 마음의 열망이 되신 당신을 십자가에 못 박았습니다. 그들이 나의 유일한 소망 되신 당신을 십자가에 못 박았습니다. 그들이 나를 대신해 당신을 십자가에 못 박았습니다. 나의 십자가에, 나의 죄를 위해. 오 주여, 내가 당신을 십자가에 못 박았습니다!

오 거룩하신 주님, 그 상하신 머리, 조롱과 욕에 싸여 가시관 쓰셨네, 아침 해처럼 밝던 주님의 얼굴이 고통과 치욕으로 창백해지셨네.

주 당하신 그 고난, 죄인 위함이라, 내 지은 죄로 인해 주 형벌 받았네, 내 주여 비옵나니 이 약한 죄인을 은혜와 사랑으로 늘 지켜 주소서.

나 무슨 말로 주께 다 감사 드리랴, 끝 없는 주의 사랑 한 없이 고마워, 보잘것없는 나를 주의 것 삼으사 주님만 사랑하며 나 살게 하소서.

"오 거룩하신 주님 (O Sacred Head, Now Wounded)"
클레르보의 베르나르(Bernard of Clairvaux, 1091-1153);
역자: 제임스 W. 알렉산더(James W. Alexander, 1804-1859)

십자가 사건은 우리가 어떻게 해석하든, 인간의 본성을 고발하는 것이고, 우리가 스스로를 의롭다 여기는 그 모든 것을 고발하는 것이다 … 십자가 사건을 대하는 우리의 태도는 나머지 인간의 본성과 자신을 동일시하는 것이어야 한다. 우리는 "우리가 한 일"이라고 말할 수 있어야 한다; 그리고 21세기에 일어나는 일들에 있어서 우리가 이 같은 태도를 가지지 못했기 때문에 악의 문제를 해결하는 데 엄청난 실패를 초래했다.

허버트 버터필드(Herbert Butterfield, 1900-1979)

"이 율법은 모든 결함을 제거해주는 사랑이다. 그리고 당신은 성경의 얇은 종이 위에 그분의 상처로 새겨지고 그분이 직접 흘리신 사랑의 보혈로 적힌 당신의 구원자 예수님의 모습을 볼 때 낯선 아름다움을 느낄 것이다. 사랑하는 자여, 내가 묻기를 이와 같은 사랑의 책이 또 어디 있는가?"

색스니의 요르단(Jordan of Saxony, d. 1237)

26

[요한복음 19:28-42]

28 그 후에 예수께서 모든 일이 이미 이루어진 줄 아시고 성경을 응하게 하려 하사 이르시되 내가 목마르다 하시니

Later, knowing that all was now completed, and so that the Scripture would be fulfilled, Jesus said, "I am thirsty."

29 거기 신 포도주가 가득히 담긴 그릇이 있는지라 사람들이 신 포도주를 적신 해면을 우슬초에 매어 예수의 입에 대니

A jar of wine vinegar was there, so they soaked a sponge in it, put the sponge on a stalk of the hyssop plant, and lifted it to Jesus' lips.

30 예수께서 신 포도주를 받으신 후에 이르시되 다 이루었다 하시고 머리를 숙이니 영혼이 떠나가시니라

When he had received the drink, Jesus said, "It is finished." With that, he bowed his head and gave up his spirit.

31 이 날은 준비일이라 유대인들은 그 안식일이 큰 날이므로 그 안식일에 시체들을 십자가에 두지 아니하려 하여 빌라도에게 그들의 다리를 꺾어 시체를 치워 달라 하니

Now it was the day of Preparation, and the next day was to be a special Sabbath. Because the Jews did not want the bodies left on the crosses during the Sabbath, they asked Pilate to have the legs broken and the bodies taken down.

32 군인들이 가서 예수와 함께 못 박힌 첫째 사람과 또 그 다른 사람의 다리를 꺾고

The soldiers therefore came and broke the legs of the first man who had been crucified with Jesus, and then those of the other.

33 예수께 이르러서는 이미 죽으신 것을 보고 다리를 꺾지 아니하고

But when they came to Jesus and found that he was already dead, they did not break his legs.

34 그 중 한 군인이 창으로 옆구리를 찌르니 곧 피와 물이 나오더라

Instead, one of the soldiers pierced Jesus' side with a spear, bringing a sudden flow of blood and water.

35 이를 본 자가 증언하였으니 그 증언이 참이라 그가 자기의 말하는 것이 참인 줄 알고 너희로 믿게 하려 함이니라

The man who saw it has given testimony, and his testimony is true. He knows that he tells the truth, and he testifies so that you also may believe.

36 이 일이 일어난 것은 그 뼈가 하나도 꺾이지 아니하리라 한 성경을 응하게 하
려 함이라

These things happened so that the scripture would be fulfilled: "Not one of his bones will be broken,"

37 또 다른 성경에 그들이 그 찌른 자를 보리라 하였느니라

and, as another scripture says, "They will look on the one they have pierced."

38 아리마대 사람 요셉은 예수의 제자이나 유대인이 두려워 그것을 숨기더니 이
일 후에 빌라도에게 예수의 시체를 가져가기를 구하매 빌라도가 허락하는지
라 이에 가서 예수의 시체를 가져가니라

Later, Joseph of Arimathea asked Pilate for the body of Jesus. Now Joseph was a disciple of Jesus, but secretly because he feared the Jews. With Pilate's permission, he came and took the body away.

39 일찍이 예수께 밤에 찾아왔던 니고데모도 몰약과 침향 섞은 것을 백 리트라쯤
가지고 온지라

He was accompanied by Nicodemus, the man who earlier had visited Jesus at night. Nicodemus brought a mixture of myrrh and aloes, about seventy-five pounds.

40 이에 예수의 시체를 가져다가 유대인의 장례 법대로 그 향품과 함께 세마포로
쌌더라

Taking Jesus' body, the two of them wrapped it, with the spices, in strips of linen. This was in accordance with Jewish burial customs.

41 예수께서 십자가에 못 박히신 곳에 동산이 있고 동산 안에 아직 사람을 장사
한 일이 없는 새 무덤이 있는지라

At the place where Jesus was crucified, there was a garden, and in the garden a new tomb, in which no one had ever been laid.

42 이 날은 유대인의 준비일이요 또 무덤이 가까운 고로 예수를 거기 두니라

Because it was the Jewish day of Preparation and since the tomb was nearby, they laid Jesus there.

(19:30) 나의 예수님, 당신은 당신의 일을 모두 마쳤습니다. 당신은 아버지께서 명하신 모든 일을 행했습니다. 당신은 아버지께서 당신에게 주신 고난의 잔을 마셨습니다. 당신은 이 세상이 세워지기 전부터 계획된 일을 마쳤습니다. 당신은 육신이 되신 하나님의 말씀으로 오셨고, 아버지의 사랑을 나타내셨고, 우리에게 하나님께로 나아가는 길이 되어 주셨습니다. 당신은 고난의 길을 기꺼이 선택하셨습니다. 영광의 길을 걸으시고, 십자가에 달려 수치를 당하시고, 왕이라 칭함 받으시고, 죽음의 나무에 높이 달리셨습니다. 나의 구세주여, 당신은 모든 죽음을 다 이루셨습니다. 그리고 우리는, 나는 영원한 생명에 들어갈 수 있게 되었습니다. 나의 반석, 나의 구원자여, 당신께 모든 찬양과 영광과 존귀를 드립니다! (요한복음 4:34; 5:36; 18:11)

거룩한 심령이 깨어졌네, 아버지의 곁에서 보냄 받고.
하나님의 아들이 버림받았네, 거룩한 희생 제물로.
날 위해 그분이 버림 받으셨네, 날 위해 그분이 홀로 죽임 당하셨네.
내 죄가 영원히 사해졌네, 나 이제 그분의 것이라.
거룩한 어린 양이 쓰러졌네, 버려지고, 홀로 남겨졌네.
그분은 세상의 고통을 견디셨네, 마치 자신의 것인 양 고통을 견디셨네.

"거룩한 심령이 (The Holy Heart)"
앤 바버(Anne Barbour), 마샤 스킷모어(Marsha Skidmore)
(c. 1993)

27

[요한복음 20:1-17]

01 안식 후 첫날 일찍이 아직 어두울 때에 막달라 마리아가 무덤에 와서 돌이 무덤에서 옮겨진 것을 보고

Early on the first day of the week, while it was still dark, Mary Magdalene went to the tomb and saw that the stone had been removed from the entrance.

02 시몬 베드로와 예수께서 사랑하시던 그 다른 제자에게 달려가서 말하되 사람들이 주님을 무덤에서 가져다가 어디 두었는지 우리가 알지 못하겠다 하니

So she came running to Simon Peter and the other disciple, the one Jesus loved, and said, "They have taken the Lord out of the tomb, and we don't know where they have put him!"

03 베드로와 그 다른 제자가 나가서 무덤으로 갈새

So Peter and the other disciple started for the tomb.

04 둘이 같이 달음질하더니 그 다른 제자가 베드로보다 더 빨리 달려가서 먼저 무덤에 이르러

Both were running, but the other disciple outran Peter and reached the tomb first.

05 구부려 세마포 놓인 것을 보았으나 들어가지는 아니하였더니

He bent over and looked in at the strips of linen lying there but did not go in.

06 시몬 베드로는 따라와서 무덤에 들어가 보니 세마포가 놓였고

Then Simon Peter, who was behind him, arrived and went into the tomb. He saw the strips of linen lying there,

07 또 머리를 쌌던 수건은 세마포와 함께 놓이지 않고 딴 곳에 쌌던 대로 놓여 있더라

as well as the burial cloth that had been around Jesus' head. The cloth was folded up by itself, separate from the linen.

08 그 때에야 무덤에 먼저 갔던 그 다른 제자도 들어가 보고 믿더라

Finally the other disciple, who had reached the tomb first, also went inside. He saw and believed.

09 (그들은 성경에 그가 죽은 자 가운데서 다시 살아나야 하리라 하신 말씀을 아직 알지 못하더라)

(They still did not understand from Scripture that Jesus had to rise from the dead.)

10 이에 두 제자가 자기들의 집으로 돌아가니라

Then the disciples went back to their homes,

11 마리아는 무덤 밖에 서서 울고 있더니 울면서 구부려 무덤 안을 들여다보니

but Mary stood outside the tomb crying. As she wept, she bent over to look into the tomb

12 흰 옷 입은 두 천사가 예수의 시체 뉘었던 곳에 하나는 머리 편에, 하나는 발 편에 앉았더라

and saw two angels in white, seated where Jesus' body had been, one at the head and the other at the foot.

13 천사들이 이르되 여자여 어찌하여 우느냐 이르되 사람들이 내 주님을 옮겨다가 어디 두었는지 내가 알지 못함이니이다

They asked her, "Woman, why are you crying?" "They have taken my Lord away," she said, "and I don't know where they have put him."

14 이 말을 하고 뒤로 돌이켜 예수께서 서 계신 것을 보았으나 예수이신 줄은 알지 못하더라

At this, she turned around and saw Jesus standing there, but she did not realize that it was Jesus.

15 예수께서 이르시되 여자여 어찌하여 울며 누구를 찾느냐 하시니 마리아는 그가 동산지기인 줄 알고 이르되 주여 당신이 옮겼거든 어디 두었는지 내게 이르소서 그리하면 내가 가져가리이다

"Woman," he said, "why are you crying? Who is it you are looking for?" Thinking he was the gardener, she said, "Sir, if you have carried him away, tell me where you have put him, and I will get him."

16 예수께서 마리아야 하시거늘 마리아가 돌이켜 히브리 말로 랍오니 하니 (이는 선생님이라는 말이라)

Jesus said to her, "Mary." She turned toward him and cried out in Aramaic, "Rabboni!" (which means Teacher).

17 예수께서 이르시되 나를 붙들지 말라 내가 아직 아버지께로 올라가지 아니하였노라 너는 내 형제들에게 가서 이르되 내가 내 아버지 곧 너희 아버지, 내 하나님 곧 너희 하나님께로 올라간다 하라 하시니

Jesus said, "Do not hold on to me, for I have not yet returned to the Father. Go instead to my brothers and tell them, 'I am returning to my Father and your Father, to my God and your God.' "

(20:16) 다시 사신 그리스도여, 당신의 죽음은 죄를 사하시고 죽음을 이기셨습니다. 통치하시는 왕이여, 당신은 최고로 높임 받으시고 모든 이름 위에 뛰어난 이름을 받으셨습니다. 모든 만물의 영혼이 당신 앞에 절합니다. 당신은 이 세상의 구원자일 뿐 아니라 나 자신의 구원자이기도 하십니다. 당신은 내 이름을 부르셨습니다. 당신은 나를 하나부터 열까지 잘 아십니다. 내 그 어떤 것도 당신 앞에 감춰진 것이 없습니다. 전능하신 하나님이신 당신을 앎이, 나의 친구 되신 당신과 함께 길을 걸음이 내게 얼마나 큰 특권인지요!(빌립보서 2:9)

구주 예수 의지함이 심히 기쁜 일일세, 영생 허락 받았으니 의심 아주 없도다.
구주 예수 의지함이 심히 기쁜 일일세, 주를 믿는 나의 마음 그의 피에 적시네.
구주 예수 의지하여 죄악 벗어 버리네, 안위 받고 영생함을 주께 모두 얻었네.
구주 예수 의지하여 구원함을 얻었네, 영원무궁 지나도록 주여 함께 하소서.
예수 예수 믿는 것은 받은 증거 많도다, 예수 예수 귀한 예수 믿음 더욱 주소서.

“구주 예수 의지함이('Tis So Sweet to Trust in Jesus)”
루이사 M. R. 스테드(Louisa M. R. Stead, 1882)

28

[요한복음 20:18-31]

18 막달라 마리아가 가서 제자들에게 내가 주를 보았다 하고 또 주께서 자기에게 이
렇게 말씀하셨다 이르니라

Mary Magdalene went to the disciples with the news: "I have seen the Lord!" And she told them that he had said these things to her.

19 이 날 곧 안식 후 첫날 저녁 때에 제자들이 유대인들을 두려워하여 모인 곳의 문들
을 닫았더니 예수께서 오사 가운데 서서 이르시되 너희에게 평강이 있을지어다

On the evening of that first day of the week, when the disciples were together, with the doors locked for fear of the Jews, Jesus came and stood among them and said, "Peace be with you!"

20 이 말씀을 하시고 손과 옆구리를 보이시니 제자들이 주를 보고 기뻐하더라

After he said this, he showed them his hands and side. The disciples were overjoyed when they saw the Lord.

21 예수께서 또 이르시되 너희에게 평강이 있을지어다 아버지께서 나를 보내신 것 같
이 나도 너희를 보내노라

Again Jesus said, "Peace be with you! As the Father has sent me, I am sending you."

22 이 말씀을 하시고 그들을 향하사 숨을 내쉬며 이르시되 성령을 받으라

And with that he breathed on them and said, "Receive the Holy Spirit.

23 너희가 누구의 죄든지 사하면 사하여질 것이요 누구의 죄든지 그대로 두면 그대로
있으리라 하시니라

If you forgive anyone his sins, they are forgiven; if you do not forgive them, they are not forgiven."

24 열두 제자 중의 하나로서 디두모라 불리는 도마는 예수께서 오셨을 때에 함께 있
지 아니한지라

Now Thomas (called Didymus), one of the Twelve, was not with the disciples when Jesus came.

25 다른 제자들이 그에게 이르되 우리가 주를 보았노라 하니 도마가 이르되 내가 그
의 손의 못 자국을 보며 내 손가락을 그 못 자국에 넣으며 내 손을 그 옆구리에 넣
어 보지 않고는 믿지 아니하겠노라 하니라

So the other disciples told him, "We have seen the Lord!" But he said to them, "Unless I see the nail marks in his hands and put my finger where the nails were, and put my hand into his side, I will not believe it."

26 여드레를 지나서 제자들이 다시 집 안에 있을 때에 도마도 함께 있고 문들이 닫혔
는데 예수께서 오사 가운데 서서 이르시되 너희에게 평강이 있을지어다 하시고

A week later his disciples were in the house again, and Thomas was with them. Though the doors were locked, Jesus came and stood among them and said, "Peace be with you!"

27 도마에게 이르시되 네 손가락을 이리 내밀어 내 손을 보고 네 손을 내밀어 내 옆구
리에 넣어 보라 그리하여 믿음 없는 자가 되지 말고 믿는 자가 되라

Then he said to Thomas, "Put your finger here; see my hands. Reach out your hand and put it into my side. Stop doubting and believe."

28 도마가 대답하여 이르되 나의 주님이시요 나의 하나님이시니이다

Thomas said to him, "My Lord and my God!"

29 예수께서 이르시되 너는 나를 본 고로 믿느냐 보지 못하고 믿는 자들은 복되도다
하시니라

Then Jesus told him, "Because you have seen me, you have believed; blessed are those who have not seen and yet have believed."

30 예수께서 제자들 앞에서 이 책에 기록되지 아니한 다른 표적도 많이 행하셨으나

Jesus did many other miraculous signs in the presence of his disciples, which are not recorded in this book.

31 오직 이것을 기록함은 너희로 예수께서 하나님의 아들 그리스도이심을 믿게 하려
함이요 또 너희로 믿고 그 이름을 힘입어 생명을 얻게 하려 함이니라

But these are written that you may believe that Jesus is the Christ, the Son of God, and that by believing you may have life in his name.

(20:28) 오 예수님, 당신은 하나님의 말씀이십니다. 유일하시고 한 분이신 하나님이십니다. 세상 모든 죄를 지고 가시는 하나님의 어린양이십니다. 메시아요 그리스도이십니다. 선생(랍비)이십니다. 하나님의 아들이십니다. 이스라엘의 왕이십니다. 사람의 아들이십니다. 세상의 구원자이십니다. 생명의 떡이요 살아 계신 떡이십니다. 하나님의 거룩한 자이십니다; 세상의 빛이십니다. "스스로 있는 자"이십니다; 구원으로 가는 문이십니다. 선한 목자이십니다. 부활이요 생명이십니다. 주의 이름으로 오는 자이십니다; 길이요, 진리요, 생명이십니다. 진정한 포도나무이십니다. 친구이십니다. 오 예수여, 당신은 "나의 주, 나의 하나님이십니다!"(요한복음 1:1, 18, 29, 41, 49; 3:13; 4:42; 6:35, 51, 69; 8:12, 58; 10:9, 11; 11:25; 12:13; 14:6; 15:1, 14-15)

만 입이 내게 있으면 그 입 다 가지고 내 구주 주신 은총을 늘 찬송하겠네.
내 은혜로신 하나님 날 도와 주시고 그 크신 영광 널리 펴 다 알게 하소서.
내 주의 귀한 이름이 날 위로 하시고 이 귀에 음악 같으니 참 희락 되도다.
내 죄의 권세 깨뜨려 그 결박 푸시고 이 추한 맘을 피로써 곧 정케 하셨네.

"만 입이 내게 있으면(O For A Thousand Tongues To Sing)"
찰스 웨슬리(Charles Wesley, 1739)

예수께서 베드로에게 명하신 일은 하나님의 양떼를 돌보라는 것이었다 … 여기에는 단 하나의 동기만이 필요하다. 사랑. 들판을 향한 사랑도 아니요, 양 치는 일에 대한 사랑도 아니다. 심지어 양을 사랑하는 마음도 아니다. 이것을 넘어서는 것이어야 했다. 이는 목자이신 분을 향한 사랑이어야 했다. 그로부터 모든 것이 시작된다. 모든 설교, 병든 자들을 위한 모든 기도, 잃어버린 자들을 찾아 헤매는 모든 발걸음 … 이 모든 일은, 가장 작은 일일지라도, 그 사랑에서 시작되어야 한다.

켄 가이어(Ken Gire, 1950-)

29

[요한복음 21:1-25]

01 그 후에 예수께서 디베랴 호수에서 또 제자들에게 자기를 나타내셨으니 나타내신 일은 이러하니라

Afterward Jesus appeared again to his disciples, by the Sea of Tiberias. It happened this way:

02 시몬 베드로와 디두모라 하는 도마와 갈릴리 가나 사람 나다나엘과 세베대의 아들들과 또 다른 제자 둘이 함께 있더니

Simon Peter, Thomas (called Didymus), Nathanael from Cana in Galilee, the sons of Zebedee, and two other disciples were together.

03 시몬 베드로가 나는 물고기 잡으러 가노라 하니 그들이 우리도 함께 가겠다 하고 나가서 배에 올랐으나 그 날 밤에 아무 것도 잡지 못하였더니

"I'm going out to fish," Simon Peter told them, and they said, "We'll go with you." So they went out and got into the boat, but that night they caught nothing.

04 날이 새어갈 때에 예수께서 바닷가에 서셨으나 제자들이 예수이신 줄 알지 못하는지라

Early in the morning, Jesus stood on the shore, but the disciples did not realize that it was Jesus.

05 예수께서 이르시되 얘들아 너희에게 고기가 있느냐 대답하되 없나이다

He called out to them, "Friends, haven't you any fish?" "No," they answered.

06 이르시되 그물을 배 오른편에 던지라 그리하면 잡으리라 하시니 이에 던졌더니 물고기가 많아 그물을 들 수 없더라

He said, "Throw your net on the right side of the boat and you will find some." When they did, they were unable to haul the net in because of the large number of fish.

07 예수께서 사랑하시는 그 제자가 베드로에게 이르되 주님이시라 하니 시몬 베드로가 벗고 있다가 주님이라 하는 말을 듣고 겉옷을 두른 후에 바다로 뛰어 내리더라

Then the disciple whom Jesus loved said to Peter, "It is the Lord!" As soon as Simon Peter heard him say, "It is the Lord," he wrapped his outer garment around him (for he had taken it off) and jumped into the water.

08 다른 제자들은 육지에서 거리가 불과 한 오십 칸쯤 되므로 작은 배를 타고 물고기 든 그물을 끌고 와서

The other disciples followed in the boat, towing the net full of fish, for they were not far from shore, about a hundred yards.

09 육지에 올라보니 숯불이 있는데 그 위에 생선이 놓였고 떡도 있더라

When they landed, they saw a fire of burning coals there with fish on it, and some bread.

10 예수께서 이르시되 지금 잡은 생선을 좀 가져오라 하시니

Jesus said to them, "Bring some of the fish you have just caught."

11 시몬 베드로가 올라가서 그물을 육지에 끌어 올리니 가득히 찬 큰 물고기가 백쉰 세 마리라 이같이 많으나 그물이 찢어지지 아니하였더라

Simon Peter climbed aboard and dragged the net ashore. It was full of large fish, 153, but even with so many the net was not torn.

12 예수께서 이르시되 와서 조반을 먹으라 하시니 제자들이 주님이신 줄 아는 고로 당신이 누구냐 감히 묻는 자가 없더라

Jesus said to them, "Come and have breakfast." None of the disciples dared ask him, "Who are you?" They knew it was the Lord.

13 예수께서 가셔서 떡을 가져다가 그들에게 주시고 생선도 그와 같이 하시니라

Jesus came, took the bread and gave it to them, and did the same with the fish.

14 이것은 예수께서 죽은 자 가운데서 살아나신 후에 세 번째로 제자들에게 나타나신 것이라

This was now the third time Jesus appeared to his disciples after he was raised from the dead.

30

[요한복음 21:15-25]

15 그들이 조반 먹은 후에 예수께서 시몬 베드로에게 이르시되 요한의 아들 시몬아 네가 이 사람들보다 나를 더 사랑하느냐 하시니 이르되 주님 그러하나이다 내가 주님을 사랑하는 줄 주님께서 아시나이다 이르시되 내 어린 양을 먹이라 하시고

When they had finished eating, Jesus said to Simon Peter, "Simon son of John, do you truly love me more than these?" "Yes, Lord," he said, "you know that I love you." Jesus said, "Feed my lambs."

16 또 두 번째 이르시되 요한의 아들 시몬아 네가 나를 사랑하느냐 하시니 이르되 주님 그러하나이다 내가 주님을 사랑하는 줄 주님께서 아시나이다 이르시되 내 양을 치라 하시고

Again Jesus said, "Simon son of John, do you truly love me?" He answered, "Yes, Lord, you know that I love you." Jesus said, "Take care of my sheep."

17 세 번째 이르시되 요한의 아들 시몬아 네가 나를 사랑하느냐 하시니 주께서 세 번째 네가 나를 사랑하느냐 하시므로 베드로가 근심하여 이르되 주님 모든 것을 아시오매 내가 주님을 사랑하는 줄을 주님께서 아시나이다 예수께서 이르시되 내 양을 먹이라

The third time he said to him, "Simon son of John, do you love me?" Peter was hurt because Jesus asked him the third time, "Do you love me?" He said, "Lord, you know all things; you know that I love you."

18 내가 진실로 진실로 네게 이르노니 네가 젊어서는 스스로 띠 띠고 원하는 곳으로 다녔거니와 늙어서는 네 팔을 벌리리니 남이 네게 띠 띠우고 원하지 아니하는 곳으로 데려가리라

Jesus said, "Feed my sheep. I tell you the truth, when you were younger you dressed yourself and went where you wanted; but when you are old you will stretch out your hands, and someone else will dress you and lead you where you do not want to go."

19 이 말씀을 하심은 베드로가 어떠한 죽음으로 하나님께 영광을 돌릴 것을 가리키심이러라 이 말씀을 하시고 베드로에게 이르시되 나를 따르라 하시니

Jesus said this to indicate the kind of death by which Peter would glorify God. Then he said to him, "Follow me!"

20 베드로가 돌이켜 예수께서 사랑하시는 그 제자가 따르는 것을 보니 그는 만찬석에서 예수의 품에 의지하여 주님 주님을 파는 자가 누구오니이까 묻던 자더라

Peter turned and saw that the disciple whom Jesus loved was following them. (This was the one who had leaned back against Jesus at the supper and had said, "Lord, who is going to betray you?")

21 이에 베드로가 그를 보고 예수께 여짜오되 주님 이 사람은 어떻게 되겠사옵나이까

When Peter saw him, he asked, "Lord, what about him?"

22 예수께서 이르시되 내가 올 때까지 그를 머물게 하고자 할지라도 네게 무슨 상관이냐 너는 나를 따르라 하시더라

Jesus answered, "If I want him to remain alive until I return, what is that to you? You must follow me."

23 이 말씀이 형제들에게 나가서 그 제자는 죽지 아니하겠다 하였으나 예수의 말씀은 그가 죽지 않겠다 하신 것이 아니라 내가 올 때까지 그를 머물게 하고자 할지라도 네게 무슨 상관이냐 하신 것이러라

Because of this, the rumor spread among the brothers that this disciple would not die. But Jesus did not say that he would not die; he only said, "If I want him to remain alive until I return, what is that to you?"

24 이 일들을 증언하고 이 일들을 기록한 제자가 이 사람이라 우리는 그의 증언이 참된 줄 아노라

This is the disciple who testifies to these things and who wrote them down. We know that his testimony is true.

25 예수께서 행하신 일이 이 외에도 많으니 만일 낱낱이 기록된다면 이 세상이라도 이 기록된 책을 두기에 부족할 줄 아노라

Jesus did many other things as well. If every one of them were written down, I suppose that even the whole world would not have room for the books that would be written.

(21:15-17) 주님, 당신과 베드로의 만남은 내가 당신을 예배하는 것이 다른 이들을 섬기는 것으로 흘러가야 한다는 사실을 기억하게 해줍니다. 나는 당신을 사랑합니다. 그리고 기도와 노래 가운데 그 사랑을 이야기하기를 기뻐합니다. 그러나 당신이 말씀하시길, 만일 내가 당신을 사랑한다면 나는 당신의 계명을 지켜야 한다고 하셨습니다. 그럼 당신이 명하신 것은 무엇입니까? 내 자매들과 형제들을 사랑하라는 것입니다. 내가 내 모든 마음과 영혼과 뜻과 힘을 다해 당신을 예배할 때, 내가 당신이 사랑하시는 이들도 사랑하길 원합니다. 당신을 향한 나의 사랑이 당신의 사람들을 향한 섬김으로 흘러가게 하소서!(요한복음 14:15; 데살로니가전서 1:3; 요한1서 4:20)

하나님께서 예수의 이름으로 내 죄를 용서하셨네. 내가 예수의 이름으로 다시 태어났네, 내가 예수의 이름으로 당신께 갑니다. 그분이 내게 말씀하신 대로 그분의 사랑을 전하려.

그분 말씀하시길: "한없이, 한없이, 너는 받았다; 한없이, 한없이 주노니. 내 이름으로 가라; 네가 믿으니 그들이 내가 산 것을 알리라."

"한없이, 한없이(Freely, Freely)"

캐롤 오웬스(Carol Owens, c. 1972)

예배에 대한 깊은 이해로

하나님을 더 깊게 경험하는

예배 매거진

예배 인도의 적정선

– 마크 D. 로버츠 *(Mark D. Roberts)*

"우리의 소망이나 기쁨이나 자랑의 면류관이 무엇이냐 그가 강림하실 때 우리 주 예수 앞에 너희가 아니냐 너희는 우리의 영광이요 기쁨이니라"(살전 2:19-20)

데살로니가인들을 향한 바울의 첫 번째 편지를 보면 새로운 믿음의 공동체를 향한 그의 관심을 독특한 방식으로 전하고 있음을 알 수 있다. 바울은 고대에 올림픽 금메달과 견줄 수 있는 승리의 면류관을 주심으로 그를 영광스럽게 하실 예수님 앞에 설 '그 날'(The day)을 상상한다. 그렇다면 이 면류관은 무엇인가? 바로 데살로니가 교회이다. 바울 사역의 참 성공과 영광은 하나님께서 그에게 맡기신 교회를 든든히 세우기 위해 그가 한 일들이 아니다.

| 바울을 본보기로

바울을 본보기로 살펴볼 때, 우리는 예배를 통해 하나님의 백성을 인도하는 책임을 맡은 자로서 중요한 사실을 깨닫게 된다. 우리는 우리의 말과 행동을 통해 하나님께서 영광 받으시도록 해야 함을 다시금 배우게 되는 것이다. 그런데 이를 위해서 선행되어야 할 것은 우리가 '탁월함과 성실함, 그리고 진실함' 으로 사역을 감당해야 한다는 사실이다.

예수님 앞에 서 있는 우리 모습을 상상해 보자. 아마 우리도 바울과 같을 것이다. 우리의 주된 질문은 "내가 예배를 탁월하게 인도했나?"가 아니라 "회중이 나에게 탁월한 예배를 위임 했는가?"일 것이다. 당신이 노래를 할 때 악보를 놓치거나 음이 내려간다면, 당신의 기도가 자신에게만 몰두 되어 있고, 예상 가능한 편협한 찬양들만을 선곡한다면, 그리고 성경을 형편없이 읽고, 설교도 그때 그때 대충 준비한다면, 회중이 예배를 잘 드릴 것 같지 않다. 그들은 산만해 할 것이고, 영적인 감동도 받지 못할 것이다.

반대로 음악적 탁월함과 깊고, 진실한 기도와 하나님의 계시를 반영하는 폭 넓은 찬양들을 선택하며, 말씀의 깊은 해석과 경건함으로 성경을 읽고, 통찰력과 확신 가운데 진리를 이야기 한다면 회중은 그 진실한 예배를 통해 하나님께 자신을 드리고픈 감동을 받을 것이다. 그래서 워십 리더들은 예배(performance)의 질(quality)도 신경을 써야 한다.

| 하나님을 위한 예배의 퍼포먼스

그러나 우리 예배가 회중을 위한 예배처럼 되어, 예배 자체만을 중요하게 만드는 경향은 피해야한다. 잘 알려진 키에르케고르의 말을 인용하자면 예배는 회중을 위한 퍼포먼스(performance)가 아니라 하나님을 위한 것이다. 예배 인도자들은 예배의 프롬프터들(prompters)이고, 오케스트라의 지휘자다. 이 세상 최고의 지휘라 할지라도 오케스트라가 잘 연주하지 못하면 아무 소용 없는 것처럼 예배 인도도 그런 것이다.

그러므로 워십 리더로서 우리의 부르심은 단지 우리 자신의 공연이 아니다. 우리가 인도하는 사람들을 기쁘게 하는 것도 아니다. 우리 예배의 모든 것은 회중들이 하나님을 위한 행함으로 이어지도록 만드는 것이다. 그리고 진실하고 탁월한 예배를 드리기 위해서는 '그들 모두를 하나님께 드리는 하나님의 백성'과 함께해야 한다. 예배는 마음(heart)과 뜻(soul), 정신(mind)과 힘(strength)의 문제다.

| 적정선

신실한 예배 인도가 이루어질 때 우리는 '적정선'(The fine line)을 걷게 된다. 우리는 모든 것에 탁월함을 추구해야 하는데 이 탁월함은 우리의 테크닉을 연마하고, 연습과 리허설을 열심히 하며, 신학적 이해와 영적 성숙함으로 자라가도록 우리를 독려한다. 그런데 이때 우리는 무엇보다 하나님의 영광을 갈망해야지 개인적인 공연에 너무 집중해서는 안 된다. 우리의 사명은 지휘자처럼 다른 사람들이 그들의 역할을 잘 수행할 수 있도록 인도하는 것이다.

만일 우리가 이 적정선(The Fine Line)을 잘 유지하고자 한다면, 주님 앞에 우리 욕구(desires)와 동기(motivations)들을 정직하게 살펴봐야 한다. 나는 설교가로서 수 많은 시간을 사람들에게 인기를 얻고 싶어 했고 이 부분에 대해 오랜 기간 주님께 회개하는 시간을 가졌다. 그리고 주님께 내 마음의 욕망들을 변화시켜 달라고 기도했다. 그래서 나의 영광이 아니라 그분의 영광을 위해, 탁월한 설교를 할 수 있도록 애쓰는 자가 되게 해달라고 했다. 하나님 은혜의 역설은(Irony of God's grace), 내 사역을 통해 하나님을 영화롭게 할 때, 나 또한 하나님의 기쁨의 영광을 경험한다는 것이다. 바울의 멋진 말을 인용하자면, '예배에서 내가 인도하는 사람들이 나의 면류관이요, 내 영광'이라는 것이다.

마크 로버츠 *(Mark Roberts)*

레이티 리뉴얼(Laity Renewal)의 디지털 미디어 재단(Digital Media of Foundations) 이사이다. 블로그: patheos.com/blog/markdrobers. 매일의 묵상을 thehighcalling.org에서 제공한다.

성실한 성취: 음악가로서 당신의 성장을 위한 다음 단계

– 로리 놀랜드 *(Rory Noland)*

Q: 나의 음악적 역량은 옛날의 그들이 사용했던 것들이 아니라는 것을 알고 있습니다. 마찬가지로 현재 저의 스킬 역시 시간이 지나면서 정체, 아니 퇴화하고 있습니다. 다행스럽지만, 제 실력을 지적하거나 말하는 사람은 한 사람도 없습니다. 하지만 저는 한 때 뮤지션이었다는 말을 할 처지가 못 된다는 것을 잘 압니다. 교회에서 일하기 전에는, 정기적으로 연습하고 노래하기 전에 항상 충분한 준비를 했습니다. 그러나 지금은 둘 중에 어떤 한 가지라도 할 시간이 없습니다. 워십 리더가 되기 위해 우리의 음악적 가치를 포기해야 합니까? 그렇지 않기를 바랍니다. 저는 음악인으로서 살았던 시절이 그립습니다.

A: 나도 한 때 교회 리더가 되는 것과 음악인이 되는 것 사이에서 선택을 해야만 한다고 생각했던 시간이 있었다. 둘 다 잘 하는 것은 불가능하다고 생각했기 때문이다. 하지만 지난 수년 간 그것이 가능하다는 것을 배웠다. 물론 그것은 분명한 지향성(음악인으로서의 삶)이 함께 할 때만 가능하다. 바꿔 말하면, 내 안의 음악성을 위해 항상 싸워야 했다는 것이다.

| 불을 붙여라

당신처럼, 교회 리더십은 나의 음악적 열정을 뒤로 미루거나 참아줄 것을 요구하곤 했다. 그런데 교회의 요구에도 부응하되, 나의 음악적인 부분에서의 역할도 책임을 회피해서는 안 됨을 발견하게 되었다. 당신도 똑같이 당신의 음악적 실력을 발전시키는데 소홀히 해선 안 된다. 그 노력은 누구도 대신 해 줄 수 없다. 교회에서 일한다고 음악인으로서의 노력을 멈추지 않길 바란다.

디모데후서 1:6은 우리를 격려한다. "그러므로 내가 나의 안수함으로 네 속에 있는 하나님의 은사를 다시 불일듯 하게 하기 위하여 너로 생각하게 하노니". 예수님은 우리에게 주신 재능에 대한 청지기 의식(faithful stewardship)을 가르치셨다(마 25:14-30). 또한 열왕기상 25:7은 구약에서 찬양의 임무를 받은 사람들 모두가 훈련 받은 자들이었다는 사실을 말해준다. 우리 역시 하나님께서 우리에게 주신 은사를 불태워야 한다. 음악인으로서 계속 성장하고 발전시키며 자신의 재능을 잘 관리해야 한다.

나는 내 자신의 음악적인 면을 유지하기 위해 1년에 적어도 두 번은 나 자신에게 다음 질문을 한다. "음악적인 나를 위한 다음 단계는 무엇인가?"

이것은 또한 지난 수년간 함께 사역했던 다양한 음악인들에게 제기 했던 질문이기도 하다. 그리고 이 질문은 당신께 드리는 질문이기도 하다. "지속적인 당신의 음악적 발전을 위한 다음 단계는 무엇인가?" 이 질문에 대한 당신의 실천은 당신의 음악성을 유지할 수 있도록 도와줄 것이다. 이런 질문에 대해 잘 생각해 보게 된다면, 아마 많은 이가 문화적/음악적 활력소가 필요하다고 할지 모를 것이다. 만약 당신이 그 사람이라면, 당장 나가 수준 높은 콘서트나 공연, 혹은 영화를 보도록 하라. 당신이 좋아하는 음악가의 최신 앨범을 사는 것도 좋은 방법이다. 아니면 음악 수업이나 레슨을 받아는 것도 괜찮고, 책이나 매거진 등을 읽거나 실력을 향상 시켜 줄 수 있는 컨퍼런스나 세미나에 참석하는 것도 괜찮다.

| 연주자들

만약 당신이 연주자라면, 다음 단계로서 정기적인 연습을 수반하는 것을 고려해야 한다. 만약 당신이 연습을 위해 한 주에 반 시간 정도만이라도 확보한다면, 그 시간은 당신에 매우 유익한 시간이 될 것이다 - 틀림없이 텔레비전 앞에 앉아 있는 것보다 나을 것이다. 나는 키보드 테크닉을 향상시키기 위해 매주 토요일 한 시간씩 일 년 동안 스케일과 바하 인벤션을 연습했다 - 고등학교와 대학에서 공부했던, 테크닉을 요구하는 명곡들을 말이다. 그리고 몇 달 뒤, 내 왼쪽 손의 코디네이션(coordination)이 눈에 띄게 향상된 것을 알게 되었다.

| 싱어들

당신이 만약 싱어라면, 보이스(voice)나 커뮤니케이션 스킬을 다음 단계로 향상 될 수 있도록 도와 줄 좋은 보컬 코치를 찾아야 할 것이다. 어쩌면 당신이 키워 온 나쁜 습관들을 고쳐 줄 수 있는 선생님이 필요할 수도 있다. 혹은 그동안 당신이 해 왔던 오랜 연습 방식을 꺼내 정기적인 발성을 다시 시작해야 할지도 모른다.

| 작곡가, 작사가들

당신이 곡을 만드는 사람라면 워크숍에 참석하거나 혹은 당신의 작품에 관한 좋은 책을 읽어 보고 싶어 할지 모르겠다. 혹은 그렇게 하지는 않지만, 곡을 만들기 위해 정기적인 시간을 생각하고 있을지도 모르겠다. 몇 년 전, 내 곡의 수준을 한 단계 높이기 위해, 매주 토요일 아침마다 두 시간을 정해 놓고 노래 아이디어를 개발했다. 내가 만약 곡 쓰는 것을 그렇게 의도적으로 하지 않았다면, 오늘까지 노래를 계속 쓰고 있지 않았을 거라 확신한다.

음악인으로서의 성장을 절대 멈추지 않기를 바란다. 그리고 그 과정에서, 하나님께서 당신을 음악인으로 만들어 가시는 즐거움을 계속 재발견해 가기 바란다.

로리 놀랜드 *(Rory Noland)*

하트 오브 더 아티스트 사역(Heart of the Artist Ministries, heartoftheartist.org)의 디렉터이며, 하늘에서와 같이 땅에서도 워십(Worship on Earth as It Is in Heaven)을 포함한 3권의 도서를 저술한 저자이기도 하다

예배에서의 퍼포먼스(Perfomance)

- 모니크 잉갈스 *(Monique Ingalls)*

내 본업 중 하나는 - 솔직히 말하면, 취미생활에 가깝다고 할 수 있는 일인데 - 오늘날 기독교 예배에서 사용되는 음악의 다양한 형태를 조사하고 그에 대해 논하는 일이다. 마치 음악학자와 같이 그 일을 하고 있다. 하지만 나는 '경험에 의한' 관찰 결과를 통해 이야기하지 않는다. 기독교 전통에 있어서 음악이 어떻게 이해되는지를 파악하는 것이 나의 역할이기 때문이다. 예배 속에 담겨진 퍼포먼스(Perfomance, 공연)로서의 음악적 역할을 파악한다고 생각하면 쉽게 이해가 될까? 우리가 예배 음악을 좋아하든 좋아하지 않든 간에, 21세기를 살아가는 기독교인들은 매우 발달된 음악적 유전자를 가지고 있다. 예배 때마다 들어온 익숙하고 서정적인 많은 음악들 때문에 음악에 대한 귀가 열린 것이다. 우리는 몸을 움직여 표현하는 손동작, 율동, 몸짓을 통해, 나아가 얼굴에 나타나는 표정을 통해서까지 진실한 열정이나 숭고한 평화를 표현할 수 있는 음악의 레파토리(repertoire)를 가지고 있다(나는 우리가 무엇을 보든 간에 그것을 통해 새로운 사실을 인식할 수 있다고 생각한다. 예를 들어, 예배 인도자가 찬양을 하던 중 얼굴을 찡그린다고 생각해보자. 그 얼굴의 특징을 보고 우리는 생각할 것이다. 그가 고통스럽거나 성령 충만을 경험하고 있다는 사실을. 정확히 알 수는 없다고 해도 두 지점 사이의 어딘가에 서 있을 거라고 추측할 수 있다). 비록 불만 섞인 표정으로 춤을 추는 보수적인 성도들이 계속해서 예배의 '움직임들'을 규제하려고 해도, 청년들은 '포고 놀이'(Pogo: 음악의 리듬에 맞춰 제자리에서 뛰는 것)나 '세탁기 놀이'(washing machine: 원형으로 서서, 다른 사람의 발이 떨어지지 않게 그 자리에 발을 고정시켜 몸을 흔드는 것)와 같은 신나는 활동이 예배에 포함된 것을 환영한다. 예배에는 매우 특별한 시간이 있는데, (교회의 전통에 따르면) 예배자가 자신의 손을 들고, 큰 소리로 노래하며, 하늘을 바라보거나 땅을 보고 경배해야 하는 시간이다. 이런 모습은 뮤지컬에서도 찾아볼 수 있는데, 절정에 이르렀음을 알리기 위한 노래를 할 때, 가장 높은 멜로디가 연주될 때, 소품이나 악기를 무대에 올리거나 내리기 위해 잠시 막을 내릴 때 그와 같은 형태의 상황을 연출하는 것이뮤지컬 계의 전통이다. 지금까지 우리는 이런 종류의 패러디를 많이 봐왔을 텐데(나는 "Contemporvant" 예배 비디오[1]에 나오는 팀 아쿠프(Tim Acuff)의 "10 Style of Hand-Rasing"이나 노스 포인트 미디어(North Point Media)의 "Sunday Morning" 그런 종류라고 생각한다), 그들은 진리의 열매를 담고 있기 때문에 기존 뮤지컬 작품들과 형식은 유사하나, 효과 면에서는 훨씬 더 강한 영향을 미친다고 생각한다.

1) Jon Acuff의 영상은 go.wlmag.com/wlacuff에서, North Point의 영상은 go.wlmag.com/wlsundaymorn에서 확인하라. 그리고 유투브에서도 여전히 그들의 영상을 찾아볼 수 있다.

| 퍼포먼스의 거부(Performance Denial)

'극본'이 있는 공연(퍼포먼스)을 보면서, 당신은 다음과 같이 외치는 예배인도자들을 본 적이 있는가? 혹은 당신이 예배인도자라면 이렇게 외쳐본 적이 있는가? "이것은 퍼포먼스가 아닙니다!" 반대로, "우리는 퍼포먼스 하러 이 자리에 서있는 것이 아니라, 당신을 예배의 자리로 인도하기 위해 서 있습니다." 혹시 이렇게 말하는 사람은 본 적이 있는가? "사실 이것은 진정한 예배가 아닙니다. 단지 퍼포먼스일 뿐입니다."

만약 우리가 예배를 드릴 때마다 이런 이야기를 듣는다면, 어째서 이런 좋지 않은 이야기들을 들어야만 할까? 이렇게 쉽게 예배라는 중심적 컨셉을 잊어버려도 되는 건가? 또한 예배에 들어가는 퍼포먼스의 음악적 차원을 거부하며 그 중요한 요소를 생략해버려도 괜찮은 건가? 내가 이 글을 쓰는 목적은 실추된 퍼포먼스의 개념[2]에 대해 명예를 회복시키기 위함이다. 우리가 예배를 드리며 무엇을 해야 하는지 이해시켜주는 그 본연의 사명을 회복시키는 것이다.

첫째, 우리는 '퍼포먼스'에 대한 우리의 걱정이 어디서부터 시작된 것인지, 그 뿌리에 대해 알 필요가 있다. 그것을 직시한 다음 퍼포먼스란 무엇이고, 그것이 어떤 역할을 하는지 이해하는 단계로 넘어갈 것이다. 공동체의 관계를 변화시킬 수 있는 그 퍼포먼스의 이해를 중심으로 하여, 보다 진실

2) 나와 비슷한 생각을 가진 다른 목회자나 예배인도자들의 생각을 보려면 다음을 참조하라. 벤 페터슨(Ben Patterson)의 "Worship as Performance"(go.wlmag.com/wlpatterson), 잔 데일레이(Zanne Dailey)의 "Redeemking Performance or Performing Redemption?"(go.wlmag.com/wldailey), 프레드 맥킨논(Fred McKinnon)의 "Is There a Place for Performance in Worship?"(go.wlmag.com/wlmckinnon), 그리고 폴 발로케(Paul Baloche)의 예배와 퍼포먼스의 관계에 대한 간략한 설명(go.wlmag.com/wlbaloche)

한 예배를 드릴 수 있도록 우리를 성장시킬 몇 가지 키워드에 대해 알아보자.

1. 퍼포먼스에 대한 논쟁에 대하여

나는 우리의 교회 공동체에서 '퍼포먼스'라는 말을 안 좋게 사용하는 문화가 오래 갈 것이라고는 생각하지 않는다. 그것을 받아들이지 않고 거부하는 문화 역시 마찬가지다. 시대가 변하며 우리의 인식도 변해갈 테니까. 그 변화를 저해하는 요소는 무엇일까? 우리는 퍼포먼스가 다음의 두 가지 가치에 반대되는 듯이 사용되고 있음을 지적할 수 있을 것이다: 그것은 '신뢰'와 '참여'이다.

첫 번째 가치인 '신뢰'에 대해 생각해보자. 우리의 예배 현장에서 퍼포먼스(연기)이라는 말을 자주 오용하는데, 누군가 자신이 느끼는 것이나 자신의 삶과 모순된 언행을 할 때 이 말이 사용되곤 한다. 다른 사람이 수상한 행동을 할 때, "연기 하지마!"라고 하는 것처럼 말이다. 실제로 배우가 가면을 쓰고 연기를 하듯이 거짓말을 하거나 무언가를 조작하려는 사람들이 있긴 한데, 그들을 '연기자'라고 하지 말고 '위선자'라고 부르는 것이 더 적당할 것이다. 어쨌든 이 같은 퍼포먼스에 대한 확고한 선입견은 '정직'해야 한다고 들어온 우리의 가치관과 충돌할 수밖에 없다. 이런 생각을 마음에 품고 있다면, 정직('자연스러운' 상태와 떠오른 것을 바로 행동에 옮기는 것)과 퍼포먼스('대본'의 역할에 대해 스스로 인식하고 연기하는 것)이 양립할 수 없는 것으로 느껴지는 것이 당연할 지도 모른다.

두 번째 가치인 '참여'에 대한 오해는 퍼포먼스가 사람들의 참여를 제한

한다는 점에서 비롯되었다. 예배에 있어서 퍼포먼스는 무대 위에 있는 (퍼포먼스하는) 인도자에게만 초점을 맞추는 반면, (관객인) 일반 성도들은 수동적인 자세로 무대를 바라만 봐야 하는 병풍처럼 남아있다고 부정적으로 생각된 것이다. 이런 관점에서 볼 때 퍼포먼스는 예배에 참여하는 성도들을 위한 것이라기보다(자신의 노래를 듣는 사람들을 위한 것이라기보다) 그저 자기 자신들을 위해 노래하는 것으로 비춰질 수박에 없다. 하지만 우리가 퍼포먼스를 하며 음악을 통해 사람들을 하나님께로 인도하는 궁극적 목적을 잊어버린 것 같은 느낌을 받는 것은, 우리 마음의 중심이 잘못되어 교만해졌기 때문이라고 할 수 있다. 퍼포먼스의 본질적 문제는 아님을 기억하자.

| 역설과 당황스러움(Paradox & Puzzlement)

그런데 어떻게 해야 우리는 예배에서 행하는 많은 퍼포먼스적 요소들의 '신뢰'를 회복할 수 있을까? 찬양의 스타일에서부터, 찬양을 하는 장소나 예배시간에 이루어지는 행동들, 우리가 가장 '자발적'이라고 부르는 기도자들의 언어까지, 누구나 예상할 수 있는 전형적인 패턴들을 따라야 할까? 우리는 어떻게 해야 이 불편한 진실을 설명할 수 있을까? 많은 사람 앞에서 우리를 비추는 화려한 조명과 값비싼 음향기기와 멋진 악기들을 통해 예배를 인도할 때, 어떻게 해야 우리는 이것이 단순한 '퍼포먼스'가 아님을 외칠 수 있을까?

종종 우리는 퍼포먼스를 극복하기 위한 반복적인 움직임을 발견할 수 있다. '자발적'으로 실행하긴 어렵다고 해도, 예배가 관습으로 굳어지는 것에 대한 두려움을 극복하고 변화를 주기 위해 노력하는 것이다. 그러나 나는 이렇게 제안하고 싶다. 퍼포먼스를 부정하지 말고, 퍼포먼스에 대한 우리의 인식을 변화시키자고 말이다.

2. 사람들의 관계를 변화시킬 수 있는 힘으로써의 퍼포먼스에 대한 이해

목회자들과 신학자들의 시각에 의한 전형적인 퍼포먼스의 모습은 다음의 글을 통해 새로운 관점으로 이해될 수 있을 것이다.

"퍼포먼스는 사람들로 하여금 보다 깊고 가치 있는 의사소통을 가능하게 만들고 대중의 행동을 변화시키는 역할을 하는 인간의 활동양식이다."

대중 퍼포먼스는 무엇보다 본질적으로 인간의 활동이다. 퍼포먼스가 완전히 무의미한 것이라는 생각은 버리는 것이 좋다. 왜냐하면 우리는 그것으로부터 완전히 벗어날 수 없으니까. 지금까지의 모든 시간과 문화를 가로질러서 생각해보자. 우리는 음악을 만들었고, 연극을 했으며, (공적이든 사적이든) 축제 의식을 통해 삶을 즐겼다. 농담을 하거나, 골격을 갖춘 이야기를 만들기도 했다. 이 모든 것이 다양한 형태의 퍼포먼스라고 할 수 있는데, 각각의 요소들은 우리의 이해를 돕기 위해 형상을 비롯한 시각적 효과를 통해 자신이 말하고자 하는 바를 설명하고 있다. 예배에서 음악과 함께 행해지는 퍼포먼스의 패턴을 생각해보자. 합창을 할 때보다 독창을 할 때 손을 더 자주 든다는 것을 알 수 있는데, 이것이 하나의 예일 것이다. 우리는 의미 있는 음악을 통해서, 글이나 몸동작들을 통해서도 우리는 자신이 말하고자 하는 바를 전달하려고 한다. 이것은 하나의 문화다. 예배의 문화다. 유한한 우리가 자신을 더 잘 표현하기 위해 다른 무언가를 통해 노력하는 것이다. 이는 인간으로서, 이미지의 전달자로서, 그리고 하나님의 창조물로서 우리가 가진 특권이라 할 수 있겠다.

| 자발성: 연습이 완성을 만든다(Spontaneity: Preactice Made Perfect)

어떤 성공적인 퍼포먼스들은 의도적으로 문화를 따르며 그 기술을 의지한다. 그런 자세를 가진 사람들은 예배를 보다 '영적'으로 보이도록 꾸미기 위해 자신들의 마음은 신경 쓸 겨를이 없다. 그러니 우리는 무언가를 따라해선 안 된다. 진실하기 위해서는 자발적이어야 한다는 사실을 기억하자. 물론 우리의 자유와 기술의 수준은 필연적으로 연결되어 있다. 빈 페터슨(Ben Patterson)은 자신의 저서 Worship as Performance(퍼포먼스로서의 예배)에서 예배 인도자가 알아야 할 기술과 자발성의 상호 연관성에 대해 설명한다.

"자유로운 예배를 위한 훈련의 비유는 댄서에게서 쉽게 찾을 수 있다. 위대한 댄서의 퍼포먼스보다 더 자유롭고 자발적인 것은 찾아볼 수 없을 것이다. 하지만 그 자유의 이면에는 수년에 걸친 연습과 반복, 땀과 긴장, 그리고 또 연습이 서려 있다. 주일 오전 대예배는 우리 삶의 안식을 얻는 시간으로, 정원에서 자라는 식물을 가꾸는 것에 비유할 수 있을 것이다. 우리는 잡초를 뽑고, 가지를 치며, 물을 주고 거름을 줘야 한다. 이쪽 끝에서 저쪽 끝까지 그렇게 해야 아름다운 정원을 유지할 수 있다. 저절로 자라나는 정원이란 없다. 가꾸어진 정원이 있을 뿐이다."[3]

때때로 우리는 스스로의 능력을 과소평가 하려는 유혹을 받게 되는데, 그

---

3) go.wlmag.com/wlpatterson

럴 때마다 우리는 왜 그런 유혹을 받는 지를 생각해봐야 한다. '왜 나는 자신감이 없을까?' 가장 좋은 컨디션을 유지하기 위해 자기 자신의 정원을 가꾸는데 게으르지는 않았는지 되물어봐야 하는 것이다. 우리가 예배의 공연성을 거부한다면, 그것은 예배의 공동 창조자로서의 자리를 포기하는 것이고, 그 과정 속에서 얻을 수 있는 신뢰들을 포기하는 것과 다를 바 없다.

| 음악의 언어(The Language of Music)

내가 제안하는 퍼포먼스의 두 번째 특징은 퍼포먼스 자체가 의사소통을 가능하게 만든다는 점이다. 예배에 사용되는 음악적 퍼포먼스는 목소리와 음악, 몸의 움직임과 손동작, 그리고 자주 사용되는 시각적 효과가 결합된 복합 예술품이라고 할 수 있다. 그리고 그 다양성으로 인해 우리는 다른 사람들과 의사소통을 할 수 있게 되는 것이다. 어떻게 그것이 가능할까? 서정적 아름다움이 없다고 해도 음악은 이야기를 전하는 매체로 정의될 수 있다. 두 사람(물론 그 이상의 사람들도) 사이를 이어주고, 생각과 감정을 해석하는 역할까지 수행하기 때문에 음악이 의사소통의 가교가 될 수 있는 것이다. 생각해보자. 말을 통한 의사소통은 단순히 단어와 문법만을 요구할 뿐이다. 하지만 우리의 음악 퍼포먼스는 말없이도 그 무언가에 의지하며 소통한다. 그렇기 때문에 음악은 언어와 같이, 아니 언어를 넘어서는 의사소통의 수단이 되는 것이다. 하지만 그 방법은 매우 다른데, 음악이 연주되는 상황과 목적에 따라 의미가 상이하게 해석될 수 있기 때문이다. 그래서 음악이 '말하고자 하는 것'을 찾는 것이 쉽지 않을 때도 있다. 그렇다고 그것이 불가능한 일이라며 걱정할 필요는 없지만 말이다.

누구든 다양한 음악 장르를 접해봄으로써 새로운 수준의 모임을 만든 경험이 있을 것이다. 그렇게 음악의 스타일과 멜로디를 통해 교제를 나눌 때 우리는 종종 깜짝 놀라곤 한다. 대화 이상의 교감을 나눌 수도 있기 때문이다. 하지만 거기 머물지 말고, 이미 알고 있던 것 이상으로 예배 인도자는 음악의 '의미'를 찾아가야 할 책임이 있다. 사람들이 그 의미를 받아들이기 원하든 원치 않든 간에, 예배를 드리는 그 순간, 사람들과 장차 예배자가 될 가능이 있는 사람들에게 의미를 전해야 하는 것이다. 우리는 특별한 음악, 형식, 악기를 사용하면서 어떻게 사람들과 교제를 나눌 수 있을까? 혹은 그것들을 사용하지 않고 어떻게 음악적으로 소통할 수 있을까? 아직 알려지지 않은 최신곡으로 찬양할 때에도 사람들에게 다가갈 수 있을까? (혹은 그저 가장 '유명한' 곡을 택하였다면 그것만으로 충만할까?) 이 모든 '말해지는' 음악의 측면들이 성도들과 교회를 방문한 사람들 모두에게 각각 전해질 것이다.

| 음악의 변화(Musical Metamorphosis)

마지막으로 말하고 싶은 것은 퍼포먼스가 우리를 변화시킨다는 점이다. 우리는 퍼포먼스를 통해 다른 사람들과 교제하며 신앙에 대해 나누는 등 즐거운 시간을 보내며 관계를 굳건히 세울 수 있다. 반드시 해야 할 형식적인 말 같은 건 없다. 음악, 손동작, 움직임 등 우리가 하는 일의 모든 측면이 말(word)을 넘어서는 언어로써 우리의 관계를 이어줄 테니까. 예배와 함께 진행되는 퍼포먼스의 모습은 - 함께 음악을 만들어 가는 것을 포함하여 - 우리가 기독교인으로서의 정체성을 형성하도록 돕는다. 한 주 동안 영적인 훈련에 임한 강도만큼 그 정체성은 더 강해진다. 이와 같은 신실한 행동들이 우리의 내면을 풍성하게 변하도록 이끌어주고, 그리스도의 몸의 지체로서의 다른 성도들과 조화를 이룰 수 있도록 도울 것이다.

'확실성'을 추구하는 우리의 생각은 때때로 하나님께서 내가 아닌 외부의 영향을 통해 우리를 변화시킬 수 있고, 실제로 그렇게 행하신다는 사실을 잊도록 만든다. 우리가 원하지만 아직 이루지 못한 그 모습으로 변화하도록 하나님께서는 다양한 방법으로 우리를 돕고 계신다. 때때로 퍼포먼스 중에 우리는 이런 부르심을 경험하는데, 하나님께서는 아직 내게는 너무 큰 신발을 신고 주위를 걸으라고 말씀하신다. 그리고 확실하지 않음에도 불구하고 순종한 우리가 그리스도 안에서 성장할 때까지 하나님께서는 지켜보신다. 어린 시절에 내게 가장 큰 신발은 아버지의 카우보이 부츠였다. 아버지는 그것을 내게 주셨지만, 작은 내 발은 신발에 딱 맞지 않았다. 그렇게 맞지도 않는 신발을 신고 집 주변을 걸어 다니는 모습이 얼마나 우스꽝스러운가. 어른이 되어서야(혹은 적어도 큰 아이가 되었을 때 비로소) 그것은 내 발에 딱 맞게 되었다.

우리는 노래하는 것이 - 특히 홀로 예배를 인도하는 것이 - 예배에 적합한 찬양인지 확신하지 못할 때가 있다. 또한 한 주를 믿음 안에서 잘 보내지 못했을 때는 강하고 빠른 템포의 음악이 신경을 건드리기도 한다. 때로는 찬양이 던지는 질문들에 상처를 입기도 할 것이다. 그런 우리는 하나님의 예비하심이나 선물로 주신 믿음을 신뢰하지 못할 지도 모른다. 어쩌면 스스로가 어두운 밤에 홀로 여행을 떠나는 순례자처럼 느껴지며, 예수 그리스도께서 부활, 승천하셨다는 것과 그에 대한 우리의 믿음이 거짓말이라고 느껴

질 때도 있을 것이다. 그럼에도 불구하고 우리가 무엇을, 어떻게 느끼던 간에, 찬양하는 가운데 우리는 하나님의 은혜를 경험하게 될 것이다. 우리를 혼란에 빠뜨리는 의심과 실패의 경험이 자신의 아들을 고통 속에 내어 주신 아버지로 인해 극복될 것이기 때문이다. "내가 믿나이다 나의 믿음 없는 것을 도와주소서"(마가복음 9:24). 때때로 퍼포먼스나 예배 인도의 찬양은 다음과 같은 말씀을 포함하고 있다: 모든 퍼포먼스에 내가 있는 것은 아니다. 하지만 나는 그 시간, 그 곳에 있기를 원한다. 만약 그 곳에 모인 모든 성도가 나를 예배하고, 성령의 권능이 그 곳에 임한다면, 나는 그 곳에 있을 것이다.

나는 '확실'하지 못하다며 그것을 외면하는 것보다, 믿음 안에서 '퍼포먼스'해야 한다고 믿는다. 그것을 통해 우리는 새로운 차원의 예배를 열어갈 수 있기 때문이다. 우리에게 너무 크게 느껴지는 역할이라고 해도 감당하면서 예수 그리스도를 따르고 이웃을 사랑하자. 그렇게 얻는 유익을 통해 우리의 바람을 표현하며 진실하게 나아가자. 여전히 사람들이 들을 준비가 되어 있지 않다 해도 말이다. 우리가 감당해야 할 신발이 너무 크다는 것을 받아들이자. 내가 아직 작은 것이다. 하지만 동시에 우리 아버지를 신뢰하자. 가장 좋은 것을 자신의 자녀들에게 나눠주시며, 자기 손으로 우리를 인도하시며 기뻐하시는 그 아버지를. 퍼포먼스를 통해 우리는 가장 이상적인 자신과 - 그리스도의 모습 안에서 새롭게 변화된 자신과 - 여전히 남아있는 부족함을 조화시킬 수 있을 것이다. 함께 하는 퍼포먼스를 통한 이 변화의 힘은 우리의 내면뿐만 아니라 외적인 모습까지도 변화하도록 인도할 것이다.

3. 신실한 퍼포먼스: 책임을 다하라 (Faithful Performance: Taking Responsibility)

지금까지 우리는 퍼포먼스에 대해 연구하며 왜 그것이 그토록 다르게 이해되어 왔는지 알아보는 시간을 보냈다. 내가 한 이야기가 유익하고 강하게 다가갈 수 있기를 바란다. 이제 나는 몇 가지의 일반적인 제안과 스스로를 돌아볼 수 있는 질문으로 글을 마무리할 것이다. 예배를 인도하는 사람들과 예배를 드리는 사람들이 모두 믿음 안에서 퍼포먼스에 참여할 수 있도록, 그래서 더 신실한 예배로 나아갈 수 있도록 격려할 수 있는 그런 질문을 던지는 것이 나의 사명이라고 생각한다.

1. 퍼포먼스한다는 생각을 거부하지 마라

누군가 '전통'(믿음과 세대를 가로질러 전해지는 형식)이나 '종교'(믿음의 모습과 우리가 이해하고 따르는 하나님에 대한 생각)를 거부한다고 생각해보자. 누가 그런 사람의 생각을 인정하겠는가. 퍼포먼스에 대한 끊임없는 거부 역시 그와 같은 공허한 외침으로 사라져버릴 것이다. 그런데 퍼포먼스에 대한 거부가 갖는 더 큰 문제는, 그것이 우리가 겪어야 할 훈련이나 하나님께서 주신 능력을 제한하는 방해물이 된다는 점이다. 이제 우리는 '퍼포먼스를 해야 한다, 하지 말아야 한다'는 생각을 넘어서 우리의 퍼포먼스가 믿음 안에서 이루어지는 가를 질문해봐야 할 것이다.

2. 우리의 믿음, 가치, 목적, 사명 그리고 그것을 표현하는 방법을 분명히 하라

신앙의 본질과 관련해서 질문해보자. 예배에서 드려지는 음악적 은사를 통해 표현되는 것들이 성도들에게 어떤 의미를 지닐까? 음악적 스타일이나 악기, 표정이나 몸짓은 교회 공동체가 더 연합할 수 있도록 돕는 역할을 감당하고 있는가? 우리는 이 모든 것들이 신앙생활에 있어서 필요하다는 것에 동의하며, 그것에 주목해야 할 것이다. 음악은 '훈련과 자유', '옛것과 새것', '지성과 감성', '명상과 기쁨'을 모두 표현하고 있다. 그리고 우리가 택한 퍼포먼스의 스타일과 움직임, 손동작 등은 우리가 '말하고자 하는 것'을 잘 전달하고 있다. 우리는 그것이 분명하게 전해지는 지에 대해 주목해야 하는 것이다.

3. 음악적 퍼포먼스의 정당한 평가를 구하라

사실 우리가 하는 퍼포먼스의 어떤 면이 교회 공동체를 혼란에 빠뜨려 교제를 방해하는지 알기란 쉽지 않은 일이다. 그래서 지금 나는 '공동체 내부의 사람'과 '외부의 사람'을 함께 참여시켜 도움을 줄 수 있는 방안을 마련하고자 한다: 열정적인 십대, 신앙심 깊은 젊은 커플, 통찰력 있는 어르신, 교회 외부에서 초청한 음악을 하는 친구. 이런 다양한 사람들의 관점은 당신이 아직 이해하지 못한 관점이나, 의미 없이 전달하려고 했던 메시지를 발견하도록 도와 줄 것이다.

4. 퍼포먼스를 선택한 이유를 설명하라

지금까지 우리는 가장 중요한 가치와 우리의 마음을 표현하는 데 있어 가장 의미 있는 것이 무엇인지 분명히 언급했다. 이제 우리가 퍼포먼스를 하는 이유에 대해 명확하게 설명할 수 있을 것이다. 많은 예배인도자가 이미 자신들이 하는 사역에 대해 잘 설명하고 있다. 그들은 성도들과 함께 예배에 대해 공유하는 방법을 찾아 왔다. 예배에 들어가기 전에 게시판이나 파워포인트를 통해 "혹시 우리가 하는 일에 대해 알고 있었나요?"라고 질문하기까지 하면서 말이다. 그들은 자신들의 사역을 설명하며 성도들에게 알린다. "이것이 우리가 찬양하는 이유입니다." 혹은 "특별한 예배를 위해 우리는 오르겐/일렉트릭 기타/성가대/특별찬양을 사용해 왔습니다." 특히 주일학교 어린이들이나 새신자 반에서 이에 대해 분명히 가르치고 있는데, 이것은 외부에 교회의 전통을 알리고, 가르치기 위한 좋은 수단이라고 할 수 있다. 이러한 단계를 밟아 나간다면 우리는 우리가 추구하는 가치와 생각을 나눌 개방된 대화의 장을 만들 수 있을 것이다. 그리고 함께 퍼포먼스를 하며 새롭고 아름다운 예배를 만들어 갈 것이다.

이상의 내용들을 우리의 예배 퍼포먼스에 적용한다면, 넓어진 시각 안에서 우리의 활동은 더 발전할 것으로 생각된다: 우리는 퍼포먼스를 통해 변화가 일어날 것을 믿는다. 그것은 궁극적으로 우리들의 쇼가 아닌 그 이상이기 때문이다. 마이클 홀튼(Michael Horton)이 최근에 쓴 흥미로운 아티클에 의하면,[4] 우리는 수동적으로 앉아서 퍼포먼스를 보며 즐거워하는 신실한 '한 사람의 관객'을 위해 퍼포먼스를 하는 것이 아니다. 오히려 우리는 그들과 함께 퍼포먼스를 해야 한다. 매주 우리들이 체험한 구원에 대한 이야기를 나누면서 말이다. 감사하게도 하나님께서는 우리에게 허락하신 드라마를 표현해 나갈 수 있도록 친히 인도하신다. 강철을 다듬기 위해 강철을 사용하는 것과 마찬가지로, 우리는 세상의 다양한 사람들을 통해 우리

4) Michael Horton, "Why Do We Go to Church?"(go.wlmag.com/wlhorton)

자신을 돌아보고, 더 성숙한 모습으로 내게 합당한 퍼포먼스로 만들어 갈 수 있는 것이다. 어떻게 그것이 가능하냐고? 성령님께서 그 과정 속에 개입하시기 때문에 우리는 얼마든지 변화될 수 있다. 또한 우리는 매주 서는 그 '무대'에서 다른 '퍼포먼스' 하는 사람들"과 함께 선한 영향을 주고받으며 서로 어울려 새로운 것을 창조해 나간다. 이것 또한, 퍼포먼스를 이끄는 배우와 같이, 성령님께서 우리 가운데 임하셔서 부족한 우리의 노력을 채우시고 완전함으로 이끌어 주시기 때문에 가능한 일이다. 부족한 우리를 모아 선을 이루시고, 불가능한 것을 가능케 역사하시는 주님의 손길. 그 손길이 뒤섞인 우리의 의지, 의심들, 선한 일을 하려다 실패한 경험들을 모두 정결하게 씻어 주실 것이다. 결국 함께 모여 예배를 드리고 우리가 받은 은사를 통해 최고의 퍼포먼스를 만들어야 하는 이유는 다음과 같다: 우리는 '대본'(script)과 함께 살아가는 신실한 퍼포먼스를 만드는 사람들의 노력이 모든 것을 새롭게 변화시킬 것임을 믿기 때문이다.

모니크 잉갤스 (*Monique Ingalls*)

케임브릿지대학의 음악학자이며, Christian Congregational Music 콘퍼런스의 공동 창립자이다. 그녀는 복음주의이며 오순절주의를 표방하는 Anglican Church 교단의 북아메리카, 영국 교회 등지에서 피아노 연주와 예배 인도를 했다.

완벽한 계획을 위한 5가지 조언

– 아론 스튜어트 *(Aaron Stewart)*

내가 로키 산맥 위에 놓인 수백 피트 높이의 케이블 위에 매달려 있을 때였다. 아무리 멕시코의 정글까지도 가로지를 만큼 견고한 강철 케이블이라 해도 그 상황에 처한 사람에게 계속해서 이어져있는 길고 긴 그 케이블 선은 현기증을 불러일으키기에 충분했다. 그런 것을 알면서도 나는 종종 여행 준비를 직접 하지 않고 대충대충 일하는 여행사 직원들에게 완전히 떠넘길 때가 있었다. 막상 그러고 나면 나의 그런 모습에 스스로 놀라곤 한다. 높고 위험한 곳으로 여행을 떠날 때, 미리 체크하고 계획을 해야 하는데 그 중요한 것을 간과했으니 말이다. 위험한 곳으로의 여행에서뿐만이 아니라, 예배에서도 계획은 중요하다. 사람들이 교회에 올 때, 그들은 예배 인도자인 당신을 신뢰한다. 자신들을 하나님께로 인도해 줄 것이라는 신뢰 말이다. 그 신뢰는 우리에게 최선을 다해 예배를 인도하는 것뿐만 아니라, 그것을 계획하는 과정까지도 요구한다. 만약 우리가 예배 인도의 '공연적 요소'(performance)를 계속해서 발전시키기 원한다면, 다음에 열거 할 5가지 요소를 읽어보라. 그것은 예배를 계획하는 우리에게 큰 도움이 될 것이다.

1. 협력하라(Collaborate)

최고의 계획을 만들기 위해서는 여러 사람의 도움이 필요하다. 당신 혼자서 예배를 계획하려면 많은 시간을 투자해야 하겠지만, 여럿이 예배에 대해 생각한다면 상대적으로 많은 적은 시간에, 더 좋은 계획을 만들 수 있다. 예배 계획의 첫 번째 단계는 어떤 메시지를 전할지, 그 메시지를 보충할 자료로 무엇을 선택할지 선택하는 일이다. 그것은 스스로 해야 한다. 하지만 두 번째 단계에서는 동료들의 도움이 필요하다. 그들과 함께 더 나은 예배를 만들어야 하는 것이다. 설령 예배를 구성하는 일을 당신 혼자 맡아서 한다고 해도 걱정할 것 없다. 지금은 이메일을 활용하여 얼마든지 여러 사람의 도움을 구할 수 있는 시대이기 때문이다. 혼자서 많은 아이디어를 떠올리려고 애쓰지 말고, 여러 사람의 도움을 구하라. 부담감을 느낄 필요는 없다. 도움을 요청받은 그들은 자신이 존중받고 있다고 느낄 테니 말이다. 또한 당신과의 관계가 친밀하다고도 느낄 테니 말이다.

2. 미리 계획하라(Plan Early)

계획을 실행하기에 앞서, 당신과 당신의 동료들은 좋은 아이디어나 선택사항만을 생각할 게 아니라, 그렇게 떠오른 계획들을 차분히 가라앉혀 볼 필요가 있다. 새로운 찬양을 배울 때면, 나는 몇 주 전부터 그 곡을 찾아본다. 그리고 몸에 베일 때까지 몇 번이고 되풀이해 연습한다. 만약 내가 아무것도 모르는 상태로 찬양을 배웠다면, 나는 찬양이 전하고자 하는 메시지에 집중하기보다 곡을 암기하는 데 더 많은 시간을 투자했을 것이다. 이런 맥락에서, 당신과 동료들이 예배에 대해 완전히 준비했다면, 하나님보다 사람이 주목 받게 되는 오류를 줄이기 위해 노력해야 한다. '공연적인 요소'가 예배에 부정적인 영향을 끼치는 가장 큰 이유는 주목 받고 싶어 하는 예배 인도자의 욕심 때문임을 기억하자. 그러니 충분한 연습을 거쳐 예배가 이루어지게 해야 한다. 준비된 예배는 다른 것에 방해받지 않고 하나님의 영광을 선포할 수 있게 해 줄 것이다.

3. 계획하는 과정 속에서의 예배(Worship while Planning)

사람들이 공통적으로 가지고 있는 잘못된 생각이 있는데, 그것은 많은 계획이 성령의 일을 방해한다는 생각이다. 사실은 그 반대인데도 말이다. 충분한 계획을 수립다면 당신은 더 자유롭게 성령의 역사를 따를 수 있다. 당신의 동료들 또한 그것을 따를 준비되어 있음을 알게 될 것이다. 우리는 교회의 성도들이 주일 예배를 침체시키지 않도록 가르쳐왔다. 삶 속에서 드리는 예배를 강조하면서 말이다. 예배 인도자와 마찬가지로 회중들 역시 준비된 것을 따라 계획에 어긋나지 않게 하나님을 예배할 수 있어야 한다. 실수하지 않도록 준비해야 하는 것이다. 물론 예배를 계획하는 것이 완전히 논리적이고 조직적이어야 하는 것만은 아니다. 예배를 준비하고 계획하는 과정 속에 성령님을 초대하여 그분의 도우심을 구하자.

4. 음악 이상의 것(It's more than Music)

'예배 인도자'(Worship Leader)라는 타이틀은 음악 인도자와 같은 의미를 지닌 말이지만, 거기에는 음악 이상의 것들이 포함되어 있다. 인도자의 역할은 지금 드려지는 공적 예배만을 준비하는 것은 아니다. 얼마든지 비디오, 드라마, 시각 예술, 춤 분야에서도 예배를 위한 무언가를 찾아낼 수 있다. 음악을 통해 예배를 드릴 수 있을 만큼 다른 것으로도 예배를 드릴 수 있다는 말이다. 하지만 당신이 예배에 무엇을 더하든 간에, 그것은 예배를 이루는 다른 요소들과 동떨어져 있어서는 안 된다. 잔잔한 비디오 영상을 보여주든지 음악에 맞는 그림을 보여주든지, 그 자체가 아닌 예배와 조화되어 사용되어야 하는 것이다. 그리고 그 모든 일의 중심을 하나님께 맞춰져 있어야 한다.

5. 상업적 도구의 사용(Use Tools of The Trade)

멕시코에서 온 내 친구와 나는 여행을 떠나는 것만큼이나 그것을 계획하는 것에 흥미를 느낀다. 그런 우리 사이에 문제가 발생할 리가 없다. 운 좋게도 지금 우리에겐 많은 도구가 있고, 인터넷도 사용할 수 있다. 그러니 얼마든지 혼자서도 계획을 만들 수 있고 동료들과 대화해가며 예배를 준비할 수 있는 것이다. 활용할 수 있는 좋은 도구들을 모두 사용하자. 그것들은 당신이 높이 들어 올려 멀리 바라보도록 만들어줄 것이다. 하지만 그런 도구들이 사람들을 하나님께로 인도하는 일보다 더 높아져서는 안 된다는 것도 명심하자. 우리가 사용할 수 있는 모든 기술은 우리를 위한 것이어야 한다. 우리 자신과 교회 공동체가 하나님께 집중할 수 있도록 말이다. 그 외의 다른 용도로 이용하는 것은 적절치 못하다.

아론 스튜어트 *(Aaron Stewart)*

PlanningCenterOnline.com의 공동 창설자이자 제작자이다. 이 사이트는 수천 곳에 달하는 교회들의 예배 계획을 돕고 있다. 이 사역을 시작하기 전, 그는 라스베이거스의 Central Christian Church에서 6년간 찬양 담당 목사로 사역하였다.

기억하라(Remember):
-예배의 과거와 현재와 미래를 조명하며-

- 제레미 암스트롱 *(Jeremy Armstrong)*

올라와 더 높이 날기 위해
올라와 내 손을 잡아
올라와 더 높이 날기 위해
올라와 오늘밤 더 높이 나는 거야

보스가 내 삶으로 들어온 것은 비극적 행동이었다. 미국의 블루칼라 노동자(Blue collar: 육체 노동자)들의 목소리를 대변하는 노래, 우리의 영혼이 찾는 탈출구로써의 자유에 관한 깊은 이해, 기껏해야 탁 트인 길을 질주하는 자동차와 같은 그런 탈출구. 7년 전 그는 스튜디오에서 녹음한 음반을 배달하는 길이었다. 2011년 9월 11일에 찾아온 적막의 끝. 앨범 〈The Rising〉은 미국의 무너진 마음과 국민들의 슬픔이 뒤섞인 혼란 속에서 빛을 찾으려 했다. 상처와 깨달음을 통해 아메리칸 드림에 환멸을 느낀 전형적인 사람이라고 할 수 있는 스프링스틴(Springsteen)은 이 스트리드 밴드(E Streed Band)를 결성했다. 그와 비슷한 상황에서 모인 멤버들은 “Thunder Road”와 “Born in USA”와 같은 곡들을 함께 부르며 9/11의 비극에 가장 충격적이고 영향력 있게 음악적으로 반응했다.

우리가 알고 있는 것과 같이, 9월 11일에 있었던 충격으로 인해 변해버린 세상은 10년이 지나면서 어떻게든 본래의 ‘평범한’ 모습으로 돌아가고 있었다. 이것이 세상이 택한 길이었다. 트라우마, 개인적이고 국가적인 비극, 혁명 -그리고 그로 인한 영향들- 이 모든 재앙은 모두 그들이 감당해야 할 몫이었다. 누구도 대신 감당할 수 없는 그런 몫이었다. 전쟁이 끝나고, 자기 지역 연고의 팀이 슈퍼볼(The Super Bowl)에서 우승을 하고, 아이가 태어나는 찬란한 아름다운 순간들이 그 빛을 바랬다. 누가 테러의 슬픔 앞에서 기뻐할 수 있단 말인가. 하지만 결국 모든 것은 조금씩 일상으로 돌아가게 되었다. 마치 아무 일도 없었던 것처럼.

하지만 우리는 ‘절대 잊지 않기로’ 맹세한다. 그래서 올해, 우리는 몇 몇 순간을 국가 기념일로 지정하는 것에 관해 고민하기 시작했다. 우리가 사랑하는 것, 우리가 되돌리고 싶은 것들을 잊고 싶지 않았기 때문이다. 우리는 가족과 이별을 해야 했던 사람들을 위로하고 그들에게 조금이나마 위안을 주고 싶었다. 그리고 그들을 위해 9월 11일에 관한 무수히 많은 감정과 기억들을 상기시켜 주고 그것을 치유할 평화의 순간을 창조하고자 〈The Rising〉을 출시했다. 이 노래와 함께, 우리는 단순히 ‘잊지 않는’ 것이 아니라 그것을 ‘기억하고자’ 한다.

| 본질적 차이(Essential Difference)

우리는 단순히 시간이나 장소를 기억하는 것이 아니라, 우리 자신을 돌아보는 일에 중점을 두어왔다. 따라서 우리가 한 일은 다음과 같다: 아름다운 담벼

락과 분수를 만들었다. 조각상과 이름이 새겨진 담을 의뢰했는데, 사실 그것 외에 어떤 일을 해야 할지 몰랐었다. 그런 큰 사건을 경험해 본 적이 없기 때문이다. 우리가 세운 기념비들은 우리가 결코 그날을 잊지 않게 도와줄 것이다. 우리뿐 아니라 우리의 아이들과 그 아이의 아이들까지도 말이다. 또한 TV 중계를 통해 특별한 행사를 행하기도 했다. 각자의 집과 광장에서 촛불을 켰고, 학교와 교회와 회사에서도 함께 참여해 주길 요청했다. 하지만 이렇게 사람들이 만들어낸 행사는 거기에 참여한 사람들의 마음만을 변화시키는 데 도움을 줄 수 있었다. 분명히 그때 비슷한 많은 추모식과 예배가 있었다. 나름대로 자신의 일들을 감당하고 있던 것이다. 그런데 중요한 사실 중 한 가지는 음악의 근본적인 역할을 통해, 행사와 음악이 함께 조화를 이루어서, 각자 더 큰 힘을 발휘할 수 있어야 한다는 것이다. 하지만 많은 부분에 있어서 우리가 드렸던 예배는 삼위일체 하나님을 중심에 두지 않은 형식적인 차원에 머무를 뿐이었다.

| 이것을 하라(Do This)

매주 교회에 출석하는 사람 누구에게라도 다음과 같이 물어보라: "교회에 있어서 가장 중요한 날은 언제일까요?" 십중팔구 이런 대답을 듣게 될 것이다: "성탄절이지요." 하지만 조금만 생각해보면, 많은 사람들이 부활절을 가장 중요한 날이라고 말하게 될 것이다. 성육신? 아니면 죽음과 부활? 성탄절이냐 부활절이냐에 관해 결정하고, 또 결정한다(기본적으로 한국을 비롯한 서방교회는 성탄절을, 동방교회는 부활절을 더 중요하게 여기는 경향이 있다 -역자주). 하지만 두 가지를 나누려는 사람들 앞에서, 그저 하나님의 사람들에겐 두 기념일 모두 중요한 날이라고 이야기해두고 싶다. 그 두 날은 모두 우리가 예수 그리스도의 이야기 속으로 들어가도록 인도하는 통로이고, 교회에서 여전히 이루어지고 있는 그리스도를 향한 여정이기 때문이다. 하지만 생각해보자. 예수님 자신은 결코 그 두 날 중에서 한 날이라도 기념하라고 제자들에게 명령하신 적이 없다. 우리가 그리스도의 최후의 만찬이라고 알고 있는 유월절 기간 중에 예수님께서는 자신을 따르는 사람들에게 말씀하셨다. 기억하는가? 그 명령은 자신의 탄생을 기억하라는 것이 아니었다. 로마 군병들에게 고문 받고 십자가에 달려 죽은 날을 거룩하게 지키라는 말씀 역시 아니었다. 주일에 교회에 나와 찬양하라고도, 목사님의 설교를 귀 기울여 들으라는 말씀도 예수님께서는 하지 않으셨다. 이 모든 활동은 교회가 우리의 신앙을 중심으로 하여 재정하여 지키는 것이다. 그러니 예수님을 향한 우리의 믿음에 있어서 예배가 최고의 가치라고는 할 수 없는 것이다. 예수님께서는 죽으시기 전날 밤, 그의 제자들에게 해야 할 일을 말씀하셨다. 그리고 그것을 기억하고 있는지 우리에게도 물으셨다. 기억하자.

"또 떡을 가져 감사 기도 하시고 떼어 그들에게 주시며 이르시되 이것은 너희를 위하여 주는 내 몸이라 너희가 이를 행하여 나를 기념하라 하시고 저녁 먹은 후에 잔도 그와 같이 하여 이르시되 이 잔은 내 피로 세우는 새 언약이니 곧 너희를 위하여 붓는 것이라"(누가복음 22:19-20) "축사하시고 떼어 이르시되 이것은 너희를 위하는 내 몸이니 이것을 행하여 나를 기념하라 하시고 식후에 또한 그와 같이 잔을 가지시고 이르시되 이 잔은 내 피로 세운 새 언약이니 이것을 행하여 마실 때마다 나를 기념하라 하셨으니"(고린도전서 11:24-25)

성찬 의식에 관한 구체적 실천방향과 교육적 차원, 중요성에 관한 견해를 교단에 따라, 교회에 따라, 개인에 따라 나누어진다. 하지만 예배인도자로서 넘어야 할 순간이 있다. 성찬 자체에 집중하지 않고, 웰치스 포도주와 보르도 포도주 중 어느 것을 사용하는 것이 좋을지 고민하거나 설틴 크레커, 무교병,

달콤한 하와이안 브레드, 리츠 크레커 중 어떤 것을 선택할지 고민하는 그런 순간들 말이다. 어째서 본질이 아닌 형식 때문에 더 많은 시간과 노력을 투자해야 하는가. 예술이 어떻게 우리의 기억을 도울 수 있는지 생각해 보자. 그리스도께서 우리에게 기억하라고 하신 그것을 말이다. 예배를 드림으로써 우리는 그리스도를 기억한다. 매주 우리에게는 기억으로 향하는 인도의 특권과 책임이 주어지는 것이다.

| 실현하라(Bring Forth)

매주 반복되는 이야기 속에서 예수 그리스도가 가장 중요하다는 사실을 숙지하는 것이 기억하는 것일까? 오히려 기억이란 지난 밤 자신이 열쇠를 어디에 두었는지 떠올리는 것에 가까울 지도 모른다. 그것은 기억력에 의존하고, 심지어는 종교나 그 밖의 것들을 통한 의식들의 상징으로 구성되어 있는 경우가 많다. 우리의 친구이자 영적 인도자이신 한 스카티 스미스(Scotty Smith) 목사님은 간단한 메모를 통해 다음과 같은 말씀을 나누길 원했다.

> "기억하세요. 성서는 과거를 돌아보거나 감상에 젖어 앨범을 넘기는 것과 같이 특정한 정보(기억)를 상기하는 일과 다릅니다. 예수님께서 우리에게 새로운 약속의 말씀을 주시며 이렇게 말씀하셨지요. '나를 기념하라.' 주님께서 원하신 것은 우리가 바른 말을 통해 그를 고백하는 것이 아니었어요. 그저 그리스도를 우리 삶의 주로 모셔 들이기를 바라셨던 거지요. 실제로 성서에서 말하는 기억하라는 표현은, 과거와 현재와 미래를 포괄하는 하나님의 놀라우신 모든 이야기를 지금 이 순간 실현하라는 의미를 담고 있습니다. 그리스도 안에서 우리가 가진 모든 선한 것을 통해 이루어가는 거지요."

예배인도자는 성도들을 기억으로 인도할 수 있다. 지금 이 순간 하나님의 이야기를 실현하기 위한 기억을 위해 특별한 예배로 인도하는 것이다. 그리스도의 삶과 죽음과 부활의 이야기를 통해 그리스도를 따르는 사람들은 변화될 수 있다. 복음이 가진 힘을 통해서 말이다. 복음은 2,000년 전에 그랬던 것처럼 오늘날에도 복된 소식이다. 그는 어제나 오늘이나 동일하신 하나님이기 때문이다. 그런데 우리가 이 일을 어떻게 감당할 것인가?

| 당신은 그곳에 있었나?(Were You There?)

예배, 교회 음악, 예술의 역사는 풍부하고 다방면에 걸쳐 나타나고 있다. 수많은 정보를 통해서 우리는 그에 관해 접근할 수 있다. 하지만 우리가 기억할 수 있는 것처럼, 미국 남북전쟁 당시 흑인들의 영성을 연구하는 것이야 말로 어떤 종교적 차원의 형식을 배우는 것보다 그 주제에 관해 깊은 이해를 전달해줄 것이다. 잠시 생각해보자. 왜 우리는 정확히 다음과 같이 묻는가: "그들이 내 주를 십자가에 못 박을 때, 당신은 어디에 있었나요?" 내가 당신의 질문에 대해 재 질문해 보겠다: "당신은 내가 정확히 몇 살로 보이죠?" 왜 이런 질문을 하냐고? 내 대답은, 영적인 작가들(The writers of the spirituals)은 기억의 미묘한 차이를 보여주고, 예술은 과거를 현재로 만들어주기 때문이다. 우리의 마음을 흔드는 영적 아름다움 중 하나는 그것의 직접성(Immediacy)이다. 직접적이고 구체적으로 무언가를 비춰 준다는 말이다. 이 찬양들은 다메섹으로 가는 흙길을 비추는 태양이 우리 어깨를 두들이고 우리 마음을 새롭게 하는 사도 바울의 안식일 설교를 떠오르게 한다. "그들이 내 주를 십자가에 못 박을 때, 당신은 어디에 있었나요?" 우리는 그 순간 그곳에 있었다. 이런 상황을 우리는 많은 찬양 속에서 찾을 수 있다. 인도자와 우리가 함께 찬양을 할 때 문자 그대로 과거가 현재로 만들어지는 것이다. 하나님께서 처음부터 끝까

지 동행하시며 우리 마음을 녹이셔서 그 순간을 체험하는 것이다.[1)]

그리고 이러한 주제는 초대 교회의 영성의 도처에 널려 있던 것이었다. "나의 구원자를 만나러 그곳에 간다," "그 잔인한 사람들의 공격 ... 그들이 주님을 나무에 못 박았다," "모세야, 이 길을 따라 쭉 걸어서 이집트로 가라. 그리고 바로에게 내 백성들을 내보내라고 말해라," "당신은 아마 기브온의 자손에 관해 말할 것이고, 사울의 사람이라고 바랄 것이다. 하지만 여호수아와 여리고 전쟁과 같은 역사는 없었다." 누가 즉시 직접적으로 이 이야기들과 관련된 찬양을 부를 수 있는가?

| 그곳에 있다(Being There)

하지만 영적인 작가라면 과거에서 현재만을 만들어내지 않는다. 그저 과거로 돌아가는 것만이 아니라는 것이다. 아는가? 성서의 주제들은 분명히 미국의 노예들의 피나는 투쟁을 가리키고 있다.

만약 어떤 사람이 오늘날 문자 그대로 채찍에 맞는다면, 그는 문자 그대로 그리스도의 고통을 이해할 수 있을 것이다. 이것이야 말로 가장 직접적인 방식이라고 할 수 있다. 아마도 그 사람은 이렇게 생각할 것이다: "나는 그렇게 맞았을 뿐이지만, 예수님은 죽음으로부터 다시 일어나셨어요. 예수님은 죽음으로부터 다시 일어나셨단 말입니다! 불의는 결코 승리할 수 없어요. 죄는 종국적으로 어떤 것도 주장할 수 없게 되는 겁니다. 노예 상태는 끝났어요." 영적인 노래의 직접성은 개인의 경험을 통해 과거를 현재로 만드는데, 이는 매우 중요한 방식이다.

자, 이제 우리도 할 수 있을까? 우리처럼 서양에 사는 사람의 대부분은 고문

1) 2010년 5월 호에 실린 레스터 루스(Lester Ruth)의 아티클 "New Song According to Charles Wesley: Capturing Biblical Honesty in Songwriting"을 보라.

받으며 울부짖는 노예와는 꽤 먼 거리에서 살고 있다고 말할 수 있다. 현재의 모든 삶은 그들이 투쟁한 결과라는 사실을 알고 있다. 깊고 고통스럽고 감정적인 그런 것들 말이다. 우리는 그들의 고통이 우리의 고통이고, 그들의 기쁨이 우리의 기쁨이라고 분명히 말하며, 그와 같은 삶을 사셨던 그리스도와 우리 자신을 동일화할 수 있을까? 이와 같은 방법으로 우리는 예배를 인도할 수 있을까?

| 약속된 미래: 찾으라(Promised Future: Identify)

어느 미국의 노예가 다음과 같이 물을 수 있다는 사실은 놀랄 만한 일이 아니다. "그들이 주님을 나무에 못 박을 때 당신은 어디에 있었죠? ... 때때로 이 사실이 저를 흔들리게 합니다." 과거는 현재로부터 만들어지는데 그것은 현재의 고통 때문이다. 그리고 예술은 당신이 그리스도의 이야기와 마주할 수 있는 무언가를 만들어낸다. 또한 우리는 감정의 공유라는 부분이 미래의 약속을 향한 믿음에 근거하고 있다 가정해야만 한다. 깊은 절망 속에서 희망이 선포된 것처럼 말이다. 또한 예배를 드리며 기억에 관해 이야기할 때, 우리의 기억이 절망적인 결론을 내리지 않게 하는 것은 매우 중요하다. 밤이 와도 날은 밝고, 폭풍이 와도 날은 개듯이, 우리의 죄는 사랑으로 정복되었다. 죽음 역시 부활을 통해 해결이 된 문제다.

물론 예수 그리스도의 삶이 고통과 슬픔만을 위한 것은 아니었다. 아름다움과 사랑과 열정, 그리고 모든 사람을 친밀하게 부르시고, 그들이 아버지와 인격적으로 만날 수 있도록 인도하셨으며, 종교적인 테두리에 갇히지 않으셨고, 누구에게도 충분한 자격을 갖추라고 말씀하지 않으셨다. 하늘 아버지에게 다가가는 것은 어렵지 않고 간단한 일이라는 것을 분명히 말씀하신 것이다. 그러니 어두운 분위기에서 그리스도를 추모하기만 하는 것은 바람직하지 않다.

스카티 스미스 목사님의 이야기를 계속해서 들어보자:

"예수 그리스도를 기억하는 것은 지난 과거와 우리 마음에 있는 에덴의 음악을 반복해서 듣는 것과 같습니다. 창조주이신 예수님을 바라보는 것이지요. 우리를 만드신 주님과 친밀하게 관계하며 하루하루를 살고, 그가 만드신 세상에 많은 결실을 거두는 것이 바로 진정한 의미의 그리스도를 기억하는 것입니다. 예수 그리스도를 기억하는 것은 미래를 바라보며 성장하는 것과 같습니다. 우리를 새롭게 창조하실 예수님과 새 노래를 바라보는 것이지요. 우리를 새 하늘과 새 땅으로 인도하실 주님은 자신의 신부가 거할 영원한 집을 마련해 놓으셨습니다. 예수 그리스도를 기억하는 것은 현재 우리가 사는 이곳에서 주님의 이야기를 찾는 것입니다. 주님께서 모든 것을 새롭게 만드실 때까지, 찬양하고 전도하며 자신의 사명을 감당하는 삶을 살아가는 것이지요."

제가 생각에 과거와 미래가 반복되는 찬양의 가장 좋은 예는 아마도 밥 딜런(Bob Dylan)의 "The Time They Are A-Changin"인 것 같습니다. 이 찬양은 우리의 현실을 정확하게 반영하고 있으니까요. 미래는 생각만큼 그렇게 먼 거리에 놓여 있지 않습니다. 지금 우리가 겪고 있는 시간들이 고통과 절망으로 채워져 있다고 해도 그것은 곧 변화될 거라는 것이지요. 물은 솟아오르고, 오래된 길은 변화되며, 규칙들은 희미해져 갈 것입니다.

국회의원들, 정치인들이여
당신들을 부르는 소리를 잘 들어라
입구에 서서 의사당으로 가는 길을 막지 말라

결국 다치는 것은
문을 가로막는 당신들이 될 것이다
밖에서는 싸움이 시작되고
그 싸움은 점점 격렬해 질 것이다
머지않아 당신의 창문을 뒤흔들고
벽을 두들길 것이니
시대는 변하고 있으므로

그리스도를 기억할 때, 우리는 반복되는 '이미와 아직'(Already, but not yet) 사이에서 예배드리고 있다는 사실을 깨닫게 될 것이다. 하나님께서는 세상을 구원하셨다. 하지만 역설적으로 그 세상은 구원을 기다리고 있다. 그리스도 안에 있는 사람은 '새로운 피조물'이다. "그런즉 누구든지 그리스도 안에 있으면 새로운 피조물이라 이전 것은 지나갔으니 보라 새 것이 되었도다"(고린도후서 5:17) 그러나 그리스도 안에 있는 사람은 '아침마다 새롭게' 만들어져 갈 것이다. "여호와의 인자와 긍휼이 무궁하시므로 우리가 진멸되지 아니함이니이다 이것들이 아침마다 새로우니 주의 성실하심이 크시도소이다"(예래미야애가 3:22~23) 그리스도의 삶은 과거에 한 번 뿐이었지만, 우리에게는 지금 이 순간 그리스도의 미래를 경험할 기회가 있다. 그리고 그 과정 속에서 우리는 희망을 선물 받는 은혜를 경험했다.

| 모임(The Gathering)

스프링스틴의 노래는 특유의 사명과 함께 마무리된다.

어둠과 슬픔의 하늘(삶의 꿈)

사랑의 하늘, 눈물의 하늘(삶의 꿈)
영광과 슬픔의 하늘(삶의 꿈)
은혜의 하늘, 공포의 하늘(삶의 꿈) ...

올라와 더 높이 날기 위해
올라와 내 손을 잡아
올라와 더 높이 날기 위해
올라와 오늘밤 더 높이 나는 거야

이 곡의 전체를 덮고 있는 종교적 어조와 같이, 직장 상사는 직원들을 부른다. "올라와 더 높이 날기 위해, 올라와 내 손을 잡아." 직접 행동으로 옮겨보는 것은 기억함에 있어서 매우 중요한 측면이다: 우리는 그리스도의 몸으로 연합된 지체다. 그리스도 안에 있는 한 가족 간에 경계선이란 있을 수 없다. "이와 같이 우리 많은 사람이 그리스도 안에서 한 몸이 되어 서로 지체가 되었느니라"(로마서 12:5) 그리고 그리스도의 몸은 우리가 사는 이 세상의 콘크리트 바닥처럼 사용되는 존재다. 스카티 스미스 목사님은 다음과 같이 간략하게 설명한다.

> 예수 그리스도를 기억하는 것(Remember)은 마치 가족과 같이 다른 사람과 하나의 멤버가 되는 것(Re-member)입니다다. 그리스도의 몸으로서 드리는 예배, 함께 하나님을 섬기는 것과 같이 말이지요. "몸이 하나요 성령도 한 분이시니 이와 같이 너희가 부르심의 한 소망 안에서 부르심을 받았느니라 주도 한 분이시요 믿음도 하나요 세례도 하나요 하나님도 한 분이시니 곧 만유의 아버지시라 만유 위에 계시고

만유를 통일하시고 만유 가운데 계시도다"(에베소서 4:4~6)

| 내 손을 잡아(Your Hand in Mind)

마지막 유월절 밤을 보내는 동안, 예수 그리스도께서는 육체적인 접촉을 통해 자신을 추모할 수 있는 의식 하나를 지정하셨다. 많은 현대교회에서 이 의식이 사라진 상태인데, 이 의식의 아름다움은 성찬을 하는 것만큼이나 깊은 의미를 지니고 있다. 그리고 두 의식은 서로를 완성시켜 준다. "Mandatum novum do vobis ut diligatis invicem sicut dilexi vos(새 계명을 너희에게 주노니 서로 사랑하라 내가 너희를 사랑한 것 같이 너희도 서로 사랑하라)", 요한복음 13:34) 이 성구의 라틴어 문장의 첫 단어를 따서, 서로의 발을 씻겨 주는 이 의식을 마운데이 목요일(Maunday Thursday: 세족 성 목요일)이라고 부른다.

세상의 모든 교회들은 매주 예배를 드리며 성찬을 통해 그리스도를 기념한다. 하지만 정작 서로를 사랑하라는 명령은 잊어버린 것 같아 보인다. 하지만 그리스도에게 있어서 이 두 가지 행동은 결코 나누어질 수 없다. 그러니 예배 인도자로서 우리는 다른 사람에게 무신경해서는 안 되는 것이다. 연합 혹은 그리스도의 몸의 한 지체가 되는 것은 육체적이고 영적인 차원의 일이다. 그 사실을 잊어버렸기 때문일까? 리더의 사명을 감당하면서도 우리는 종종 성찬의 본질적인 면을 파괴할 때가 있는 것 같다. 불을 꺼버리듯이 말이다. 우리는 성도들이 세상과 단절하고 공동체의 구성원으로 들어올 수 있도록 개인적인 예배의 보호막을 만들어야 한다. 이제 그들의 눈을 바라보며 이렇게 말하자. "그리스도를 기억하기 위해, 저는 당신을 사랑하라는 주님의 명령을 따를 것입니다. 예수님께서 제자들의 발을 씻어주신 것처럼, 저를 위해 하신 그 일처럼, 이제 당신의 발을 씻어주겠습니다." 기억하는 것의 예술적 차원은 직접성이고, 과거와 미래를 품는 것이며, 신체적 연합을 이해하는 것이기도 하다. 자비와 사랑을 중심에 둔 채로 말이다. 워십리더들, 예술적 목사들, 교회를 만들어가는 사람들, 그것이 바로 우리의 사명이다. 이 추도문을 읽어보자.

> 예수 그리스도를 기억하는 것은 그를 경험하는 것이다. 마치...
>
> 마지막 말 - 하나님께서 하신 모든 약속들은 그들의 "Yes!"를 찾는다: 온 성경에 퍼져있는 영웅, 심장박동 소리, 희망을 말이다.
>
> 완전한 구원 - 그는 이미 우리가 하나님과 화해하기 위해 필요한 모든 것을 이루셨고, 모든 것을 새롭게 만드셨다.
>
> 다시오실 왕 - 그의 통치는 이루어지고 있고, 그의 왕국은 아직 완전히 임하지 않았다.
>
> -스카티 스미스

| 올려짐(The Rising)

기억 속에서, 그리스도의 삶과 죽음이 우리 앞에 현존한다. 현재와 과거가 연합하는 것이다. 그리스도를 기억할 때, 우리는 그를 기념한다. 그리스도를 기억할 때, 우리는 그의 희생과 아름다웠던 삶을 재현한다. 하나님에 관한 우리의 앎이 바로 이런 것이다. 하나님께서 그의 아들을 부활하게 하셨고, 새로운 희망을 창조하셨으며, 모든 것의 구원을 허락하셨다. 그와 같은 면에서 우리는 그리스도의 경험에 참여한 것이다.

기억하는 것은 사랑의 성찬 안에서 연합하는 것이다. 이것은 하나의 몸으로서의 우리를 의미하고, 서로 다른 '영적 실재'와 '우리 주변에 있는 물질적인 것들'을 연합시켜주는 활동이다. 그리스도를 기억할 때, 우리는 은혜 안에서 충만해지고, 구원에 관한 하나님의 약속과 이별이 없는 미래를 선물 받는다.

그러니 이제는 예배를 드리며 '잊지 말자'는 약속에 머물지 말자. 기억하는 거다. 그 기억이 모든 것을 변화시킬 테니까.

제레미 암스트롱 *(Jeremy Armstrong)*

워십리더 매거진(Worship Leader magazine)의 편집장(Managing Editor)이다. jeremy@wlmag.com

교회를 위한 옷 벗음

– 레지 키드 *(Reggie Kidd)*

예수 그리스도께서는 비유를 통해 한 남자의 이야기를 들려주셨다. 어떤 남자가 왕의 혼인잔치에 초대 받았는데, 그 자리에 맞는 의복을 갖추지 못한 채로 나타났다는 내용이다(마 22:11-14). 결국 그는 왕에 의해 어두운 곳으로 쫓겨났다. 이 비유를 묵상할 때면, 나는 항상 어린 시절과 부끄러울 만큼 미숙한 신앙을 가졌던 과거를 떠올리게 된다. 그리고 내가 만난 첫 번째 목사님인 몰트 휘트먼(Mort Whitman)을 떠올리게 된다. 몇 번이나 나는 몰트 목사님의 슬픈 눈에서 나를 향한 왕의 기대를 느끼곤 했다: “누가 너를 초대했는지 이해할 수 있겠니? 그리고 그분께서 너를 계속 부르고 계신다는 놀라운 사실을 알 수 있겠니?” 그는 슬픔과 동시에 강렬한 눈으로 나를 바라보고 있었다. 그의 눈을 봤을 때마다 나는 벌거벗겨진다고 느꼈고 침묵 속에 빠져버렸다(비유에 나오는 것처럼). 감사하게도 그런 과정은 무언가를 배울 수 있도록 침묵의 시간과 공간으로 인도했다. 오랜 시간동안 몰트 목사님은 어린아이 같은 나의 영적인 질문들에 따스한 눈으로 대답해주며, 차가운 내 심장을 녹여주었다. 결국 그는 나를 왕의 궁전으로 이끌어 주었다.

몰트 목사님의 방식은 여러 면에서 4세기 중반에 활동한 예루살렘의 주교 키릴(Cyril biship of Jerusalem)의 그것과 유사하다. 당시 키릴이 살던 예루살렘에서 기독교인이 되는 것은 일종의 '거래'(deal)였다. 큰 규모와 화려함을 자랑하던 성분묘교회(Church of the Holy Sepulchre)는 예수 그리스도께서 십자가에 달려 죽으시고 부활하신 곳에 지어졌는데(이교도들의 비너스 사원을 무너뜨리고 그 위에 지어졌다), 그만큼 교회가 잘 나가던 시절이었다.

예루살렘은 순례자와 새 거주자들로 채워져 있었다. 많은 사람은 진지함 없이 장난으로 신앙을 고백했고 기독교 축제(성만찬)에 참여하려고 세례를 받았다. 소수의 사람만이 순수한 믿음을 가지고 세례를 받았던 것이 현실이었다. 기독교가 주류를 이루던 사회였기 때문에, 세례를 받는 것은 직업을 얻거나 이성을 만나기에도 좋았다. 그런 면에서 볼 때, 4세기나 21세기나 크게 다르지 않은 것으로 보인다. 키릴은 그런 현실을 꽤 뚫어 보며 세례 후보자들에게 다음과 같이 엄숙하게 물었다. "당신은 눈에 보이는 것 이상의 존재를 기대하십니까? 당신의 마음이 하나님 없이 무엇을 할 수 있는지에 관해 알기를 원하십니까?" - 선교리문답2(Procatechesis2)

세례는 단순한 행사가 아니고, 그저 오래된 옷을 벗는 일이 아니다. 이 영광스러운 축제의 시간이 의미하는 것은 단 한 가지, 바로 '영혼의 신랑'(Bridegroom of souls)과 마주하는 일이다. 키릴은 세례를 받으려는 사람들에게 왕의 혼인잔치에 잘못된 옷을 입고 참여한 남자의 비유를 떠올리게 했다: "만약 당신의 영혼이 탐욕의 옷을 입고 있다면, 이곳에 오기 전에 먼저 그 옷을 갈아입으세요 … 우상숭배와 불순의 옷을 벗고, 하얗게 빛나는 순결의 옷을 입고 오시길 바랍니다."

| 지나치게 치장하는 것에 대해

키릴은 사람들에게 그들 자신이 깨끗한지 묻지 않았다. 완전히 깨끗한 사람은 없고, 하나님께서 이미 그들을 받아주셨기 때문이다. 그들이 과거에 입었던 옷은 중요하지 않다. 세례를 받게 되는 그날, 그들의 더러운 옷은 벗겨지는데(문자 그대로, 남녀는 각각 어두운 곳으로 들어가 옷을 벗고 세례 의식을 치른다), 그후 그들은 세례가 어떤 옷을 입고 왔든 상관없이 이루어진다는 사실을 깨닫게 된다. 이에 관해 키릴은 예수 그리스도께서 십자가 위에서 벌거벗겨지셨던 것과 같은 것이라고 설명한다. 벗겨진 모습으로 그들은 물에 들어가 예수님과 함께 십자가에 달려 있음을 체험하는 것이다. 아담과 하와는 에덴에서 아무것도 입지 않았지만, 죄를 짓기 전의 상태였기 때문에 문제되지 않았다. 그러므로 예수 안에 들어온 우리는 그 의식을 통해 옛 모습을 회복한다. 키릴은 성찬을 통해 다음과 같은 메시지를 전했다: "세례의 물속에 들어와서도 탐욕과 불순한 이전 옷들을 입을 수 있다고 생각하지 마십시오. 예수 그리스도께서 당신의 마음을 지켜갈 수 있도록 도와주실 것입니다." 세례를 받은 사람이 물에서 나오면, 그들은 하얀 새 옷을 받고 그것을 입는다. 이는 앞으로 어떤 옷을 입든지 예수 그리스도께서 주시는 그 '빛나는 옷', '구원의 옷', '기쁨의 의복'으로부터 출발해야 한다는 것이다. 세례를 받은 사람은 한 주 동안 그 옷을 입고 그들이 경험한 신비와 이전과 다른 현재의 삶에 관해서 매일 교육을 받는다.

| 변화된 것을 환영합니다

선과 악을 가리지 않고, 왕은 모든 사람을 초대하셨다. "종들이 길에 나가 악한 자나 선한 자나 만나는 대로 모두 데려오니 혼인 잔치에 손님들이 가득한지라"(마 22:10) 하지만 초대된 사람은 스스로 그 자리로 나아와야 한다. 그

동안의 습관, 태도, 신념을 버리고 왕이 허락하는 모습으로 나아와야 하는 것이다. 우리의 '영혼의 신랑'께서는 정중히 말씀하신다. 우리가 스스로를 정의하는 것을 포기하라고 말이다. 우리의 직업, 음악성, 정치적 성향, 성까지도 말이다. 몰트 목사님의 강렬한 눈빛과 키릴이 주는 도전에서 내가 얻은 것은 분명하다: 축제로서의 예배가 갖는 가치는 모든 사람들을 환영하고, 그 모든 사람이 자신에게 필요한 옷으로 갈아입을 수 있도록 돕는 것이라는 사실을.

레지 키드 *(reggiekidd.com)*

위드 원 보이스(With One Voice)의 저자이며, 리폼드 신학교(Reformed Theological Seminary)에서 가르치고 있다.

당신은 갈등을 싫어하는가?

– 로리 놀랜드 *(Rory Norland)*

Q: 저희 예배팀에는 갈등을 조장하는 사람들이 있습니다. 연습할 때마다 논쟁하데, 그들은 이제 서로 이야기도 하지 않는 지경입니다. 저는 정말 갈등을 일으키는 사람들이 싫어요. 그럴 때마다 저는 이 사역을 그만두고 떠나고 싶습니다. 왜 우리가 모두 잘 어울려 지낼 수 없는지 이해할 수도 없고요. 이런 저에게 조언을 부탁드립니다.

A: 나 역시 갈등을 좋아하는 사람을 본 적이 없다. 하지만 그것은 리더에게 교훈이 되기도 한다. 특히 당신에게는 그것이 큰 도전이 될 텐데, 당신은 갈등 자체를 싫어하는 것처럼 보이기 때문이다. 적극적으로 문제를 해결하려는 것보다 피하는 것이 상책이라고 생각하지 않는가? 갈등을 싫어하는 리더는 지저분한 문제를 대충 얼버무리며 넘기려한다. 그것이 사라질 때까지 기다리거나 조용히 빠져있으면서 말이다. 하지만 그러는 동안 팀의 사기는 떨어지고 연합은 해체되어 갈 것이다. 그러한 방식은 당신이 문제를 해결하는데 전혀 도움을 주지 못한다.

나의 젊은 날을 뒤돌아 볼 때, 갈등은 날 마비시키는 것이었다. 교회에 작은 문제라도 생기면 잠도 못 자고 그 문제에 대해 고민했다. 나는 문제에 직면할 때마다 그 갈등이 내 리더십의 실패로 촉발되었다며 자책했다. 그러면서 모든 목회가 이러한 문제를 가지고 있다는 사실을 알게 되었다. 그 문제가 리더로서의 나 때문에 발생한 것이든 그렇지 않든 간에 말이다.

| 미리 대비하라

열왕기상 28장 20절에서, 다윗은 솔로몬에게 미리 대비하는 리더십을 이야기한다. "너는 강하고 담대하게 이 일을 행하라" 공동번역 성경에서는 "해나가거라"라고, 우리말 성경에서는 "하여라"라고 번역하는데, 어떤 번역본을 봐도 문제 될 것 없다. 그 말은 분명히 적극적으로 무언가를 하라는 것을 의미하니까. 이 말은 마치 "솔로몬아, 이제 네가 리더다. 귀찮은 문제들에 대해 무엇이든 하여라."고 말하는 것처럼 들린다. 이처럼 나도 당신에게 미리 대비하라고 충고하고 싶다. 그들이 떠나거나 문제가 스스로 해결될 때까지 기다려선 안 된다. 만약 당신이 교회와 성도들을 돌보고 싶다면, 행동해야 한다. 당신의 리더십을 보여줘야 하는 것이다.

| 단호하게, 그러나 애정을 가지고

에베소서 4장 31절은 우리에게 모든 악독과 노함과 분 냄과 떠드는 것과 비방하는 것을 모든 악의와 함께 버리라고 가르친다. 이 말씀은 당신이 누군가와 충돌했을 때 좋은 충고가 될 것이다. 화내거나 비난해서는 안 된다. 겸손하게 애정을 가지고 이야기해야 하는 것이다.

| 질문과 함께 시작하라

가혹한 비난 대신, 나는 질문을 던진다. 가령, 나라면 사이가 좋지 않은 두 사람을 불러서, 당신들의 논쟁이 나머지 팀원에게 어떤 영향을 미칠지 생각해봤느냐고 질문하겠다. “어떻게 해야 당신들의 우정이 회복될 수 있을까요?” 화가 난 두 사람이 있다면 이렇게 질문한다. “우리가 좋은 관계 안에서 일하기 위해서 무엇을 해야 하죠?” 그들은 아마 질문에 대답할 수 없을 것이다. 당신은 내가 한 것보다는 나은 상황에 있다. 하지만 중요한 점은 다른 목적을 가지고 접근하지 말고, 긍정적인 관계를 만들어내기 위한 질문을 던져야 한다는 사실이다.

| 식별 가능한 행동과 마주하다

언제든 당신이 누군가와 부딪히게 된다면, 눈에 보이는 행동은 한계를 가진다. 만약 당신이 누군가를 나쁜 태도로 비난했다면, 그들은 대부분 이렇게 대답할 것이다. “아니, 안 그랬어.” 그리고 논쟁은 격화되어 간다. 태도는 당신이 보거나 들을 수 없는 무형의 존재이기 때문이다. 당신은 다른 사람의 머릿속에 들어갈 수 없다. 그 사람이 어떤 생각을 하는지 알 수 없다는 말이다. 마음은 그렇지 않아도 좋지 않은 자세로 말한다면 상대는 마음이 상할 수밖에 없다. 하지만 만약 당신이 “어젯밤 리허설을 할 때 네가 한 이야기가 안 좋게 들렸어. 정말 그런 의미로 한 말이야?” 라고 묻는다면, 상대로부터 그 일에 관한 진짜 의미를 들을 수 있을 것이다. 문제에 관해 알지 못하면서 심정적으로 대하는 것은 매우 좋지 않은 태도다.

누가 얼마나 갈등을 싫어하는지 알 수는 없다. 다만 내가 말했던 듯이 누구도 갈등을 좋아하진 않는다. 하지만 연습을 통해 그것과 당당히 마주할 수 있고, 좋은 열매를 맺으며 건강한 사역을 할 수 있을 것이다. 그 과정에서 하나님께서는 당신이 갈등과 마주할 수 있는 용기를 허락하시고, 교회에서 발생하는 모든 문제를 지혜롭고 효과적으로 해결하도록 도우실 것이다.

로리 놀랜드 *(Rory Noland)*

하트 오브 더 아티스트 사역(Heart of the Artist Ministries, heartoftheartist.org)의 디렉터이며, 하늘에서와 같이 땅에서도 워십(Worship on Earth as It Is in Heaven)을 포함한 3권의 도서를 저술한 저자이기도 하다

조용히!(Hush!)

- 마크 D. 로버츠 *(Mark D. Roberts)*

내가 어빈 장로교회(Irvine Presbyterian)에서 담임 목사로 재직할 때, 교회에서는 내게 석 달의 안식 기간을 허락했다. 자유롭게 주일을 보낼 수 있었던 나는 오렌지 카운티(Orange County)에 있는 많은 교회를 방문했다. 그때 많은 다양성을 경험할 수 있었다. 어떤 교회는 규모가 매우 컸고, 또 다른 교회는 상대적으로 작았다. 수준 높은 록 밴드가 있는 교회도 있었고, 전통적인 예배의 형식을 선호하는 교회도 있었다. 나는 교회들의 다양성 사이에 있는 많은 공통적인 요소에 고무되었다. 예배는 언제나 하나님께 영광을 돌려야 하고 설교는 성경에 근거해야 한다는 것 등……. 그런데 그들 대부분에게는 고요한 시간이 없었다. 자신을 돌아볼 수 있는 공간이 없었고, 하나님께서 무언가를 말씀하시기 원하실 때 그것을 들을 수 있는 기회가 없었다. 장르를 불문하고 모든 예배가 많은 소리로 꽉 차 있었다.

| 경외할 수 있는 공간

내가 말하려는 것은 교회의 다양한 소리가 나쁘다는 것이 아니다. 사실 성경은 우리가 그리스도 안에서 모였을 때 시끌벅적해야 한다고 말한다. 찬양을 부르거나 손뼉을 치거나 기도를 하거나 예언을 하면서 말이다. 굳이 우리가 퀘이커 교도들(Quaker community)의 예를 따를 필요는 없다. 언젠가 나는 그들의 예배에 참여한 적이 있었는데, 예배 시작 후 30분 동안 완전한 적막이 흘렀다. 하지만 분명히 그들로부터 배울 것도 있다고 믿는다. 우리는 예배를 가운데, 고요한 시간을 포함해야 한다. 이 시간 동안 우리는 하나님의 위대하심에 압도당하고, 그가 우리에게 말씀하시는 이야기를 들어야 하기 때문이다.

하박국 2장 20절의 말씀을 생각해 보자. "오직 여호와는 그 성전에 계시니 온 땅은 그 앞에서 잠잠할지니라 하시니라" 이 말씀을 히브리어로 읽는다면 그 뜻을 보다 분명하게 이해할 수 있을 것이다. "오직 여호와는 그 성전에 계시니 그의 얼굴 앞에서 온 땅은 조용히하라!" 모든 사람은 하나님의 거룩한 위엄에 대한 응답으로서 조용히 해야만 한다(시편 46:10을 보라).

| 하나님께 귀 기울이는 것

열왕기상 18-19장에 나오는 엘리야의 이야기를 기억하자. 바알 선지자들을 격파한 그는 광야로 도망쳤다. 그가 호렙산에 도착했을 때, 하나님께서 임재하셨다. 강풍이 바위를 부수고, 불이 땅을 그을리게 했다. 하지만 하나님께서는 바람, 지진, 불 가운데 계시지 않았다. 마지막으로 엘리야는 '세미한 소리'(왕상 19:12)를 들었다. 고요한 순간, 여호와께서는 자신의 선지자에게 우리가 '고요한 소리'(still, small voice)라고 부르는 음성으로 다가오셨다.

예배 가운데 하나님의 세미한 소리를 들어본 적 있는가? 왜 고요한 시간이 없을까? 그것은 어느 정도 전통을 반영한 것이다. 하지만 예배에 침묵이 빠졌다는 것은 분명한 한계이기도 하다. 아마 우리는 침묵에 익숙하지 않을 것이고, 침묵은 우리를 불편하게 만들 것이다. 우리는 그러한 희생을 피하려고 한다. 하지만 우리는 그 고요한 시간을 감당할 수 있어야 한다.

| 두려운 침묵

내가 처음으로 침묵을 선택했을 때, 나는 적막으로 인해 무려 12시간 동안 침묵과 싸워야만 했다. 하지만 그 이후 내 영혼은 여유를 되찾았고, 하나님의 음성에 집중할 수 있었다. 소음에 마비된 자신을 발견할 때면, 나는 곧 도움이 필요한 사람들과 이 침묵에 관해 나눈다.

만약 우리가 성도들을 침묵 가운데로 인도할 수 있다면, 우리는 삶 속에서 고요한 평안을 경험하게 될 것이다. 이제 우리는 삶 속의 바쁨과 시끄러움이라는 시간과 직면하고, 그 시간을 비판할 수 있어야 한다. 그때 우리 영혼은 온전히 하나님께 귀 기울일 수 있을 것이다.

| 기도

전능하신 하나님. 주님은 역동적인 과정을 통해 스스로를 계시하십니다. 때로는 세미한 음성으로 찾아오십니다. 이제 기도하오니, 주님께서 하시는 모든 일과 주님의 음성을 들을 수 있도록 도와주소서. 특별히 고요함 속에서 주님의 임재를 경험하기 원하오니, 그 놀라우신 거룩함으로 저를 찾아주셔서 주님의 음성을 들을 수 있도록 도와주소서. 또한 고요함 속에서 당신의 백성을 인도하도록 도와주소서. 당신의 임재 안에서 감탄하도록, 그리고 그 음성을 들을 준비가 되도록, 당신을 믿고 섬길 수 있도록 인도하소서. 아멘.

마크 D. 로버츠 *(Mark D. Roberts)*

레이티 리뉴얼(Laity Renewal)의 수석 고문이자 재단의 주재 신학자(Theologian-in-Residence of foundation)이다. 블로그: www.patheos.com/blogs/markdroberts
데일리 리플렉션: www.thehighcalling.org

부끄러움 없는 경배

– 제임스 맥도널드 *(James MacDonald)*

오래전 나는 《버티칼 처치》(Vertical Church: David C Cook, 2012)를 집필하며 시간을 보냈는데, 그러는 동안 지난 10년간 책을 쓰지 못했다는 사실을 깨달았다. 나는 준비가 되지 않았다. 지금까지 25년 동안 하나님의 은혜로 한 교회에서 사역할 수 있었는데, 정말 많은 실수를 하면서 성도들이 더욱 수준 있는 귀를 가질 수 있도록 도울 수 있었고 나 역시 많은 것을 배워왔다. '부끄러움 없는 경배'(Unshamed Adoration)는 하나님의 영광에 관한 모든 것이라고 할 수 있는 교회를 이해하는 데 있어 가장 중심적인 역할을 한다고 할 수 있을 것이다. 내가 책의 앞부분에서 말한 것과 같이, 만약 교회에 하나님의 영광이 없다면, 교회는 결국 허영덩어리가 될 뿐이고 바람 따라 날아가는 가벼운 존재로 전락하게 될 것이다. 내 글의 뒷부분에는 하나님을 알기 위한 질문을 위해 가장 먼저 해야 할 네 가지를 다룬다. 무엇이 당신의 영광을 떨어뜨리는가? 우리의 질문에 대한 첫 대답은 예수 그리스도의 입을 통해 들을 수 있다. "영과 진리의 예배"(요 4:24)

| 캘버리(Calvary)에서

비록 지금은 하나님께서 얼마나 사춘기 시절의 내 예배를 받기 원하셨는지 알 수 있지만, 젊은 목사가 되어 캘리포니아를 여행하던 순간까지는 그것을 알지 못했다. 성령님께서 강하게 나와 만나주시고 내가 온 마음으로 그를 찬양하게 되기 전에는 말이다. 나는 캘리포니아 서남부에 위치한 코스타 메사(Costa Mesa)의 캘버리 채플(Calvary는 골고다의 라틴어명으로 예수님께서 십자가에 못 박히신 곳을 의미한다)에서 주일 예배를 드리고 있었다. 그 시간 나는 아무런 생각이 없었다. 그저 교회에 왔을 뿐이었다.

저녁 예배는 낯설면서도 매력적이었다. 나는 조용히 뒷자리에 앉았는데, 그 때의 난 투르 드 프랑스(Tour de France: 프랑스에서 매년 열리는 국제 사이클 도로 경기)에 보조 바퀴를 달고 참가한 어린아이 같았다. 그 예배의 경험은 지금껏 상상해 본 적이 없을 만큼 큰 충격으로 다가왔다. 교회가 이렇게 예배를 드릴 수도 있다니! 그저 두 명의 기타 연주자가 앉아있었을 뿐이지만, 그 달콤한 단순함이 내가 가지고 있던 성경적 예배의 경계를 완전히 새로운 모습으로 바꿔주었다. 예배 인도는 강단에서만 이루어져야 한다는 내 고정관념을 넘어서, 내 주변에 있는 모든 예배자가 손을 들고 무릎을 꿇고 자신의 감정을 때로는 조용히 때로는 큰 소리로 표현했다. 지금까지 나는 모든 사람의 얼굴에서 그토록 예수 그리스도의 기쁨이 넘치는 모습을 본 적이 없었다. 또한 머리 위로 손을 올리고 예배드렸던 첫 경험이었고, 그리스도의 사랑 때문에 눈물 흘린 처음 순간이었다. 순수하고 고요한 열정이 나를 찾아왔고 이어서 내 몸의 깊은 곳을 통과해 빠져나갔다는 사실을 느낄 수 있었다.

| 예배: 우리가 할 수 있는 가장 강력한 것

예수님께서는 "네 보물 있는 그 곳에는 네 마음도 있느니라"(마 6:21)고 말씀하시며, 모든 사람의 미래를 위한 결정 요인으로써의 예배의 중심에 관해 분명히 가르치셨다. 예배(Worship)나 경배(Adoration)는 인간이 할 수 있는 가장 강력한 표현이다. 자격 없는 사람이나 그러한 주제로 예배가 드려질 때, 우리는 그것을 우상숭배라고 부른다. 우상숭배(Idolatry)는 모든 죄에 그 근원을 두고 있다는 점에서 자존심(Pride)도 일종의 우상숭배라고 볼 수 있다. 자존심이란 자신을 우상화하는 잘못된 관점을 말하는데, 궁극적인 죄란 하나님의 자리에 다른 사람이나 사물을 두는 실제적인 행동을 말하기 때문이다. "너는 나 외에는 다른 신들을 네게 두지 말라"(출 20:3). 예수님께서도 "주 너의 하나님을 사랑하라"며 출애굽기의 말씀을 반복하며 가장 위대한 계명에 관해 이야기하신다(마 22:34-40; 막 12:28-34).

인간이 할 수 있는 가장 위대한 경험은 사랑을 받으시기에 합당하신 분께 우리의 사랑을 표현하는 것이다. 예수 그리스도의 승천이 갖는 의미 안에서 우리의 가장 큰 기쁨이 발견되었다. 그리고 가장 큰 죄는 그리스도 이외의 것에 대한 경배가 된다. 그것이 하나님에 대한 모욕이 되기 때문만이 아니라, 하나님 안에서 창조된 우리의 마음에도 모욕이 되는 것이기 때문이다. 하지만 신앙 공동체가 그들의 최우선순위로써의 예배를 사모할 때, 인간이 낼 수 있는 가장 큰 힘으로 나타나는 경배에 의해 새롭게 규정될 것이다.

| 예배는 찬양 이상의 것인가?

우리는 항상 다음과 같이 말한다. 가족에게 식사를 만들어주거나 차를 세차하거나 이웃을 돕는 등의 행위가 모두 일종의 예배라고. 어떤 일이든 하나님을 향한 사랑에 근거하여 나타날 때, 그리고 그 결과로 사랑이 실현될 때, 나는 그 일이 '예배하는' 것이라는 말에 동의할 수 있다. 하지만 기술적인 면에서 그 일들을 예배라고 할 수는 없다. 내가 지나치게 엄격한 잣대로 예배를 분석하는 것은 아니지만, 우리 존재를 위한 다양한 예배의 목적을 받아들이기 원한다면, 그것에 관해 분명히 정의할 필요가 있다. 예배란 모든 의미를 하나님께 돌리는 실제적인 활동을 말한다. 예배를 드리는 행동은 간접적으로 나타날 수도 있지만, 성경에서 명하고(Commands) 권하는(Commends) 예배는 우리가 최대로 표현할 수 있는 것이어야 한다. 그래, 그 어떤 것도 예배보다 직접적이고 의도적으로 표현되어서는 안 되는 것이다. 음악을 최고로 여겨서는 안 된다. 그것이 도구가 될 때, 우리가 올려 드리는 모든 것은 적법한 '예배하는' 행위가 되고, 그 도구를 통해 더욱 의미 있는 예배를 하나님께 드리게 될 수 있을 것이다. "너희 권능 있는 자들아 영광과 능력을 여호와께 돌리고 돌릴지어다 여호와께 그의 이름에 합당한 영광을 돌리며 거룩한 옷을 입고 여호와께 예배할지어다"(시 29:1-2). 예배는 온전한 인간 안에서 이성과 감성과 의지가 결합하여 나아가는 것이다.

하나님의 사람들이 하나님의 아들 예수 그리스도를 부끄러움 없이 경배할 때, 그 어떤 것도 교회에 나타나는 주의 영광을 떨어뜨릴 수 없다. 그때 믿지 않는 사람들 역시 "마음의 숨은 일들이 드러나게 되므로 엎드리어 하나님께 경배하며 하나님이 참으로 너희 가운데 계신다 전파하리라"(고전 14:25). 자신의 모든 존재를 비롯하여 온몸으로 예배하는 신앙인들은 그들이 이 세계를 위해 해야 하는 유일한 일이 성취되기를 기대하게 된다. "나와 주의 백성이 주의 목전에 은총 입은 줄을 무엇으로 알리이까 주께서 우리와 함께 행하심으로 나와 주의 백성을 천하 만민 중에 구별하심이 아니니이까"(출 33:16). 희석되고 약해지고 손상되어버린 교회의 모든 활동은 더 이상 찬양만이 유일한 것이라는 생각을 거부해야 한다. 교회는 모든 것을 통해 하나님의 영광을 나타낼 수 있기 때문이다.

| 네 개의 작은 단어

만약 당신의 심장이 겸손한 자세로 거룩한 상태를 인정할 수 있고, 하나님에 관해 아는 것을 넘어 하나님을 경험하기 원한다면, 내가 제시하는 네 개의 말이 당신이 더욱 놀라운 예배를 경험할 수 있도록 도와줄 것이다. 재미로 드렸거나 일상적으로 드렸던 예배를 넘어서는 진짜 예배를 위하여.

1. 수직으로(Vertical)

캘버리 채플에서의 밤에 삶의 전환점을 맞이했을 때, 내게 모든 것을 달라 보이게 했던 분명한 한 가지의 다른 점이 있었다. 그것은 사람들이 하나님에 관해 찬양하는 것이 아니라, 하나님께 찬양을 올려드렸다는 점이다. 분명히 시편의 기자는 "여호와께 노래하라"(시 96:1)고 외쳤다. 하지만 이 구절을 떠올림과 동시에 내게는 작은 의심이 찾아왔는데, 분명히 그렇지 않은 성구도 있지 않은가("기뻐하라 기뻐하라" 그리고 "거룩하다 거룩하다 거룩하다" 등). 내가 불러온 찬양의 대부분은 수평적(Horizontal)이었다. 하나님께 올려 드리는 것이 아니라, 하나님에 관한 찬양을 드려왔다는 말이다. 하지만 간접적인 언어로 드려지는 찬양에 대한 내 우려는 사람들이 하나님께서 그의 교회에 거하시지 않을 거라는 관념을 갖게 될지 모른다는 사실이다. 만약 우리가 하나님께서 약속하셨던 것처럼 우리의 예배 가운데 함께 계신다는 사실을 믿는다면(시 22:3), 우리는 그저 하나님이 어떤 분이신지 묘사하는 것이 아니라, 함께 하시는 하나님께 직접 올려드릴 수 있는 찬양으로 우리의 언어를 전환해야 한다. 그렇지 않으면 우리의 예배는 무의미한 것이 될지도 모른다. 심지어는 하나님을 불쾌하게 만들지도 모를 일이다. 이런데도 당신은 기존의 찬양 스타일만 고집할 것인가? 하나님께서 마치 이 자리에 존재하지 않는다는 것처럼 이야기하면서?

2. 단순하게(Simple)

코스타 메사에서 드렸던 예배의 두 번째 특징은 찬양의 단순성이다. 나는 그때 부른 모든 찬양이 매우 단순한 언어를 사용하고 있었음을 분명하게 기억한다. 어쩌면 복잡하지 않고 단순하기 때문에 기억할 수 있었는지도 모를 일이다. 친밀함은 단순함을 필요로 하고, 바른 신학으로 채워져 있는 것이어야 한다. 복잡한 것은 성경에 나타난 하나님의 묘사와 전혀 상관없지 않은가. 나는 천국의 천사들이 하나님 앞에서 자유롭게 찬양할 수 있다고 생각하지 않는다. 우리는 그저 하나님이 거하시는 곳에서 '계속해서 찬양'할 뿐이라는 사실을 알 수 있을 뿐이다. 하나님의 위대함에 합당한 반응으로써 말이다. 그 찬양이 곧 단순한 예배의 표현이다. "거룩하다 거룩하다 거룩하다 만군의 여호와여"(사 6:3) "우리 주 하나님이여 영광과 존귀와 권능을 받으시는 것이 합당하오니"(계 4:11) 이런 표현들이 갖는 힘은 그것의 단순함에 있다. 우리가 예배를 준비하는 것은 그것을 받으실 오직 한 분을 위함이고, 찬양을 예배자에 맞춰서 정하는 것은 하나님께서 직접적으로 특정한 장르의 곡을 사용하라고 말씀하시지 않았기 때문이다. 사실 우리는 하나님께서 클래식을 좋아하시는지 힙합이나 레게음악을 좋아하시는지 알 수 없다. 하지만 나는 하나님께서 특정 음악을 선호하신다고 생각하지 않는다. 예배가 성경에서 말하는 신학을 담고 있는 것은 매우 중요하지만, 그것보다 중요한 것은 관계 안에서 사람을 사랑하는 것이다. 그 어떤 메시지보다도 말이다.

3. 감정을 담아(Emotive)

캘버리 채플에서 내가 발견했고, 여전히 많은 사람이 실천하지 못하는 것이 있다. 그것은 진실한 감정이나 애정을 가지고 예배를 드리려는 모습이다. 나는 '영적 예배'라는 말을 좋아하는데, 그것은 나를 위해 시작되어 지금까지 이어지고 있는 예배다. 그와 같은 영적 예배를 내가 좋아하는 음악 스타일보다 더 중요하지 않다고 말할 수는 없다. 나는 예수님의 사랑이 밀려와 나를 뚫고 나갔다는 사실을 느낄 수 있다. 사실 과거의 나는 교양 있게 보여야 한다는 생각으로 부두(Dock)에만 머물러 있었는데, 이제 그 어떤 방해도 받지 않고 찬양할 수 있는 바다를 발견했다. 당신은 혼자서나 여럿이서 예배를 드리는 순간 정말 중요한 무언가를 느껴본 적이 있는가? 개인적 성향, 세대, 국가라는 경계 안에서, 정말 당신은 열정적으로 예수 그리스도를 찬양할 수 있다고 생각하는가?

4. 육체를 통해(Physical)

성경이 말하는 전인적(Whole-person) 예배는 "네 힘을 다하여"(막 12:30: 힘을 뜻하는 strength가 한글 개역개정 성경에는 '뜻'이라고 번역되어 있다 - 역자주) 주 너의 하나님을 사랑하라는 명령을 포함하고 있다. 이 말씀은 열정의 힘이나 지성의 힘이라고 이해될 수 있겠지만, 육체적인 힘 자체로 해석되는 것 역시 금지될 필요 없다. 가령 예배의 육체적 차원이라는 말은 영적인 관념에서 볼 때 어색하게 들릴지도 모른다. 하지만 이것은 성경적이며 우리에게 유익한 일이라는 사실을 기억하자. 예배에 당신의 육체를 사용하는 것은 지성을 포함한 감성을 이끌어내는 데 큰 도움이 된다. 우리가 알고 있는 가장 위대한 예배자인 다윗은 육체를 통해 드려지는 예배의 전형이라고 할 수 있다.

목소리: "여호와께서 내 음성과 내 간구를 들으시므로 내가 그를 사랑하는도다"(시 116:1) 자신을 지켜주시는 하나님에 관해 몰랐던 것은 아니지만, 다윗은 반복적으로 소리치다, 울다, 부르짖다와 같은 단어로 자신의 심경을 고백한다. 하지만 그 자체가 정당하다는 말은 아니다. 다윗은 영광의 영을 모욕한

것을 뛰어넘어, 가장 중요한 순간에는 자신이 해야 할 말을 분명히 했다. "내가 주를 찬양할 때에 나의 입술이 기뻐 외치며 주께서 속량하신 내 영혼이 즐거워하리이다"(시 71:23)

눈: 다윗은 자주 예배자들에게 눈을 통해 예배를 드리라고 촉구한다. 눈을 크게 뜨고 하늘을 바라보며 기쁨의 눈물을 흘리며 예배를 드리라는 것이다. "하늘에 계시는 주여 내가 눈을 들어 주께 향하나이다"(시 123:1)

머리: 무릎을 꿇고 절하며 회개하는 상황이 아니라면, 머리를 아래로 숙이고 예배드리는 것은 좋지 않다. 우리가 고개를 뒤로 젖힐 때, 비로소 하늘을 응시하고 바라볼 수 있게 되고 더욱 성장할 수 있다. "여호와여 주는 나의 방패시요 나의 영광이시요 나의 머리를 드시는 자이시니이다"(시 3:3)

손: 우리가 교회에서 손뼉을 치는 것은 하나님께서 우리에게 그렇게 하라고 명령하셨기 때문이고, 그 행동이 우리의 열정을 늘리고 유지하도록 돕기 때문이다. 어떤 그리스도인이 자신의 찬양이 더 크게 울려 퍼지는 것을 원하지 않을까? "너희 만민들아 손바닥을 치고 즐거운 소리로 하나님께 외칠지어다"(시 47:1) 그리스도 안에 있는 우리를 향한 하나님의 풍성하신 관점에서 본다면, 우리는 매 주일 교회에서 자신의 열정을 폭발해야 하고 온몸과 마음을 다해 하나님께 나아가야 한다. 경건하게 손을 들고 하나님의 은혜를 구하자(시 63:4; 134:2; 딤전 2:8).

다리: 무릎 꿇는 것은 하나님 앞에 서 있는 예배자의 열정과 겸손한 마음을 더 강하게 표현해줄 수 있는 좋은 자세다. 이 자세는 혼자서도 할 수 있고 성도들

과 함께할 수도 있다. “오라 우리가 굽혀 경배하며 우리를 지으신 여호와 앞에 무릎을 꿇자”(시 95:6)

발: 음악과 함께 하는 시간에는 춤추며 예배할 수 있다. 우리는 다윗이 춤추며 하나님께 예배했다는 사실을 잘 알고 있다. 예배드리는 순간마다 나는 일어서서 하늘을 보고 손을 들어 가장 깊은 곳으로부터 찬양을 부른다. 나는 더 자연스럽게 춤을 추면서 예배드릴 수 있도록 기도해왔는데, 안타깝게도 아직 그 은사를 받지는 못했다. 나는 나 자신을 찾기 위해 가끔 뛰면서 기쁨을 누리거나, 음악이 있는 곳을 찾아가곤 한다. 나는 이러한 방식으로 예배를 드리고 싶다. 더 성장한 모습으로 말이다.

| 성경적 운동

올 한 해 동안, 하나의 교회에서 드려지는 예배보다 훨씬 다양하게 표현되는 예배들을 받으시는 하나님의 크신 능력을 묵상하며, 나 역시 그것을 받아들이고자 노력해 왔다. 결국 문제는 우리의 문화를 인간이 할 수 있는 가장 충만한 표현으로 사용하는 것을 받아들이지 못한다는 데 있었다. 우리 모두에게는 보수적인 고정관념이 자리 잡고 있으니까.

온몸을 사용해 드리는 육체적인 표현의 예배는 성경이 명령하고 모델로 삼고 있는 것이라는 사실을 기억하자. 그런 예배가 활성화되어야 한다는 것은 자명하다. 개인의 성향이나 전통을 핑계로 거부해선 안 된다. 이제 우리는 온몸을 사용하는 충만한 예배가 모든 성경을 통해 허락되었다는 사실을 알게 되었기 때문이다. 비록 당신의 첫걸음이 성령님에 의해 더 깊고 충만하게 그리스도에게로 인도된 것이라고 해도, 이미 성경에서는 그와 같은 예배가 기록되어 있다. 하나님께서는 온몸으로 드리는 예배가 당신에게 큰 도전이 될 것이라는 사실을 알고 계신다. 하지만 하나님께서는 당신이 자신의 선입견과 지역의 문화를 극복하고, 복음을 위해 더 큰 감사의 표현을 하시길 원하신다.

| 요약: 영(Spirit)

나는 이미 하나님께서 기뻐하시는 예배, 그가 원하시는 찬양의 모습, 예배의 모습이 영적인 예배라고 말했다. 요한복음 4장을 보면 예배라는 말이 열 번이나 사용된다. 그것도 다섯 개의 절에서 말이다. 우리는 그리스도의 말씀을 통해 그것을 배울 수 있다.

- 예배를 어디서 드리는 장소는 문제 되지 않는다. 누가 드리느냐가 중요하다.
- 예배를 혼자서 드리는 것은 문제되 지 않는다. 진리 안에서 드려야 한다.
- 예배는 반드시 진리 안에서 드려져 한다. 하나님께서는 참 예배자를 찾으신다.
- 진리 안에서만 드리는 예배로는 부족하다. 영으로 드리는 예배여야 한다.

요한복음 4장 24절은 본질적으로 영과 진리로 드리는 예배가 참 예배라는 사실을 말해주고 있다. 만약 우리가 진리 안에서 예배하지 않는다면 우리의 예배를 하나님께서는 받지 않는다. 하지만 하나님께 드리는 예배가 진리인지 아닌지 만을 정확하게 따지는 것은 멈춰야 한다. 영적으로 드리는 예배인지의 여부도 중요하기 때문이다. 그 이유는 예배를 받으시는 하나님께서 바로 영적 존재이기 때문이다. 만약 우리가 하나님과 교제하기 원한다면, 우리는 우리의 모든 존재를 하나님의 모든 것과 관계 맺어야 한다. 하나님과의 교제를 위해 진리가 우리를 관통할 수 있어야 한다. 우리의 감정이나 의지를 말이다. "하나님은 영이시니 예배하는 자가 영과 진리로 예배할지니라"(요 4:24) 이것이 하나님께서 원하시는 우리와의 교제다. 단순히 무조건적인 충성으로 드리는 예배는 교제가 아니다. 나는 이 성구에서 말하는 '영'이 성령 보다는 인간의 영을 의미한다고 생각한다. 우리가 인간의 영으로 예배를 드릴 때, 하나님의 성령이 우리 안에 충만하게 임하셔서 우리와 교제하는 것이다.

영적 예배, 성령님에 의해 드려지는 영적 예배는 진리가 모든 인간의 영과 만날 때 가능하게 된다. 우리는 온전히 감사하며 하나님과 교제해야 한다. 마음을 살피시고 우리 안에 오셔서 교제하기 원하시는 하나님과 말이다. 이것이 나의 책 〈버티칼 처치〉(Vertical Church)의 중심 사상이다. 그때 하나님의 영광이 드러날 수 있으니까. 부끄러움 없이 모든 것으로 나아가는 예배는 우리의 모든 것을 변화시킬 것이다.

제임스 맥도널드 *(James MacDonald)*

1988년, 18명의 성도와 함께 제임스 맥도널드(James MacDonald)와 그의 아내 캐시(Kathy)는 하베스트 바이블 채플(Harvest Bible Chapel)을 개척했고, 현재 매주 13,000명이 넘는 성도들이 주일 예배에 참석하고 있다. 매년 배출되는 이 교회 출신의 수많은 목회자는 수백만 명의 사람들에게 큰 영향을 끼치고 있다. jamesmacdonald.com

세 겹의 줄(A Cord of Three)

– 레지 키드 *(Reggie Kidd)*

"두 사람이 한 사람보다 나음은 그들이 수고함으로 좋은 상을 얻을 것임이라 … 세 겹 줄은 쉽게 끊어지지 아니하느니라" (전 4:9, 12b)

결혼 예배를 제외하고, 교회에서 이 성경 말씀을 한 번도 들어본 적이 없다는 사실이 아직도 믿어지지 않는다. 하지만 내가 비주얼 워십(Visual Worship)을 생각하는 한 이 말씀을 묵상하지 않을 수 없다.

| 2 〉 1

가르치는 사역을 처음 시작했을 때, 내게 배우던 학생들은 내 교육 방식에 따라가기 매우 어렵다는 사실을 알게 해 주었다. 그래서 나는 렘브란트(Rembrandt), 반 고흐(Van Gogh), 조르주 루오(Georges Rouault)와 같은 훌륭한 화가들의 작품과 함께 수업을 진행했다. 내가 학생들에게 죄인과 의인과 구원자에 관해 가르치는 것처럼, 이 위대한 화가들도 캔버스 위에 진리를 그려 놓았다고 느꼈기 때문이다. 결국 학생들은 내 수업 스타일을 잘 따라올 수 있게 되었다.

포토샵과 레이아웃 디자인에 관한 기본적인 이해를 할 수 있었던 것은 참 다행인 일이다. 예배를 위해 내가 말하고자 하는 것을 백그라운드에서 설명할 수 있기 때문이다. 나는 파트타임 사역으로 체육관에서 예배를 인도하는 목회자다. 예배를 드리는 장소는 기본적인 하얀 배경의 스크린을 사용하지 않는 것에 대해 당연하게 받아들일 수 있게 해 주었다. 체육관은 초기 기독교의 카타콤(Catacomb: 초기 기독교인들의 피난처가 된 지하묘지)의 모든 실용적인 면을 가지고 있지만, 신비로운 면은 보여주지 못한다. 그래서 나는 생각했다. 성도들에게 더 많은 시각적인 요소가 필요하다는 사실을. 하지만 나는 얼마다 '더' 많은 일을 해야 하는지도 알고 있었다. 사실 나는 파트타임으로 사역하고 있었기 때문에 충분한 시간이 없었다. 그러던 어느 주일, 나는 예술 작품을 사용하는 실험을 강행했다. "주님, 저는 이 모든 것을 당신께 돌립니다. 하지만 이 예배가 한 번으로 끝나기를 원치 않으신다면, 당신께서 무언가를 해주셔야 합니다."

평생의 우정이 시작된 어느 날이었다. 그리고 나는 신앙에 관한 중요한 사실을 배우게 되었다. 하나님께서는 내 능력에 제한되지 않는다는 사실을 말이다.

| 세 겹으로 엮인 줄

이제 열거할 세 가지가 바로 예배를 더욱 영적으로 세워줄 세 겹의 줄이다.

1. 음악을 위한 귀
2. 신학을 위한 머리
3. 아름다움과 정의와 신비를 위한 눈

우리 중 누군가는 이 세 가지를 모두 가지고 있을지 모른다. 하지만 우리에게 필요한 것은 한 가지이지 그 모든 것은 아니다. 나는 하나님께 영광 돌리기에 충분할 만큼의 세 가지 은사를 가지고 있다는 사실에 감사함을 느낀다. 하지만 나보다 더 뛰어난 음악적 은사를 받은 뮤지션, 나보다 더 뛰어난 지성을 겸비한 신학자, 나보다 더 창조적인 예술가가 있다는 사실을 알고 있다. 그런 우리가 함께 모여 더 나은 음악을 만들고 신학적 목소리를 내고 진실한 예술을 만들어 낼 것이다. 각자가 만든 것보다 더 뛰어난 조화로써 말이다. 그렇게 우리는 더 사랑스럽고 순수하며 완전한 그리스도의 신부로 거듭나는 것이다.

레지 키드 *(reggiekidd)*

위드 원 보이스(With One Voice)의 저자이며, 개혁신학대학(Reformed Theological Seminary)에서 가르치고 있다. reggiekidd.com

다음 리허설을 위한 10가지 제안

– 스탠 엔디콧 *(Stan Endicott)*

"당신은 정말 모든 사람이 느낄 수 있는 완전한 리허설을 준비해본 적 있는가? 나는 당신이 사역의 혁명을 일으킬 수 있을 만큼 멋진 리허설을 할 것이라고 확신한다."

나는 얼마 전 20명에 이르는 예배인도자와 함께 점심식사를 하며 대화한 적이 있다. 무엇이 그들에게 가장 도움이 될 이야기인지 고민하던 나는 다음과 같은 이야기를 하지 않을 수 없었다. 예배를 준비하는 사역자가 놓치고 있는 것 중 가장 큰 부분은 바로 리허설의 수준이라는 사실을 말이다. 나는 이렇게까지 말했다. "리허설은 '턱시도를 빌려 입고'해야 할 만큼 정말 중요합니다." 그들은 웃었지만 곧바로 내가 말하고자 한 것을 이해했다. 사실 식사가 있은 후에 그들 중 한 명이 내게 다가와서 정말 다음 리허설을 위해 턱시도를 빌려 입었다고 말했다. 그만큼 진지한 상태로 팀의 분위기를 만들어 내기 위해서 말이다. 턱시도를 빌려 입지는 못한다고 해도, 나는 당신이 나비넥타이 정도는 멜 수 있으리라고 본다.

| 지글지글(The Sizzle)

교회에서 예배의 리허설을 할 때, 찬양 인도자들과 음향기기를 다루는 사람들이 의욕을 가지고 참여하는가? 모든 사람이 가치 있다고 느끼고 자신들의 시간을 투자하는 것에 보람을 느끼는 리허설이 되어 왔는가? 당신은 정말 모든 사람이 느낄 수 있는 완전한 리허설을 준비해본 적 있는가? 나는 당신이 사역의 혁명을 일으킬 수 있을 만큼 멋진 리허설을 할 것이라고 확신한다. 이제 내가 제시하는 몇 가지의 포인트를 살펴보면서 그러한 리허설을 계획해보자.

1. 의도적으로 조심스럽게 찬양을 선택하라. 당신의 개인적인 취향으로 선택한 찬양이 언제나 적절하다고 생각해서는 안 된다. 당신이 최선의 선택을 할 수 있도록 세 명의 '찬양 팀'을 구성해서 그들의 도움을 받아야 한다. 그들은 당신의 질문을 통해 그 사역에 참여하기를 기다리고 있을 것이다.

2. 창조적인 음악을 만들 수 있는 과정을 만들어간다면 찬양의 소리가 어떻게 들리는 지를 알아내는데 도움을 받을 수 있다. 같은 찬양이라고 해서 매 예배마다 그것이 같은 소리로 들려진다고 생각한다면 큰 오산이다. 찬양의 소리를 언제나 달라지는데 그 이유는 주변 환경 때문이다. 이것은 달리 말하면, 오늘날 들려지는 현대 예배 음악이 다 비슷한 소리를 내는 이유이기도 하다. 만약 이러한 과정을 무시한다면, 당신은 단조롭고 따분한 찬양을 만들어낼 수밖에 없을 것이다.

3. 성도들을 고려해야 한다. 음악의 스타일을 정하거나, 특별히 코드를 정할 때에 말이다. 만약 성도들이 그 찬양을 따라할 수 있는지를 고려한다면, 당신은 어렵지 않게 그들을 위한 찬양을 정할 수 있을 것이다.

4. 찬양인도자들과 음향기기 담당 팀에게 충분한 시간을 주고 리허설을 위해 필요한 것들을 공급해 주어라. 그들이 예배를 위해 투자하는 시간과 물질적인 헌신을 과소평가해선 안 된다. 워십리더는 그들을 섬겨야 한다.

5. 음악적 전환의 시간에 주목해야 한다. 찬양이 시작하고 끝나는 그 틈새 시간에 말이다. 기억하자. 기도하는 사람이나 진지하게 무언가 이야기하는 사람 중 모두가 배경 음악을 필요로 하는 것은 아니다. 감정적인 효과를 주기 위해 언제나 배경 음악을 넣어야 한다고 생각하지 말자.

6. 리허설을 리허설하자. 계획을 적어보자. 그리고 당신이 추구하는 다양한 부분을 리허설하자. 리허설은 이미 계획되고 준비된 것이 어떤 효과를 내는지 경험할 수 있는 좋은 기회를 제공한다.

7. 당신이 말할 것을 생각해야 한다. 각 찬양과 예배의 다른 부분을 리허설 할 때 말이다. 팀원에게 이야기하면서 리허설의 속도를 조절하는 것은 정말 중요한 일이다.

8. 영적으로 준비해야 한다. 성령님의 발자취를 따라 리허설을 계획하자. 리허설은 예배를 준비하는 과정이지만, 그 자체로 성부, 성자, 성령님과 만날 수 있는 기회가 될 수 있다. 리허설에 임하는 사람들에게 있어서, 리허설 자체는 예배다.

9. 시간에 집착하지 말자! 시간을 정확히 맞춰서 시작하고 끝내야 하는 버릇은 결코 당신의 리더십에 도움이 되지 못한다. 오히려 리허설에 임하는 자세

와 일찍 도착한 사람들의 분위기, 준비성, 그곳에 흥미를 느끼는 지의 여부를 돌아봐야 한다. 신뢰를 가지고 리허설에 임하는 것은 한 주의 가장 즐거운 시간을 제공해줄 것이다. 그리고 그것은 리허설과 예배를 성공으로 이끄는 원동력이 된다.

10. 리허설의 핵심을 이해하게 만들어야 한다. "정말 즐거운 시간이었어. 하나님, 좋은 동역자들과 함께 예배를 준비할 수 있는 귀한 시간을 허락해주셔서 감사합니다." 라는 마음을 갖도록 해야 하는 것이다.

글을 마무리하면서, 이 말을 다시 해야겠다. "다음 리허설을 위해 턱시도를 한 벌 빌려 입자!" 해야 한다면 리무진이라도 렌트하자! 당신 자신과 예배 팀이 더 나은 리허설을 할 수 있다면 뭐가 되었든 간에 할 수 있어야 한다. 이런 마음을 가지고 나와 함께 하자. 아래에 있는 홈페이지에 방문해서 이야기했으면 좋겠다. 당신이 리허설을 준비하는 데 승리했다면, 그 이야기를 내게도 들려주길 바란다.

스탠 앤디콧 *(Stan Endicott)*

슬링샷 그룹(Slingshot Group: slingshoutgroup.org)의 설립자로, 교회들이 굳건하게 변해가도록 돕는 사역을 하고 있다. 그는 예배를 인도하는 목회자와 음악 프로듀서들의 존경과 사랑을 받고 있으며, 수백에 이르는 젊은 리더들의 멘토이기도 하다.

선곡과 선별

– 앨리슨 시워트 *(Alison Siewert)*

예배에 관한 질문 가운데 가장 자주 듣게 되는 것은 "곡을 어디에서 찾으십니까?"이다. 근래에 이르러 크리스천 음반회사들이 예배음악과 관련된 마케팅을 크게 확장되면서 곡들이 넘쳐흐르고 있다. 그 결과 음악관련 도서, 악보, 음반 등이 쏟아져 나오는 바람에 그 가운데 아는 곡을 찾기가 쉽지 않고, 팀을 위한 새 곡을 찾는 것 역시 만만치 않다. 그러므로 다른 워십 리더들과 연계하여 함께 곡을 찾으면서 목록을 만드는 것이 도움이 될 것이다. 그 많은 곡들을 일일이 살펴보고 그 가운데 자신의 교회에 적합한 곡을 단시간에 찾는다는 것은 사실상 불가능하기 때문에 어느 정도의 시간과 에너지를 투자하지 않을 수 없다.

| 어디에서 곡을 찾을까

간행물과 음반을 사용하라. 대다수의 기독교서점이나 음반매장에는 미리듣기 코너가 있기 때문에 구입을 하기 전에 미리 확인할 수 있다. 워십 팀 멤버 한두 명을 데리고 새로이 배포된 워십 곡을 들어보라. 맘에 드는 곡이나 팀에서 부르고 싶은 곡의 제목과 곡을 만든 사람의 이름을 적으라. 곡이 나올 때는 대개 찬양집도 함께 나온다. 만일 찬양집이 없거나 악보를 구하기 힘든 곡이면 음반회사에 연락을 해서 알아보라. 음반에 좋은 곡이 여러 곡 담겨 있으면 구입을 해서 워십 팀과 함께 들어보라.

1. 찬송가를 사용하라

원래 곡을 그대로 부르든 편곡을 해서 부르든 찬송가가 여전히 많이 사용되고 있어서 기쁘다. 찬송가엔 장엄하고 신학적 깊이가 깊은 곡들이 가득하다. 대부분의 CCM 곡에 비해 믿음을 선포하는 가사가 훨씬 더 많다. 따라서 워십 팀의 찬양 레퍼토리에 찬송가를 많이 포함시키면 예배 시간이 보다 진지해질 것이다. 운율색인을 사용하여 찬송가 곡조를 조바꿈하거나 독창적으로 편곡할 수도 있다.(29장 참조) 아니면 곡은 그대로하고 박자를 바꿀 수도 있다. 찬송가 "O the Deep Deep Love of Jesus"는 8분의 6박자에 단조이다.(현대인에게는 음울한 느낌을 줄 수 있다.) 곡은 그대로 하고 박자만 4분의 4박자로 바꾸어 보라. 훨씬 힘차고 청소년 워십에서 잘 어울릴 것이다.

2. 다른 예배인도자들 또는 타 교회와 연계하라

내겐 1년에 한 번씩 곡 목록을 주고받는 친구가 있다. 서로 자신들이 속한 워십 팀의 찬양 리스트, 출판계 소식지, 각 팀의 새 곡 악보 등을 주고받는다. 나는 그 친구의 신학적 통찰력을 존경한다. 서로의 음악적 취향을 이해하다보니 양 쪽 워십 팀의 음악적 수준도 거의 엇비슷해졌다. 그렇게 되기까지 그 친구로부터 많은 조언을 받았고 그것을 적용해왔다. 혼자 힘으로만 해결하는 것보다 서로 아이디어를 주고받는 것이 훨씬 빠르다. 그리고 당신이 염두에 두고 있는 곡을 이미 불렀던 팀에서는 더 많은 도움을 얻을 수 있다. 만일 다른 워십 리더를 알지 못한다면 같은 지역 내의 교회와 친교를 맺으라. 그리고 그 교회의 워십 인도자가 누구인지 알아내서 대화를 나누라. 또 웹 사이트에서 기독교 음악, 리더십, 워십 사이트 등을 검색하라.

3. 선교여행, 해외방문객, 타문화권의 자료 등을 활용하라

예배인도자 또는 팀원들 가운데 하계 봉사활동을 떠나는 사람이 있다면 소형 녹음기를 들려 보내서 그 지역문화를 반영하는 곡들을 담아오게 하라. 세계 각처의 사람들과 예배와 찬양 문화를 나눌 수 있는 가장 좋은 방법이다. 또한 예배 팀에서 부르고 있는 전통곡조의 출처와 유래를 정확히 확인하게 되어 더욱 더 친밀감을 느낄 수 있다.

| 새로운 곡 살펴보기

가사가 의미하는 것이 무엇일까? 새로운 곡을 처음 살필 때 제일 먼저 할 일은 가사내용이다. 곡이 아무리 끄는 힘이 있고, 멋지더라도 예배찬양에서 중요한 것은 가사 내용이다. 성경에 나타난 하나님에 대해 또 그리스도인의 삶에 대해 정확히 그려내고 있는가? 가사와 곡이 잘 어울리는가? 언젠가 들었던 곡이 있는데 가사내용은 하나님의 다가올 심판에 관한 것이었고 곡 역시 얼마나 우렁차던지! 여하튼 가사내용이 분명하고 정확한가? 지나치게 추상적이거나 종교적이지는 않는가? 즉 '신성하고 영화롭다' 등의 신학적 언어의 나열은 아닌지? "시온 산에 아름다운 하나님의 거룩함과 의"와 같은 가사는 아주 영적인 것 같으나 회중들이 그 가사에 충분히 빠져들 수 없다. 부르고 있는 찬양의 가사내용이 자신과 동떨어져 있거나 너무 심오하면 실감이 나지 않아 진심으로 동의하기가 힘들어지기 때문이다. 사람들에게 확신 또는 감동을 줌으로써 참 믿음에 이르도록 격려하는 가사인가? 복음에 관해 새롭고 또 다른 시각을 제시하는 가사인가? 시적이면서 운율이 있는 가사인가? 이와 같은 것들을 두루두루 살펴보도록 하라.

회중과 동떨어진 가사는 아닌가? 회중들에게 익숙한 언어로 쓰인 가사인지 확인하라. 예를 들어 'thee'나 'thou'와 같은 고어를 가급적 피하고 싶어 하거나 여성과 남성을 굳이 구분 짓지 않는 용어를 선호하는 경우가 있을 것이다. 특히 찬송가 "주는 귀한 보배"에서는 "I will suffer nought to hide Thee"(그 품안에 괴롬 없어 더 바랄 것 없네)처럼 더 이상 사용되지 않는 단어들을 찾아볼 수 있다. 아니면 "주 예수 이름 높이어"의 3절 가사 일부인 "On this terrestrial ball"(이 지구위에)처럼 애매모호한 뜻을 지닌 구절도 있다. 이러한 가사를 현대어로 보다 진의에 가깝게 번역할 방법을 모색하라. 다른 나라말로 된 찬송가 가사에서는 그 구절을 어떤 뜻으로 번역을 했는지 상세히 조사하여 교회의 회중들에게 원래의 뜻을 설명할 수도 있을 것이다. 새 곡을 함께 부를 때에는 먼저 그 곡에 대해 설명을 해줘야 한다. 그래야만 처음 교회에 온 사람들이나 쉽게 잘 잊는 사람들이 "Jesus, Lover of My Soul"(비바람이 칠 때와)의 가사 가운데 왜 예수님께서는 우리가 언제나 그분의 품으로 날아가기를 원하시는지(*이 부분은 한글찬송가의 가사와는 관계없이 영어원문을 그대로 번역했음- *역자 주) 궁금해 하지 않을 것이다. 만일 다른 언어로 된 곡을 부르게 될 경우엔 가사 밑에 작은 활자 또는 다른 활자체로 번역한 가사를 덧붙여야 한다. 그래야만 회중들이 가사의 뜻이 무엇인지 알고 찬양을 할 수 있다.

가사의 주제와 요지가 무엇인가? 워십 팀이 이미 알고 있는 찬양보다 뭔가 더 나은 점이 있는지 또는 이미 정해진 곡 목록에 첨가할만한 특별한 이유가 있는가? 단순히 곡 목록을 늘리는 데 주안점을 두지 말고 주제와 요지가 워십 시간과 어울리는지 살펴보아야 한다.

| 최신 곡을 선곡할 때

과연 부를만한 곡인가? 곡을 살피고, 여러 번 훑어보아야 한다. 특히 아래 사항들을 점검해보라.

1. 음역

일반인들이 부를만한 음역은 낮은 '라'에서 높은 '미'까지이다. 조옮김을 하려거든 반드시 음역을 확인하라. 주를 이루는 음표가 어느 음역에 있는지도 살펴야 한다. 너무 낮거나 높은 음이 장시간 계속되면 사람들이 부르기 어렵기 때문이다.

2. 곡이 지니고 있는 매력

한 시간이 지난 후에도 곡을 기억할 수 있는가? 하루가 지난 후에는 어떠한가? 오랫동안 기억에 남는지 아닌지도 선별의 기준이 될 수 있다.

3. 단순성

음표의 높낮이만 보고도 자신감을 가지고 곡을 계속 쉽게 불러나갈 수 있는가? 사람들이 헤매지 않고 자연스럽게 박자를 맞출 수 있는가? 물론 곡이 어려울 경우 익숙해질 때까지 의지를 발동하여 거듭 연습할 수도 있다. 그러나 연습을 많이 하지 않아도 쉽게 부를 수 있는 곡이 좋다는 것을 명심하라.

4. 곡조와 가사의 조화

음조나 형식 또는 느낌에 있어서 곡과 가사가 어울리는가? 숨을 몰아쉬지 않고 발음을 정확하게 곡에 맞추어 가사를 전달할 수 있는가?

5. 연주하기에 적합한가?

당신의 워십 팀이 충분히 연주할만한 곡인가? 만일 원곡의 악보가 복잡하다면 기타와 탬버린만으로도 연주할 정도로 단순화시켜야 한다. 또 단순화시켜도 여전히 들을만하다면 그 곡을 채택해도 될 것이다.

기존 곡에 뭔가 새롭고 획기적인 것, 아니면 워십에서 필요한 요소를 첨가

할 수 있는가? 예컨대 어떤 요소를 가미하여 회개를 촉구하는 다급한 분위기를 연출할 수 있는가? 문화적 특성이나 워십 팀의 스타일에 어울리는 곡인가? 물론 모든 분위기를 다 연출할 수 있는 곡은 하나도 없다. 그러나 이미 확보한 곡과 맥락을 같이 하면서도 새로운 요소를 담고 있는 곡이 있다.

나는 새 곡을 선택하거나 평가할 때 이 방법을 사용한다. 그리고 나름대로의 검증이 끝난 후에야 실제 예배 시간에 선보인다. 즉 워십 팀이 연주하고 노래하는 것을 충분히 들어 본 다음 결정한다. 아주 적합하다고 생각했던 곡들 가운데 실제로 연주하고 노래해보면 기대와는 딴판인 경우가 종종 있다. 그래서 새 곡을 연주하고 난 다음에는 팀원들의 생각과 의견을 묻곤 한다. 반대로 별로 내키지 않던 곡인데 의외로 회중들에게 힘을 주고 그들 가운데 공감대를 형성하는 경우도 있다. 결론적으로 곡의 선별 기준은 리더의 취향이 아니라 하나님을 예배하는 회중의 취향에 우선순위를 두어야 한다.

앨리슨 시워트 *(Alison Siewert)*

남편 두 아들과 함께 펜실베이니아 주 랭커스터에 살고 있으며, 한때 베들레헴 제일장로교회의 워십 보조 진행자였다. 현재 지역 청소년 단체의 지도자이며 각 교회 워십 개발과 발전을 위한 컨설팅을 하고 있으며, IVF 간사훈련을 담당하고 있다.

마음의 찬송

– 마크 로버츠 (*Mark D. Roberts*)

"나 역시 하나님의 영광에 완전히 흩날려, 찬송하기조차 힘들기 원한다."

예배의 핵심은 다음의 한 문장으로 요약된다. "너는 마음을 다하고 뜻을 다하고 힘을 다하여 네 하나님 여호와를 사랑하라."(신6:5) 하나님께서 모세를 통해 이스라엘 백성들에게 드러내신 이 말씀은 예수님을 통해 가장 중요한 계명으로 재확인되었다.(막12:29~31) 당신이 가진 모든 것과 당신 전부를 가지고 하나님을 사랑하라! 여기에 예배와 신앙생활의 본질이 있다.

찬송은 우리가 이와 같은 방법으로 하나님을 사랑할 수 있도록 돕는다. 찬송할 때, 우리는 생각과 감정과 행동을 통해 우리의 전부를 쏟을 수 있다. 그러나 먼저 나는 나의 전 존재를 다해 찬양하지 못할 때도 다소 있을 수 있음을 자백해야겠다. 이것은 내가 예배를 인도하는 지도자일 때 특별히 그렇다. 찬양의 목적이 되는 분은 까마득하게 잊은 채, 나는 적절한 선곡과 탁월한 예배 인도, 전반적인 예배의 흐름에 대해 올바른 영향을 끼치며, 찬송의 상세한 부분에 대해서도 관심을 둘 수 있다.

| 연주의 역설

그럴 때면, 나는 종종 내가 얼바인 감리교회(Irvine Presbyterian Church)의 담임목사로 재임하는 동안 일어났던 일을 기억하곤 한다. 완벽하지 않은 연주가 마음을 담은 진정한 찬양을 만들어 냈던 일, 말이다.

예배인도자와 나는 하나님의 위대하심을 드러낼 수 있도록 예배를 주의 깊게 계획했다. 전반부의 찬송과 기도들이 예배 분위기를 절정으로 이끌었고 설교 바로 직전의 솔로 찬양만이 남아있었다. 우리 교회 최고의 싱어 중 한 명이자, 뛰어난 소프라노인 재니스(Janice)가 고전적인 찬송 "주 하나님 지으신 모든 세계"(How Great Thou Art)를 찬양하기 위해 나왔다.

그녀가 부르는 첫 두 절과 반복된 후렴은 음악적으로나 영적으로 완벽했다. 그러나 세 번째 절에서 그녀는 뭔가 힘겨워보였다. 하나님께서 그의 독생자를 아끼지 않으셨고 "우리의 죄를 대속하기 위해 십자가에 피 흘려 죽으셨다"는 부분을 그녀가 찬양할 때, 청명하고 맑은 그녀의 목소리가 다소 흐릿해졌다.

바로 그 순간, 재니스(Janice)가 세 번째 후렴구를 시작했는데, 그녀는 자신이 노래하는 내용 때문에 감정에 겨워 목이 메여가고 있었다. 그녀는 다음의 후렴구를 분명하게 표현하기 위해 힘겨운 과정을 보내고 있었다. "그렇기 때문에 내 영혼이 나의 구원의 하나님, 그 분을 찬양하네. 얼마나 위대하신가! 얼마나 높고 위대하신가!"(역주: 우리나라 찬송가 번역은 다음과 같다: 주님의 높고 위대하심을 내 영혼이 찬양하네, 주님의 높고 위대하심을 내 영혼이 찬양하네.) 비록 재니스(Janice)가 경험이 많은 솔로였을지라도, 그녀 역시도 그 합창을 제대로 끝내기 힘들었다.

| 노래 그 이상의

마지막 절과 후렴부가 돌아왔지만, 그녀는 찬양을 이어 부를 수가 없었다.

눈물이 얼굴을 타고 떨어질 때 그녀는 그저 눈을 감고 주님께 손을 올렸으며, 피아노 연주가 마칠 때까지 그대로 서 있었다. 내가 예배 처소를 돌아보았을 때, 하나님의 위대하심 때문에 그렇게까지 황홀해하는 회중을 나는 결코 본 적이 없었다. 다수의 회중들이 재니스(Janice)가 노래할 수 없었던 가사를 조용히 웅얼거리고 있었고, 다른 이들은 손을 들거나 흐느끼고 있었다. 재니스(Janice)가 거기 서서 조용히 자신의 마음을 담은 찬양을 노래할 때, 하나님의 영광이 우리 위에 임했다.

아! 그 같은 온전함으로 찬양할 수 있다면 얼마나 좋을까? 나 역시 하나님의 영광에 완전히 흩날려 찬송하기조차 힘들기 원한다. 하나님께 나의 온 존재, 마지막 남은 힘까지 드릴 때, 나도 하나님의 위대하심에 위축되어 조용히 서 있기를 원한다.

우리가 찬송의 가사를 우리의 정신과 마음에 가득 채울 수 있다면, 이 일은 나와 당신에게도 일어날 수 있다. 재니스(Janice)가 조용히 눈물을 흘리도록 한 것은, 자신의 독생자를 아끼지 않으셨던 하나님이셨고, 그 아들은 영광스러운 기쁨으로 때가 되면 그녀를 영원한 집으로 데려가실 것이다. 결국, 그녀가 노래할 수 없었던 가사가 실제로 선언하듯, "그렇기 때문에 내 영혼이 나의 구원의 하나님, 그 분을 찬양하네. 얼마나 위대하신가! 얼마나 높고 위대하신가!"를 그녀는 체험하고 있었다.

마크 로버츠 *(Mark D. Robets)*

평신도 갱신 재단(Foundation for Laity Renewal)의 책임 고문이자 상주 신학자이다. Blog: patheos.com/blogs/mark-droberts
Daily Reflection: thehighcalling.org

노래할 때
나는 예수님과 이야기한다

– 달린 첵 *(Darlene Zschech)*

몇 년 전 어느 날 아침, 나의 막내딸이 조 주얼(Zoe Jewel)은 머리를 빗으면서 하루를 준비하고 있었다. 그리고 그 아이는 자신의 작은 가슴으로 노래하고 있었다. 이런 일들은 사실 우리 집에서 매우 자연스러운 일이었다. 쥬웰은 자주 우리에게 노래를 불러주곤 했었다. 어느 누가 듣든지 신경 쓰지 않고 말이다. 그러나 특별했던 한 아침, 작은 딸은 두 소절을 반복하고 또 반복해서 불렀다. 그것은 매우 단순했지만 동시에 심오한 내용을 담고 있었다.

"노래할 때 나는 예수님께 말합니다. 노래할 때 그는 나에게 말씀하십니다."

나는 그 아이의 침대 위에 앉아서 그 노래를 들었다. 다섯 살 밖에 되지 않은 소녀의 마음 안에 살아있는 그 하늘의 계시를 말이다. 그리고 나는 하나님께 노래의 선물을 주신 것에 대해 감사드렸다. 우리가 원하는 어떤 시간에라도 아름다운 하늘의 노래 안에 참여할 수 있다는 그분의 놀라운 선물에 대해서 말이다. 또한 나는 우리 가운데 그의 임재와 능력을 환영했다.

| '노래하는 것'을 신중하게 생각하라

만약 당신이 당신의 영혼 안에서 상승되는 느낌을 받고자 한다면, 성경에 나타나는 "노래하다"라는 단어에 대해 공부해보길 바란다. 이 단어는 위대하신 하나님께 그분의 자녀가 올려드리는 사랑과 헌신으로 가득 차 있다. 그리고 그 노래는 영원토록 계속된다.

시편은 40회 이상 우리로 하여금 노래하고 선포하고 전하고 환영하고 외칠 것을 요청하고 있다. 시편 47편 5-7절은 다음과 같이 전한다.

"하나님께서 즐거운 함성 중에 올라가심이여 여호와께서 나팔 소리 중에 올라가시도다 찬송하라 하나님을 찬송하라 찬송하라 우리 왕을 찬송하라 하나님은 온 땅의 왕이심이라 지혜의 시로 찬송할지어다"

이 시편(47편)의 마지막 구절은 우리의 주님이 "높임을 받으시리로다"라고 선포하면서 끝맺고 있다.

지구상에서 음악과 노래 외에 우리의 정신을 가다듬고, 귀를 집중하고, 마음을 정지시킨 채로 하나의 목적을 향해 영혼을 움직이기에 적합한 다른 도구는 없다. 이것이 음악과 노래가 가져다주는 기적이다. 고린도전서 14장 15절은 다음과 같이 전한다.

그러면 어떻게 할까 내가 영으로 기도하고(내 안에 계신 성령에 의해) 또 마음으로(지적으로) 기도하며 내가 영으로 찬송하고(내 안에 계신 성령에 의해) 또 마음으로(지적으로) 찬송하리라.

우리가 매일을 통해 그분의 선하심에 대해 노래한다는 것은 천국의 위대함이 이 땅에 닿는 것이라고 할 수 있다. 또한 나는 다음의 사실을 말하고 싶다. "여기에 유일한 규칙이 있다면, 그것은 당신이 노래를 잘 할 수 없을 때 그저 큰 소리로라도 노래하면 된다는 것이다."

시편 32:7 주는 나의 은신처이오니 환난에서 나를 보호하시고 구원의 노래로 나를 두르시리이다(셀라)
시편 96:1 새 노래로 여호와께 노래하라 온 땅이여 여호와께 노래할지어다
시편 119: 54 내가 나그네 된 집에서 주의 율례들이 나의 노래가 되었나이다
에베소서 5:19 시와 찬송과 신령한 노래들로 서로 화답하며 너희의 마음으로 주께 노래하며 찬송하며
스바냐 3:17 그가 너로 말미암아 기쁨을 이기지 못하시며 너를 잠잠히 사랑하시며 너로 말미암아 즐거이 부르며 기뻐하시리라 하리라

| 첫 번째 노래들

출애굽기 15장에서 우리는 성경에 나타난 첫 번째 노래를 찾을 수 있다. 이것은 모세와 이스라엘 백성들에 의해 불려졌다(근래에 떠오르고 있는 한 밴드 이름처럼 들리기도 할 것이다). 그리고 나서 미리엄에 의해 노래와 춤이 아름답게 화답되는 장면이 나온. 우리는 이 첫 번째 노래를 통해서 오늘날 우리가 노래하는 많은 노래들의 짜임새에 대한 힌트를 엿볼 수 있다. 이스라엘 백성 모두가 하나님의 통치하심이 영원무궁하시다는 것에 대해 영광과 신뢰와 선포를 노래하고 또한 감사의 메아리를 울린다는 것을 말이다.

마틴 루터는 종교개혁을 할 당시 가장 어두운 시기를 보내야 했다. 그의 자녀가 디프테리아로 죽었기 때문이다. 그는 당시 상황에 대해 다음과 같이 말하고 있다. "나는 바람 가운데서 우는 고독한 새와도 같았습니다. 아무도 내

노래를 듣지 않았습니다. 그러나 나는 계속 노래할 것입니다. 내가 가야할 바를 지탱해주는 노래를 위해서 말입니다."

이사야 54장에는 한 훌륭한 여인이 등장하는데 그녀는 기도가 응답되기 전임에도 불구하고 노래를 통해 격려를 받고 있다. 약속이 성취되기 전임에도 불구하고 그녀는 주님이 그녀를 위해 예비하실 모든 것을 향해 노래했다.

내 삶 가운데서도 많은 일들이 있었다. 노래가 나의 길을 지켜주던 많은 시간들은 다가올 시간에 내가 더욱 굳세어질 수 있게 해 주었다. 아버지가 돌아가시고 몇 년 동안 슬픔이 밀려올 때마다 나는 "How Great Though Art"를 매순간 노래했다. 그리고 그 곡에 담긴 가사들을 통해 알게 되었다. 그 노래는 이 세상에서의 끝이 진정한 끝이 아니라는 사실을 내 영혼에게 다시금 상기시켜준 것이다.

성경은 우리가 가장 힘든 시간을 보낼 때 생명, 희망, 영광, 절망, 기쁨의 소리가 가지고 있는 능력에 대해서 분명하게 전한다. 그리고 가장 큰 기쁨은 우리의 순종의 끝자락에 놓여있음을 증거 한다.

| 예배인도자들에게

노래를 통해 사람들을 이끌어주는 은사를 가진 이들을 위해 몇 가지를 말하고 싶다. 나는 그들에게 필요한 실질적인 몇 가지를 생각해 보았다.

| 진심으로

부디 확신이 없다면 그 어떤 것도 부르지 않기를 바란다. 당신의 마음이 당신의 목소리를 따라갈 수 있게 해야 하는 것이다. 나는 마음의 본질이 담겨있지 않은 노래를 들을 때, 그 불협화음의 소리를 즐겨 듣지 못한다. 그 소리는 내 영혼을 너무도 심하게 흔들어놓기 때문이다. 확신은 우리를 움직이는 능력을 가지고 있고 음악의 위대한 기쁨과 능력 중의 하나라고도 할 수 있다. 만약 당신이 노래하는 가운데서 너무 전문적인 것만을 추구하게 된다면, 어떤 노래 든지 간에 지혜롭고 능숙하게 효과적인 소통을 제대로 하지 못하게 될 것이다.

| 자연스럽게

당신이 어떤 보컬리스트인지 발견해야 한다. 그리고 그 가운데서 발생할 수 있는 위험을 고려해야 한다. 다른 사람들에 의해 도전을 받고, 배우고, 중요한 점을 본 삼는 것 등은 이것을 위한 훌륭한 방법이 될 것이다. 그리고 당신이 싱어로서 깨달아야 할 것이 있음을 아는 순간이 올 것이다. 당신은 수 년 간에 걸쳐 노래하고 녹음을 해온 보컬리스트들의 노래를 듣을 것이고 그들이 가진 톤과 자신감 역시 그 가운데서 함께 듣게 될 것이다. 그럴 때 당신은 스스로 용기를 갖고 또한 시간을 가져야 할 것이다.

| 유연하게

동시에 우리가 섬기기 위해 이곳에서 존재하는 보컬리스트임을 기억해야 한다. 나는 나 스스로를 벗어나서 사역을 해왔다. 종종 우리 교회의 예배 팀 가운데서 요구되는 것들은 내 목소리가 유연하게 발휘되는 것이다. 때로는 더 예술적으로 나타나야 하지만, 대게는 축구팀 감독과 같이 소리치고 있다. 나는 열정을 가지고 노래하는 법을 배워왔다. 특별히 좋아하지 않는 곡이라도 말이다. 주님이 가장 선하신 분이심을 인정하고 노래할 때, 내가 당신을 격려할 수 있도록 허락해주길 바란다. 이것은 믿음의 행동이고 음악을 훨씬 넘어선 기도자의 기도를 노래하는 것이며, 당신은 전사로서 위치하게 되는 것이다.

"(여호사밧이) 백성과 더불어 의논하고 노래하는 자들을 택하여 거룩한 (제사장의) 예복을 입히고 군대 앞에서 행진하며 여호와를 찬송하여 이르기를 여호와께 감사하세 그의 인자하심이 영원하도다 하게 하였더니"(역대하 20:21)

당신은 하나님의 위대하심과 권세를 영원토록 찬양하기 위해 지정된 사람이다. 노래할 때 당신은 예수님에게 말하게 되고 당신이 노래할 때 그 분은 당신에게 말씀하신다.

달린 첵 *(Darlene Zschech)*

"Shout to the Lord"(주님께 외치라)의 원곡을 쓴 작곡가이고, 최근에는 유 아 러브(You Are Love)라고 불리는 새 앨범과 아트 오브 멘토링(The Art of Mentoring)이라는 책을 출시했다. (www.darlenezschech.com)

우리가 찬송하는 이유

– 밥 카우플린 *(Bob Kauflin)*

당신이 인도하거나 혹은 매주 출석하는 지역교회가 어떤 것이든, 당신의 음악적 경험은 현재 유행하는 수많은 음악의 선택 사항들 중 하나일 뿐이다. 파이프 오르간으로 연주되는 전통적인 찬송가 형식일 수도 있고 현란한 조명의 록밴드에 의해 연주되는 열정적인 근대 찬가 형식일 수도 있다. 혹은 피아노나 기타가 함께 어우러진 격조 있는 앙상블 형식이나 그 중간에 존재할 수 있는 모든 형식일 수 있다. 물론 당신의 교회가 악기를 전혀 사용하지 않을 수도 있을 것이다. 분명한 것은, 교회 음악은 역사적으로 그렇게 다양하지 않았다는 사실이다. 위에서 언급한 모든 음악 형식에서 공통된 요소는 하나님의 백성(God's people)이 하나님의 찬양(God's praises)을 노래한다는 것이다. 수천 년 동안 그리스도인들은 이것을 행해오고 있으며, 거기에는 충분한 이유가 있다.

하나님께서는 우리에게 당신의 찬양을 노래하라고 성경 속에 50번도 넘게 명령하고 계신다. 시편 47:6은 더욱 단호하게 명령한다. "찬송하라 하나님을 찬송하라. 찬송하라 우리 왕을 찬송하라." 하나님께선 분명하게 우리가 당신의 찬양을 단순히 선언하는 것 이상의 것을 하기 원하신다. 하나님께서 원하시는 것은 우리가 당신의 찬양들(God's praises)을 노래(sing)하는 것이다. 하나님께서는 한없이 지혜로우시고 사랑이 풍부하시기 때문에 그분의 명령은 언제나 우리에게 유익하다. 시편 147:1은 이것을 다음과 같이 선언한다. "우리 하나님을 찬양하는 일이 선함이여"

그렇다면, 우리는 어떻게 찬송할 것인가? 우리가 찬송하는 이유는 무엇인가? 우리의 찬송을 통해 성취되는 것은 무엇인가? 하나님께서는 우리의 찬송을 그렇게 좋아하시는가?

지난 14년 간, 주 은혜 사역(Sovereign Grace Ministries)을 통한 나의 주 임무는 교회의 음악을 살펴보는 일이었기 때문에, 이런 일련의 물음에 맞는 해답을 찾으며 여러 질문을 해 왔다. 이 글을 읽고 있는 당신도 아마 같은 것을 질문하게 될 것이다. 만약 우리와 우리의 교회들이 왜 우리가 함께 찬송하는지에 대해 모르고 있다면 우리는 그것이 주는 유익을 놓쳐버리게 될 것이며, 더 중요하게는, 하나님께 영광을 온전히 돌려드리지 못하게 될 것이다.

우리가 찬송하는 이유에 대해 성경적으로 더 깊이 생각해 볼수록 우리는 매 주일 우리가 행하는 것에 대해 확신할 수 있게 될 것이고 다른 이들을 바꿀 수 있게 될 것이다. 그러나 우리가 실천하는 것 중 어떤 것이, 실제로 하나님께서 이루기 원하시는 것을 돕기보다 오히려 방해하고 있다는 것을 알게 되면 충격을 받을 지도 모른다. 많은 영역에서 이것은 명백하다. 찬송으로 하나님을 예배하는 것은 단순한 권유이거나 설교를 위한 준비, 혹은 의욕적인 음악가들이 교회 회중에게 감동을 주는 기회는 아닌 것이다. 우리가 함께 찬송하는 것은 예배인도자들이 막 내놓은 최신 찬양이나 유행에 의존해서는 안 되며, 예술적 기교나 기술에 의존해서도 안 된다.

모든 그리스도인들은 노래하는 자들(singer)이다. 그러므로 모든 교회들은 노래(sing)해야 한다. 이 사실이 우리 모두가 아름답고 다채로우며 조화로운 음성을 가지고 있다는 뜻은 아니다. 이것은 하나님께서 우리가 이전에는 전혀 알지 못했던 찬송을 우리에게 주셨다는 뜻이다. 이 찬송은 우리의 구원자이신 하나님을 향한 구원 감사의 노래이다. 함께 찬송한다는 것은 복음을 통해 우리가 누리게 된 관계를 하나님과 우리 사이에서 뿐만 아니라 우리 각자 간에 더욱 깊게 만들어가는 것을 의미한다.

우리가 찬송할 때 일어하는 네 가지 일들은 다음과 같다.

1. 찬송할 때 우리는 하나님의 말씀을 기억하게 된다.

우리가 찬송하는 첫 번째 목적은 음악보다 말씀에 대한 것이다. 골로새서 3:16은, 우리가 시편 찬송과 신령한 노래를 서로에게 찬송함으로써 "그리스도의 말씀이 우리 속에 풍성히 거하"게 해야 한다고 말한다. "그리스도의 말씀"은 예수 그리스도에 대한 복음을 말한다. 예수 그리스도는 우리를 향한 하나님의 진노를 견디기 위해 육신을 입고 이 땅에 오셔서 하나님과 우리의 관계를 회복하신 부활의 구세주이시다. 우리가 찬송할 때 이 복음이 우리의 마음과 정신에 가득해야 한다.

그리스도는 그리스도인의 찬송의 근거이자 내용이다. 그리스도인들은 그리스도에 대해 찬송한다. 만약 그들이 하나님에 대해 찬송한다면 그것은 특별히 하나님께서 그리스도를 통해 이루신 일들에 대한 것이며, 만약 성령에 대해 찬송한다면 그리스도의 은사(선물)로서의 성령에 대한 것이다. 만약 서로를 향한 교훈에 대해 찬송한다면 그것 역시 그리스도 안에서의 삶에 대한 것이다.

- 퍼거슨(Everett Ferguson), 「그리스도의 교회: 오늘을 위한 성경적 교회학」, p. 269.

그리스도의 말씀이 우리 안에 풍성히 거하려면, 우리가 찬송하는 것이 우리가 말씀을 기억하도록 돕는다는 사실을 기억해야 된다.

음악은 일반적으로 알려진 연상(기억) 능력을 가지고 있다. 이것은 과학자들이 최근 수십 년간 막 이해하기 시작한 지식이다. 우리가 사소한 소리조차도 인지할 수 없을 때 혹은 치매 환자가 그의 배우자를 더 이상 알아보지 못할 때도 여전히 어렸을 때 배웠던 노래를 흥얼거릴 수 있다는 사실을 통해서도 우리는 이 연상 능력을 이미 알고 있다.

하나님께선 찬송이 우리에게 당신의 말씀을 기억하도록 돕는다는 것을 아셨다. 이스라엘 백성들이 약속의 땅에 들어가 우상숭배에 빠지려고 했을 때, 하나님께서는 모세에게 한 노래를 가르치라고 말씀하셨다. 즉,

> "그들이 수많은 재앙과 환난을 당할 때에 그들의 자손이 부르기를 잊지 아니한 이 노래가 그들 앞에 증인처럼 되리라 나는 내가 맹세한 땅으로 그들을 인도하여 들이기 전 오늘 나는 그들이 생각하는 바를 아노라" (신명기31:21)

우리는 우리가 노래하는 것을 기억한다. 그리스도의 말씀을 기억하는 것보다 더 중요한 것은 없다. 이것이 하나님께서 말씀이 우리 안에 풍성히 거하기 원하시는 이유이다.

지도자들로서 우리는 그리스도의 말씀이 우리와 회중 안에 풍성히 거하게 하는 것보다 그들을 음악적 경험으로 이끌고 싶은 유혹에 빠지는 것을 주의해야 한다. 그 결과는 우리가 선포하는 진리보다, 반복과 곡 배열과 곡의 진행을 통해 감정적인 감동을 구하는 것으로 귀결된다. 확실히 음악은 영향력이 있

다. 사실, 하나님께서 음악을 우리에게 주신 것은 감동을 주시고, 말씀 자체로는 할 수 없는 우리의 일부분을 표현하고 성찰하며, 본질적으로는 하나님의 말씀을 전달하거나 보완하기 위한 것이었다. 그러나 음악 그 자체로 마음을 변화시킬 수 있도록 선택되진 않았다. 음악은 확실히 마음에 감정적인 영향을 줄 수 있지만, 사람들을 도덕적으로 변화시킬 수는 없다. 오직 그리스도의 말씀만이 그렇게 할 수 있다. 왜냐하면 복음은 하나님의 능력이기 때문이다.(고린도전서 1:18) 진리는 곡조보다 오래간다. 만약 찬송 속에 표현되는 진리가 명백하지 않거나 분명하지 않다면, 곡조는 진리보다 더 영향력을 보이겠지만 오래가지 않아 싫증을 느끼게 될 것이다. 그렇기 때문에 몇몇 교회들은 찬송을 자주 교대로 순환시킨다. 그들은 6개월간 인기곡 10곡을 노래하고 싫증을 느낄 때쯤 다음 인기곡 10곡으로 바꾼다.

우리가 끊임없이 커뮤니케이션 실천과 음악적 도구들, 스타일에 대해서 알아야하고 업데이트해야 하는 것과 비교해서, 그리스도의 말씀은 새로운 변화나 구성이 필요 없다. 말씀은 새로운 이미지나 재정의(redefine)나 재구성이 필요 없다. 진리는 더 분명하게 보여 지는 것이 요구될 뿐이다. 때때로 새로운 배열이나 새 번역 혹은 다른 형식이 요구되기도 하지만, 대부분 집중력을 방해할 뿐이다. 지도자들로서 우리의 회중들에게 음악은 위대하지만 그리스도는 더욱 위대하다는 사실을 분명히 가르칠 책임이 우리에게 있다.

다시 말하면, 우리의 배열과 묶음은 말씀에 대한 보완과 강조가 되어야지 결코 말씀의 힘을 빼는 것이 되어서는 안 된다는 의미이다. 그리고 찬송의 가사는 곡조보다 더 강조되어야 한다. 가사를 큰 소리로 읽는 것은 그것이 기억할만한 가치가 실제로 있는지 없는지를 결정하도록 도울 수 있다.

우리가 찬송하는 말(가사)들은 중요하다. 왜냐하면 하나님께서는 우리가 부르는 찬송을 통해 우리가 당신의 말씀을 기억하길 원하시기 때문이다. 우리가 부르는 노랫말은 그리스도의 말씀이 우리 안에 풍성히 거하도록 하면서 "서로를 가르치고 권면하는"(골3:16) 한 방법이다.

2. 찬송을 통해 우리는 하나님의 은혜에 응답할 수 있다.

골로새서 3:16 말씀을 다시 한 번 생각해보면 하나님께서는 우리가 "감사하는 마음으로" 찬송하기를 원하신다. 여기서 "마음"이란 우리의 전 존재를 말한다. 하나님께서는 미온적인 마음으로 중얼거리듯 드리는 우리의 응답을 통해 영광을 받지 않으신다. 하나님께서는 우리가 감사하기를 원하신다. 그런 점에서 찬송은 그 감사를 표현하고 북돋우기에 이상적인 방법이다.

우리가 찬송하는 이유는 그곳에 깊이와 높이와 강렬함과 감정 즉, 단순히 평범한 형식이나 심지어 시 읽기를 통해서도 충분히 표현될 수 없는 어떤 감정이 존재하기 때문이다. 산문을 탈피하여 시(poetry)로, 시가 노래(song)로까지 확장되도록 이끄는 실재와 어떤 힘이 존재한다.
- 존 파이퍼(John Piper), "주님께 노래하고 멜로디를 만들라" 1997년 12월 28일 설교

음악은 감정의 언어이다. 음악은 우리에게 영향을 끼치고 우리를 움직인다. 그러기에 사람들은 크리스마스 캐럴을 사랑하고 학교 대항 풋볼 경기에서 교가를 큰 소리를 노래하며, 여전히 브로드웨이의 뮤지컬을 보기 위해 모여든다.

그러나 자신의 아들을 희생시켜 영원히 죽을 유죄 선고에서 우리를 구원하신 하나님의 은혜보다 강조되어야 할 것은 없다. 우리는 죄로 죽었고, 그리스도와 함께 부활했으며, 우리의 삶은 이제 그리스도 안에 숨겨져 있다. 우리는 거룩하고 사랑스러운 존재가 되었다. 우리는 이제 하나님의 선택된 백성이다!

어떻게 우리가 찬송하지 않을 수 있겠는가?

물론, 감정에 치우치지 않고 찬송할 수도 있다. 그러나 그것은 부자연스럽다. 청교도 목사인 조나단 에드워드(Jonathan Edwards)는 다음과 같이 기록했다.

> 하나님께 찬양으로 노래하는 직무는 종교적인 사랑을 흥분하며 표현하기 위해 주어진 온전한 은사처럼 보인다. 왜 우리가 산문보다 시(詩)로, 그리고 음악으로 하나님께 우리 자신을 표현해야 하는가에 대한 다른 이유는 없다. 이러한 것들이 우리의 사랑을 움직이는 성향을 가지고 있다는 이유 외에는 말이다. (「종교적인 사랑, p. 44」)

찬송은 우리가 교리와 헌신을, 지식과 감정을, 그리고 객관적인 진리와 우리의 주관적 반응을 매끄럽게 결합시킬 수 있도록 돕는다. 성경을 보면 찬송과 가장 자주 연결되는 감정은 기쁨이다. 그렇다고 해서 찬송이 고백과 회개 혹은 애통의 감정을 표현할 수 없다는 의미는 아니다. 빈 무덤의 이편에서 우리는 끊임없이 예수 그리스도께서 지옥의 권세를 부수시고 우리의 영광스러운 구원자와 왕, 승리자로서 통치하고 계신다는 사실을 상기해야 한다.

찬송은 우리가 그러한 진리들을 선포할 수 있도록 도울 뿐만 아니라, 우리가 찬송할 때 우리의 몸과 영으로 하나님께 응답하도록 돕는다.

3. 찬송을 통해 우리는 하나님의 영광을 비출 수 있다.

우리의 찬송을 통해 하나님께서 받으시는 영광은 실제로 우리의 노랫말을 넘어선다. 함께 찬송하는 것은 하나님을 영화롭게 한다. 왜냐하면 삼위일체의 세 위격 하나님 모두가 노래하시는 분이기 때문이다. 스바냐 3:17에 성부 아버지의 언급이 있다. “너를 잠잠히 사랑하시며 너로 말미암아 즐거이 부르며 기뻐하시리라” 시편22편을 인용한 히브리서 2:12을 보면 하나님의 아들이 교회 중에서 아버지의 찬송을 부른다.(“내가 주를 교회 중에서 찬송하리라” 히 2:12) 에베소서 5:18~19에서는 우리가 성령의 충만함을 받아 “시와 찬송과 신령한 노래들”로 찬송할 것을 명령하고 있다. 우리가 함께 찬송할 때 더 확실하게 하나님의 임재를 느낄 수 있는 한 가지 이유가 바로 이것이다. 성령은 신령한 우리의 찬송 가운데 계신다.

찬송이 하나님의 영광을 비추는 다른 방법은 그리스도께서 십자가를 통해 가능하게 하신 일치(unity)를 표현하는 것이다. 찬송이 우리를 하나 되게 하는 것이 아니다. 찬송은 우리의 일치를 확실히 보여줄 뿐이다. 때문에 교회의 다양한 회중이 같은 공간에서 노래할 수 있도록 돕는 찬송들을 알고 있는 것이 중요하다.

로마에 있는 그리스도인들에게 바울이 그의 기도 속에 사용한 음악적 용어를 들어보라.

> “이제 인내와 위로의 하나님이 너희로 그리스도 예수를 본받아 서로 뜻이 같게 하여 주사 한마음과 한 입으로 하나님 곧 우리 주 예수 그리스도의 아버지께 영광을 돌리게 하려 하노라”(로마서 15:5~6)

다음 절에서 바울은 다음과 같이 추가한다. “그러므로 그리스도께서 우리를 받아(welcome) 하나님께 영광을 돌리심과 같이 너희도 서로 받으라(welcome).” 우리가 같은 성경의 진리로 함께 찬송하고, 복음에 대한 우리의 감사를 표현하며, 우리의 왕을 따르기로 한 약속을 선언할 때 우리는 이 모든 것을 가능케 하신 유일하신 분께 영광을 돌리고 있는 것이다. 우리는 하나이다. 우리가 같은 음악적 스타일을 좋아하기 때문이 아니라, 예전에 우리를 나눠 찬송하지 못하게 했던 분리의 담(dividing wall)을 그리스도께서 허무셨기 때문이다.

4. 찬송할 때 우리는 천국을 잠시나마 경험하게 된다.

결국 노래로 하나님을 찬양하는 것은 아직 오지 않은 영원한 영광에 대한 맛보기이다. 계시록은 천상의 존재와 24장로들, 셀 수 없이 많은 천사들과 구원받은 성도들이 하나님의 보좌 주변에 서서 하나님께 찬양의 노래를 올려드리는 깜짝 놀랄만한 광경의 그림을 보여준다. 히브리서의 저자는 우리가 함께 만날 때 우리는 이미 그 거대한 군중 가운데 참여하고 있다고 말한다.

> "그러나 너희가 이른 곳은 시온 산과 살아 계신 하나님의 도성인 하늘의 예루살렘과 천만 천사와 하늘에 기록된 장자들의 모임과 교회와 만민의 심판자이신 하나님과 및 온전하게 된 의인의 영들과"(히브리서 12:22~23)

그러나 찬송 제목이 말해주듯 "우리는 아직 집에 온 것이 아니다."

지상에서 경험할 수 있는 최고의 예배 찬송을 가지고, 그것을 만 배 정도로 부풀려도 새 하늘과 새 땅에서 불려 질 찬송에 비하면 이제 겨우 시작을 하는 단계일 뿐이다. 그 어느 누구도 노래하기를 멈추지 않을 것이며, "그건 아직도 부족해"라든지 "그 음악은 내 타입이 아니야", 혹은 "드럼 소리가 너무 커"라고 말하지 않을 것이다. 우리는 더 잘 듣고, 더 순전하게 느끼며, 더 분명하게 볼 것이며, 더 겸손하게 되어 우리를 창조하시고 구원하신 분의 영광을 이해하게 될 것이다.

음악은 마침내 그 목적을 이룰 것이며, 예수 그리스도를 찬송하는데 온전히 사용될 것이다. 모든 것이 구세주의 책임 아래로 귀속될 것이다. 하나님께서는 이러한 천국의 그림을 예정하셔서 우리가 삶 속에서 어떻게 함께 찬송할지에 대한 영감을 주시고, 우리의 믿음이 마침내 보게 될 그 날을 갈망하게 하신다.

우리는 노래한다. 그 이유는 예수 그리스도께서 우리에게 노래를 주셨기 때문이다. 우리는 함께 노래한다. 그 이유 역시 단 한 번의 최종적인 희생을 통해 예수께서 우리와 함께 연합하셨기 때문이다. 그리고 우리는 영원히 찬송할 것이다. 왜냐하면 하나님의 찬양이 영원히 울려 퍼지기 때문이다.

밥 카우플린 *(Bob Kauflin)*

70개 이상의 교회 연합체인 '주 은혜 사역(Sovereign Grace Ministries)'을 섬기고 있다. 그는 예배학을 가르치며 주 은혜 음악(Sovereign Grace Music)를 통괄하고 있고, 미국 메릴랜드(Maryland) 게이더스버그(Gaithersburg)에 있는 '커버넌트 라이프 교회(Covenant Life Church)'에서 예배를 인도하고 있다. 그의 첫 번째 책, "예배 문제(Worship Matters)"는 2008년 크로스웨이(Crossway)를 통해 출판되었다. 블러그는 worshipmatters.com이며 '워십갓 컨퍼런스(worshipgodconference.com)'을 운영하고 있다.